KB236210

문화, 환경, 탈물질주의 사회정책

이 책의 출간은 2010년도 정부재원(교육과학기술부 인문사회연구역량강화사업비)
으로 한국연구재단의 지원을 받아 이루어졌습니다. (NRF-2010-330-B00142)

경상대학교 인권사회발전연구총서 5

문화, 환경, 탈물질주의 사회정책

박재홍·심창학 엮음

Culture, Ecology and Post-materialist Policy

Edited by

PARK Jae Heung & SHIM Chang Hack

ORUEM Publishing House
Seoul, Korea
2013

머리말

경상대학교 인권·사회발전연구소 산하 사회정책 연구팀은 한국연구재단의 재정 지원 아래 2010년 9월부터 2013년 8월까지 총 3년에 걸쳐 '한국의 사회변동과 탈물질주의 사회정책'이라는 연구주제로 한국사회과학연구지원사업(SSK) 중장기 과제를 수행하였다. 본 연구팀은 해방 이래 한국 사회변동의 한 흐름을 탈물질주의 추세로 보았으며 그에 따라 한국의 사회정책 역시 그러한 추세를 반영하여 수립하는 것이 바람직할 것이라는 문제의식을 공유하였다. 우선, 제1차년도에는 현대의 거시사회적 변화들에 비추어 고전적 사회정책들을 재평가하고 새로운 사회정책의 패러다임을 모색하고자 했는데 그 결과물을 『사회정책과 인권』, 『사회정책과 새로운 패러다임』(도서출판 오름, 2011)이라는 단행본으로 엮어 출간한 바 있다. 제2차년도에는 한국의 사회변동을 세대구성의 변화, 사회운동의 변화, 정치 변동 등으로 나누어 살펴보았고 그러한 변동의 흐름 속에서 탈물질주의 경향을 포착하고자 시도했다. 전년도에 이어 그 해에도 연구진의 연구성과를 『한국의 사회변동과 탈물질주의』(도서출판 오름, 2012)라는 책으로 묶어 출판하였다.

이 책은 제3차년도 연구의 결과물인데, 이 연구에서 필자들은 지난 2년간의 연구성과를 바탕으로 하여 탈물질주의 사회정책을 본격적으로 모색해 보고자 하였다. 탈물질주의 사회정책은 인권이나 연대 등 다양한 측면에서 논의할 수 있겠지만 이 책에서는 문화권 기반 사회정책과 녹색 사회정책 두 가지로 나누어 구체화시켜 보았다. 사회정책은 사회통합과 사회권에 대한 관심으로부터 출발하였으나 최근 들어 문화권, 환경권 등 제3세대의 시민권 내지 인권으로 관심 영역이 확장되는 추세에 있다. 이는 오늘날 시민들의 관심이 먹고사는 문제 즉 생존 욕구의 충족에 머물지 않고 보다 인간다운 삶을 모색하는 삶의 질 향상 문제로 발전하였음을 의미하는데 탈물질주의는 바로 이러한 변화를 담고 있는 개념으로 볼 수 있다.

이 사업의 주체는 경상대학교 인권·사회발전연구소의 SSK 한국형 신사회정책 연구팀이다. 본 연구과제를 함께 수행한 연구진은 박재홍 교수(경상대 사회학과, 연구책임자), 강수택 교수(경상대 사회학과), 심창학 교수(경상대 사회복지학과), 조영훈 교수(동의대 사회복지학과)로 구성되어 있다.

이 책에는 지난 5월에 개최한 전국학술대회(2013.5.23, 경상대학교)에서 발표한 총 여덟 편의 논문이 실려 있다. 제1부("문화격차와 문화권 기반 사회정책")는 강수택, 임운택, 김형용, 심창학 교수의 글 네 편으로 구성되어 있다. 제2부("환경의식의 변화와 녹색 사회정책")에는 박재홍, 노진철, 김인춘·최정원, 조영훈 교수의 글 네 편이 실려 있다(이상, 원고 게재 순). 각 장의 내용들을 간략하게 소개하면 다음과 같다.

제1장 강수택 교수의 "한국사회 문화격차의 변화추이와 문화취향"은, 문화예술행사 관람률과 관람의향이 연령, 학력, 소득, 지역 등 사회인구학적 범주별로 어떤 차이가 있으며 그러한 범주별 차이가 1997~2012년 기간 중 어떻게 변화해 왔는지를 정부 실태조사 자료를 활용하여 실증적으로 분석한 연구이다. 자료분석 결과, 문화예술 빈곤층이 외환위기 직후에 급증하였으나 그 이후 점차 줄어들었다는 점, 고령층과 저소득층의 문화예술행사 관람률이 상대적으로 크게 낮다는 점, 학력별·지역별 관람률 격차가 지난 10여

년간 오히려 확대되었다는 점 등을 발견하였다. 그리고 이러한 사실에 근거하여 문화지향적인 사회정책 방향과 다문화사회의 문화정책 방향을 제시하였다. 이 글은 『현상과인식』(제37권 제3호)에 게재된 바 있다.

제2장 임운택 교수의 "문화다양성과 인권: 이주민의 인권보호를 위한 이론적 논의와 국제적 실천의 시사점"은 문화적 다원주의(cultural pluralism)의 관점에서 문화다양성을 정의하고 그러한 기반 위에서 이주노동자의 인권문제를 심층적으로 검토한 연구이다. 필자는 우선 문화다양성과 인권에 관련된 이론적 쟁점을 검토했고, 이주자들의 인권개선을 위한 국제협약과 전문가 위원회의 사례소개와 함께 유럽연합(EU)의 이주노동자들에 대한 인권담론을 살펴보았으며, 마지막으로 이러한 유럽연합의 이주노동자 인권 정책이 국내의 이주노동자 인권개선에 미치는 함의가 무엇인지를 검토하였다. 이 글은 『산업노동연구』(19권 2호)에 게재된 글을 일부 수정하여 게재하였다.

제3장 김형용 교수의 "지역사회 불평등과 자녀교육투자: 근린사회 효과를 중심으로"는 자녀교육투자와 관련한 근린사회 효과(neighborhood effect)를 살펴본 연구이다. 분석에 사용된 자료는 서울시 집계구별 취약근린지수와 서울시복지패널가구 및 가구원 조사항목으로 구성된 다층자료이며, 위계적 선형모형(HLM)분석을 통해 거주지역이 교육투자에 미치는 효과를 검토하였다. 자료분석 결과, 교육투자의 계층별·지역별 격차가 확인되었고 가구소득에 따른 교육투자가 근린사회의 맥락과 상호작용하고 있음이 드러났다. 이 글은 『한국지역사회복지학』(제46집)에 게재된 바 있다.

제4장 심창학 교수의 "문화복지정책에서 문화권 기반 사회정책으로"는 최근 사회복지학 분야의 주요 화두로 부각된 '문화복지' 쟁점을 개념적·이론적으로 정리하고 그 바탕 위에서 한국의 현행 문화복지정책을 비판적으로 검토하여 그 대안을 모색한 연구이다. 대안으로 제시한 문화권 기반 사회정책의 특성은 복지의 한 영역으로의 문화복지 인식 전환, 문화의 민주화보다 문화 민주주의의 상대적 강조, 문화복지 적용대상 선정에 있어서 보편성과 선

별성 원칙의 균형 유지, 법정 권리로서의 문화복지 실현 등으로 요약된다. 이 글은 『비판사회정책』(제40호)에 게재된 글을 일부 수정·보완한 것이다.

제5장 박재흥 교수의 "환경의식의 코호트별 변화추이와 국가 간 비교"는 세계가치조사(World Value Surveys: WVS) 자료와 통계청 사회조사자료를 활용하여 지난 20년간 한국인의 환경의식이 어떻게 변해왔는지 그 변화추이를 코호트별로 검토한 연구이다. 자료분석 결과, 한국은 일본이나 서구 선진공업국들에 비하여 1인당 국민소득수준은 떨어지지만 환경의식수준은 크게 뒤지지 않다는 점, 젊은 코호트가 친환경적 세계관을 갖는 경향이 있지만 환경비용 부담 면에서는 소극적이라는 점, 1990~2005년 기간 중 환경의식이 약화되다가 2010년에는 다소 회복되는 U-커브 형 변화추세가 나타났다는 점을 확인하였다. 이 글은 『OUGHTOPIA』(제28권 제2호)에 게재된 논문을 다소 수정·보완한 것이다.

제6장 노진철 교수의 "지속가능발전 전략과 친환경적 사회정책의 실현가능성"은 신자유주의가 위세를 떨치는 현금의 상황에서 지속가능발전 전략과 친환경적 정책이 실현가능한지에 대한 근본적 질문을 던진다. 필자는 이 연구에서, 1980년대 이래 신자유주의라는 거대한 흐름이 세계경제를 지배하는 가운데 지속가능발전 전략 담론이 서구 선진공업국에서 어떻게 형성·전개되어왔으며 한국의 역대 정부는 1990년대 이래 지속가능발전 전략을 어떠한 방식으로 구사했는지 검토하였다. 또한 독일의 지속가능발전 전략을 참조하여 한국 현실에 적합한 친환경적 사회정책 통합프로그램의 기본 방향을 탐색하였다.

제7장 김인춘·최정원 교수의 "생태근대화 모델과 생태복지국가의 구성: 스웨덴과 네덜란드 사례"는 스웨덴과 네덜란드의 역사적 경험을 중심으로 생태주의와 복지국가 간의 관계를 분석하고, 생태복지국가가 현실적으로 가능한지를 검토한 연구이다. 이 두 나라는 가장 높은 수준의 복지국가를 발전시켜왔으면서 동시에 생태주의를 가장 잘 실천해 온 나라들이라는 점에서 생태복지국가의 가능성을 잘 드러내주는 사례이다. 필자들은 이 연구에서

생태주의와 복지국가의 의미에 대한 이론적 논의를 한 후 두 나라가 생태복지국가로 형성되는 방식과 성격 등을 검토하였다. 이 글은 『OUGHTOPIA』(제28권 제2호)에 게재된 내용을 일부 수정한 것이다.

제8장 조영훈 교수의 "생태주의 시대의 복지국가"는, 생태주의 시대를 맞아 전통적인 복지국가가 양적으로 축소되거나 쇠퇴할 것인가 아니면 생태주의 이념을 수용하여 복지국가가 새로운 형태로 전환될 것인가라는 쟁점을 이론적으로 검토한 연구이다. 필자는 전통적인 복지국가에 대한 사회적 지지기반이 두텁고 생태주의와 복지국가가 제로섬 관계에 있지 않다는 증거가 많으며, 오히려 시장자유주의를 반대하고 공공선을 추구한다는 공통점을 갖기 때문에 양자 간의 연대 가능성이 높다고 본다. 요컨대 필자는 생태복지국가로의 변화 가능성을 전망한다. 이 글은 『사회복지정책』(제40권 제3호)에 게재된 바 있다.

지금까지 간략하게 정리했듯이 각 장의 내용은 해당 분야에서의 독창적인 연구결과를 제시했을 뿐만 아니라 국내외의 최신 연구 동향도 잘 짚어주고 있다. 지난 5월 전국학술대회에서 귀중한 발표를 해 주시고 논문을 기고해 주신 필진 여러분들께 이 지면을 빌어 깊은 감사의 말씀을 올린다. 그리고 학술대회 준비와 원고 교정 및 편집 등의 힘든 작업을 아무런 불평 없이 깔끔하게 수행한 대학원 사회복지학과의 박경빈, 최재웅과 사회학과의 김권주에게 감사의 마음을 전한다. 마지막으로 그동안의 연구성과를 한 권의 단행본으로 엮어주신 '도서출판 오름'의 부성옥 대표와 직원 여러분들께 감사의 마음을 전한다.

2013년 11월
필자들의 뜻을 모아
엮은이 박재홍·심창학 씀

차례

제1부 • 문화격차와 문화권 기반 사회정책

제1장 한국사회 문화격차의 변화추이와 문화취향 • 강수택

제4장 **문화복지정책에서 문화권 기반 사회정책으로**　　　• 심창학

제2부 • 환경의식의 변화와 녹색 사회정책

문화격차와 문화권 기반 사회정책

제1장

한국사회 문화격차의 변화추이와 문화취향

강수택

I. 머리말

문화격차는 문화적 불평등구조를 형성함으로써 사회갈등의 원인이 되고 이것은 결국 사회통합을 해치는 결과를 초래한다. 따라서 여러 나라에서 문화정책의 목표를 문화격차의 해소에 두는 경향이 있는데 한국에서도 일찍부터 정부가 문화격차 해소를 통한 문화복지 실현을 문화정책의 핵심목표로 삼아왔다.[1]

---

[1] 서우석·김정은은 문화격차 해소를 통한 문화복지에 대한 정책적 관심이 1970년대 중엽에 이미 제시되었다고 보았으며, 1980년대는 문화복지정책기 그리고 1990년대는 문화복지의 심화발전기라고 규정하였다. 이에 비해 김휘정은 1990년대 중엽의 문민정부 시기가 문화복지정책의 태동기였으며 참여정부는 보편적 문화복지정책이 사회적 취약계층 중심의 선별적 문화정책으로 전환한 시기였다고 규정한다(서우석·김정은, 2010: 7-8; 김휘정, 2012: 3-4). 이처럼 한국문화복지정책의 역사에 대한 관점의 차이가 존재하지만 어쨌든 IMF 경제위기가 발생하기 이전 시기에 이미 정부의 문화정책이 문화격

이런 점에서, 문화격차의 실태를 정확하게 파악하고 이를 개선하기 위한 방안을 마련하려는 노력은 사회통합을 위해 긴요한 과제라고 할 수 있다. 그동안 국내 학계에서는 한국사회에서의 문화격차 실태에 대한 몇몇 연구가 이루어져 왔으나 대부분 횡단적인 연구의 성격을 띰으로써 시계열적인 연구가 부족했다. 그래서 필자는 이 연구를 통해 2000년대의 한국사회 문화격차 실태 변화추이를 분석하려고 한다.

분석의 중심 내용은 문화예술행사 관람률과 관람의향이 연령, 학력, 소득, 지역 등 사회인구학적 집단에 따라 어떤 차이가 있으며 이러한 차이가 그동안 어떤 변화추이를 보여 왔는가 하는 점이다. 이때 실제 관람률과 관람의향 사이에 나타나는 편차를 설명하는 방편으로 사회인구학적 집단별 관람의 장애요인을 간략히 분석하고자 한다. 그런데 문화예술행사라고 하더라도 장르에 따라 집단별 취향의 차이가 있을 수 있기 때문에 심층적인 분석을 위해서는 이러한 취향의 차이를 반영한 문화격차의 차이 및 그 변화추이를 살펴볼 필요가 있다. 하지만 장르구분의 일관성을 비롯한 여러 조건을 충족한 자료를 구하는 데 어려움이 있기 때문에 여기서는 최근 자료를 활용하여 장르별 문화취향의 현황만을 간략히 살펴보려고 한다.

분석에 사용할 자료는 문화체육관광부가 오래전부터 정기적으로 실시해온 『문화향수실태조사』 자료이다. 비록 문항의 일부 차이 때문에 그동안 행해진 모든 조사결과를 시계열적으로 비교 분석하는 데 활용할 수는 없지만 그래도 항목에 따라서는 문화향수에 대한 10년 이상 기간의 시계열적인 분석을 가능하게 해주는 매우 유용한 조사라고 볼 수 있다.

필자는 잠재적으로 사회정책의 실시 대상이 될 수 있는 사회집단들 간의 문화격차 현황을 살펴보는 데 이 조사결과가 의미 있는 자료를 제공한다고 본다. 조사 결과 가운데 문화예술행사 관람률, 문화예술행사 관람의향, 문화예술 교육경험률, 문화예술활동 공간이용률, 문화 관련 동호회 참여율, 역사문화유적지 방문율, 지역축제 관람률 등이 이들 자료에 해당한다. 이 가운데

차 해소를 매우 중요한 과제로 삼기 시작하였다.

에서 문화예술 관람률과 관람의향이 문화향수를 파악하는 가장 기본적인 지표들이다. 그래서 필자는 이들을 중심으로 이 글에서 문화격차를 집중적으로 살펴보려고 한다.

시계열적인 분석을 위해서는 조사에 사용된 설문항목들 사이에 일관성이 필요하다. 그래서 분석에 사용된 설문항목의 일관성이 비교적 유지되어온 2000년 혹은 1997년 이후의 자료를 바탕으로 분석을 실시하였다.

비교 대상이 되는 사회집단으로는 연령층, 소득집단, 지역, 성별, 학력 집단 등을 고려할 수 있으나 성별의 경우 차이가 매우 작은 것으로 나타나서 이 글에서 다루지 않았다.[2] 그래서 이 글에서는 연령층, 교육수준, 소득집단, 그리고 지역에 따른 문화예술행사 관람률의 차이를 중심으로 문화격차의 현황과 변화추이를 살펴보려고 한다.

II. 문화격차의 개념과 접근법

박용치에 의하면 문화격차란 "문화활동에 대한 접근과 이용이 각 개인마다 다르게 작용하는 문화 불평등 현상" 혹은 "경제적·지역적·신체적 또는 사회적 여건으로 인하여 문화에 접근하거나 이용할 수 있는 기회에 있어서의 차이로 문화주체 간에 존재하고 인식되는 문화 접근도와 문화 이용도의 차이"를 뜻한다(박용치, 2003: 125).

문화란 매우 다양한 현상을 가리키는 개념으로서 혼란스럽게 사용되는 경향이 있다. 그래서 20세기 중엽에 문화사회학자 윌리엄스(R. Williams)는

---

2) 성별 문화예술행사 관람률의 차이를 연도별로 살펴보면 다음과 같다. 1997년 2.3%, 2000년 0.1%, 2003년 1.9%, 2006년 1.5%, 2008년 1.7%, 2010년 3.8%, 2012년 2.2%.

당시에 통용되던 문화 개념을 세 가지로 정리한 바 있는데 첫째, 어떤 절대적이거나 보편적인 가치를 완성시켜 가는 과정 혹은 완성시킨 상태를 일컫는 이상적 개념으로서의 문화, 둘째, 인간의 생각과 경험을 기록한 지적인, 상상적인 작품을 가리키는 기록물로서의 문화, 셋째, 사람들의 특정한 생활방식을 묘사하는 사회적인 개념으로서의 문화가 그것이다(Williams, 1961: 28).

이러한 윌리엄스의 문화 개념은 정신문화, 예술작품, 그리고 생활문화를 포괄한다. 그런데 20세기 후반에 시작된 소비사회의 등장, 포스트모더니즘의 확산, 정보통신 기술의 급격한 발전, 세계화의 급속한 진전, 자연과 환경에 대한 관심의 급증 등은 기존의 문화지형에 매우 큰 변화를 일으켰다. 가장 큰 변화로는 대중문화에 대한 인식의 변화, 고급문화와 대중문화, 순수한 예술문화와 생활문화 등 기존 문화유형들 간 경계의 해체, 문화 소비자의 생산자 역할 증대 등이 속한다. 이에 따라 문화격차도 전통적인 문화예술에 대한 접근 및 이용 기회를 중심으로 한 의미에서 대중문화, 생활문화 등 다른 문화유형까지 포함하는 의미로 확장될 필요가 있다.

박용치와 같이 문화격차 개념을 문화 불평등이라는 관점에서 접근하는 것은 두 가지 의미를 갖는데, 하나는 고급문화를 향유하는 기회가 사회의 특정한 집단에 제한되어 있다는 것이며, 다른 하나는 문화자본의 불평등한 소유가 사회계급 재생산의 원인이 된다는 것이다(부르디외, 1996: 434 이하). 이런 관점에서는 문화 불평등의 해소를 위해 고급문화 향유기회를 확산시키는 정책이나 문화자본의 분배정책이 추진된다. 이러한 접근법이 일찍이 지라르(A. Girard)가 문화 민주화(democratization of culture)라고 부른 것이다(서우석·김정은, 2010: 4; 서순복, 2006: 12).

그런데 이 접근법에는 한계가 있는데, 무엇보다 고급문화와 같은 특정한 바람직한 문화의 확산을 추구함으로써 다양한 문화의 가치를 인정하는 데 소홀했다는 점과 정부가 중앙집권적인 하향(top down)방식으로 정책을 추진함으로써 근본적으로 수직적이며 주변부를 고려하지 않은 엘리트, 전문가 중심의 접근법이었다는 점이다(서우석·김정은, 2010: 4-5; 서순복, 2006: 12).

　이런 한계로 인해 1970년대에는 문화 민주화의 대안적 접근법으로 문화 민주주의(cultural democracy) 개념이 등장하여 널리 확산되기 시작하였다. 문화 민주주의는 고급문화와 같은 특정한 문화유형을 넘어 대중문화, 지역문화, 실험적이며 아마추어적인 문화 등을 다양하게 포괄한다. 그리고 하향식 접근의 대안으로서 아마추어적인 보통사람들의 상향적이며 자발적인 문화활동을 장려한다. 모든 사람은 창조적 소양을 갖고 있으며 일상생활에서 창조적 활동을 할 수 있다고 보아서 이들의 문화적 역량을 증대시키려는 것이다(서순복, 2006: 12-13).

　문화 민주화에 비해 문화 민주주의는 여러 면에서 진전된 접근방법이자 시대변화를 적극 반영하는 접근방법이다. 이러한 문화 민주주의 관점에서 문화격차를 파악한다면 특정한 문화활동에 대한 접근 혹은 이용 기회의 불평등 대신에 자신의 문화욕구를 충족시키고 문화역량을 증대시킬 능력과 여건의 제한이 관심의 초점이 된다.

　그렇다면 확산 모델에 기초한 문화 민주화 정책과 달리 개인의 문화욕구와 문화역량을 충분히 고려하는 문화 민주주의 정책을 위해서 특별히 주목해야 할 점들은 무엇인가? 필자는 이 연구와 관련하여 두 가지 점만을 지적하고자 한다. 하나는 문화취향이고 다른 하나는 능동적 문화교육이다. 부르디외를 통해 특별히 주목하게 된 문화취향은 사회집단에 따른 문화선호의 다양성과 독자적인 가치를 제시하는 개념이다. 따라서 획일적인 문화확산보다 개별적인 문화욕구 충족에 더 큰 관심을 갖는 관점에서는 집단별 문화취향의 차이를 확인한 후에 이를 적극 반영한 문화정책을 추진할 필요가 있는 것이다. 다른 하나는 능동적 문화교육으로서 특정한 문화의 확산을 위한 수동적인 문화교육 대신에 자신의 문화취향에 적합한 문화역량을 능동적으로 키울 수 있는 방향으로의 문화교육 정책이 요구된다는 것이다.

　물론 이러한 문화 민주주의 관점도 한 걸음 더 진전될 필요가 있다. 그동안 포스트모더니즘의 확산, 세계화의 급속한 진전 등으로 인해 다양한 문화, 특히 다양한 생활문화의 교류와 확산이 빠르게 이루어져 왔다. 그 결과 문화격차는 어느덧 특정한 문화의 불평등한 분배라는 의미에서부터 문화의 이질성으로 인한 장벽이라는 의미로 빠르게 바뀌고 있다. 그러므로 문화 민주주의 관점은 자신의 개별적인 문화욕구 실현과 문화역량 증대에 대한 관심을 넘어 타자의 문화에 대한 적극적인 관심으로 넓혀질 필요가 있는 것이다. 즉, 다른 이질적인 문화들 사이에 존재하는 문화장벽에도 불구하고 다른 문화와 공존할 수 있으며, 나아가 장벽을 넘어 다른 문화와 소통하고 연대할 수 있도록 정책의 방향을 설정해야 한다는 것이다.

그럼에도 불구하고 문화 민주화 정책이 추진해온 확산 모델이 전혀 무의미한 것은 아니다. 특히 집단 간의 문화취향의 차이가 작은 사회에서 다수의 사회 구성원이 향유하고자 하지만 실제로는 소수 집단만이 독점하는 문화향유의 기회를 다수 구성원에게 확산시키는 것은 매우 필요한 정책이기 때문이다.

바로 이러한 점 때문에, 필자는 비록 이 연구에서 다소 고전적인 불평등이라는 의미의 문화격차 실태를 주로 살펴보면서도 이에 덧붙여서 사회인구학적 집단에 따른 문화취향의 차이가 어느 정도 존재하는지도 간략히 살펴보려고 한다. 다행스러운 점은 이 연구의 주된 분석 자료인 문화예술 관람의 장르가 전통적인 순수예술뿐 아니라 대중예술도 포함하고 있다는 점이다.

문화격차에 대한 국내의 기존 연구가 몇 편 있다. 먼저 객관적인 문화여건의 차이를 중심으로 문화격차를 분석한 박용치의 연구가 있다. 그는 이 연구에서 수도권과 비수도권 사이에 존재하는 문화 인프라, 문화 소프트웨어, 그리고 문화 예산의 차이를 분석하였다(박용치, 2003).

다음으로 문화향수조사자료를 분석한 연구들이 있다. 조권중은 2004년 서울 시민을 대상으로 실시된 문화향수실태조사 자료를 바탕으로 연령, 지역, 학력, 경제력, 주관적 계층인식에 따른 문화격차를 분석하였다(조권중, 2004). 그리고 김서용·김혜선은 2007년 경기도 주민을 대상으로 실시된 문화경험 조사결과 가운데 문화예술행사 관람빈도라는 문화향수 자료를 바탕으로 연령, 소득, 교육, 계층에 따른 문화격차를 분석하여 제시했다(김서용·김혜선, 2007).

문화향수조사자료에 대한 시계열적인 분석으로는 정광호·최병구의 연구와 서우석·김정은의 연구 등이 있다. 정광호·최병구의 연구는 2000년~2006년 사이의 짧은 기간 동안 이루어진 당시 문화관광부의 문화향수실태조사 자료를 2002년 국민문화지수자료와 함께 분석한 것으로서 지역, 학력, 가구소득, 문화 관련자와의 교류 경험 및 문화교육 경험에 따른 문화격차를 분석하였다. 이에 비해 서우석·김정은의 연구는 1990년~2009년의 비교적 긴 기간 동안의 문화향수 자료를 사용하여 연령, 교육, 지역별 문화격차를 분석하였는데 이들이 활용한 자료는 통계청의 사회조사에 들어 있는 문화향수 관련 자료이다. 통계청이 실시한 사회조사의 문화향수 관련 조사는 문화체육관광부의 문화향수실태조사에 비해 표본수가 많다는 장점을 갖고 있다. 하지만 문화예술 장르 구분이 덜 세분화되어 있어서 해석에 어려움을 주는 부분이 있다(정광호·최병구, 2006; 서우석·김정은, 2010).

III. 한국사회의 문화격차

1. 예술행사 관람률의 변화와 문화예술 빈곤층의 감소

지난 1년 동안 문화예술행사를 한 번도 관람하지 않은 집단을 문화예술 빈곤층이라고 부른다면 문화체육관광부의 『문화향수실태조사』는 이러한 집단의 비율이 2000년대 들어서 지속적으로 감소해 왔음을 알려준다.[3] 이런 내용을 그래프로 표시한 것이 〈그림 1〉인데, 이 그림에 의하면 1997년 조사에서 66.8%였던 예술행사 관람률이 IMF 경제위기를 겪으면서 2000년

---

[3] 통계청의 사회조사 자료를 분석한 서우석·김정은도 문화 빈곤층이 지난 20년간 감소했으며, 특히 2000년대 들어서는 지속적으로 감소했다고 보고하였다(서우석·김정은, 2010: 21).

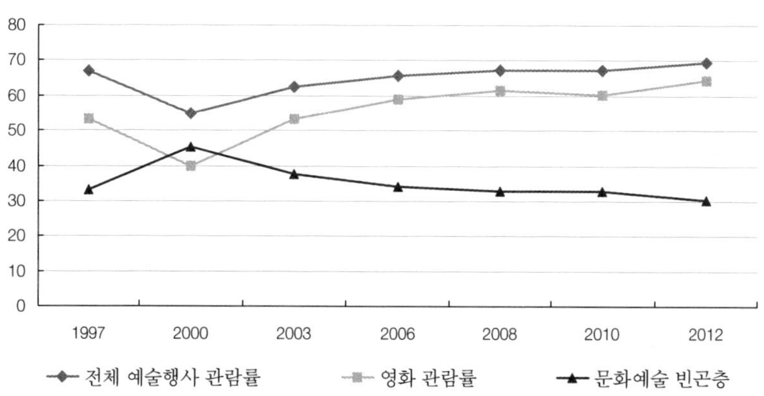

〈그림 1〉 문화예술 빈곤층 비율

조사에서는 54.8%로 크게 떨어졌다.[4] 하지만 그 이후의 조사에서는 관람률이 꾸준히 증가한 끝에 마침내 2012년 조사에서 69.6%로 나옴으로써 경제위기 이전 상태를 회복하였다.[5] 이를 뒤집어 본다면 문화예술 빈곤층이 경제위기 직후에 급증하였으나 그 이후에 지속적으로 감소한 끝에 최근 2012년 조사에서 1997년 수준 이하로 줄어들었다고 볼 수 있는 것이다.

이 그림은 영화 관람률의 변화추이도 보여준다. 앞으로 살펴보겠지만 영화는 모든 예술 장르 가운데 가장 선호되는 장르로서 언제나 관람률이 가장 높았다. 그리고 영화 관람률의 변화추이는 전체 예술행사 관람률의 변화추이와 매우 비슷하다. 즉, 관람률이 2000년에 크게 떨어졌다가 지속적으로 상승하던 중에 2010년 잠시 주춤하였으나 다시 상승하는 모양이다. 다만 이 두 관람률의 그래프를 비교하면 시점을 1997년으로 잡든지 아니면 2000년을 잡든지 간에 2012년까지의 영화 관람률 상승속도가 전체 예술행사 관람률 상승속도보다 훨씬 빨랐음을 볼 수 있다. 이를 통해서 볼 때 조사기간

---

4) 1997년의 문화향수실태조사는 1997년 8월 19일부터 28일까지 실시되었다.

5) 글로벌 금융위기가 발생한 후 처음 실시된 2010년 조사의 예술행사 관람률은 67.2%로서 2008년 조사결과 67.3%를 앞지르지는 못했으나 거의 같은 수준을 유지했다.

동안의 문화예술 빈곤층의 감소라고 하는 문화격차 완화에는 특히 영화 관람률의 상승이 크게 기여한 것을 알 수 있다.

그렇다면 이러한 변화추이가 집단에 따라서는 어떻게 다르게 나타나는가? 필자는 아래에서 연령, 소득, 지역, 학력에 따른 변화추이를 살펴봄으로써 이들 집단 간의 문화격차의 변화추이를 간략히 살펴보려고 한다. 그리고 이러한 문화격차 분석을 부분적으로 보완하기 위해 2012년도『문화향수실태조사』자료를 활용하여 이들 비교집단에 따른 문화취향의 차이가 어느 정도 존재하는지도 살펴보려고 한다.

2. 연령층별 문화예술 관람률의 격차와 그 변화추이

『2012 문화향수실태조사』자료를 보면, 연령층에 따라 예술행사 관람률의 비교적 뚜렷한 차이가 존재하며 낮은 연령층일수록 예술행사 관람률이 높은 것을 알 수 있다. 지난 1년 동안 10대와 20대가 예술행사를 관람한 비율은 90%가 넘는데 비해 50대는 54.9%, 그리고 특히 60대 이상은 30.4%에 불과하다.[6] 지난 1997년 조사 이후의 변화추이를 살펴보면, IMF 경제위기 직전인 1997년의 관람률이 경제위기 이후에 전 연령층에서 뚜렷이 감소했다가 다시 증가한 것을 알 수 있다. 그리고 이러한 전반적인 변화추이 속에서 대부분의 경우 연령층이 낮을수록 관람률이 높은 경향이 일관되게 유지되어 왔다. 물론 증가과정에서 중간 연령층과 높은 연령층의 관람률 증가 속도가 낮은 연령층의 증가 속도보다 더 높아서 연령층 간의 격차가 그동안 약간은 감소했다.[7] 하지만 관람률이 매우 비슷해진 10대와 20대를 제

---

6) 젊은 층의 관람률이 특히 높은 것은 예술행사 관람이 학창시절에 본격적으로 시작되는 경우가 많기 때문이며 또한 직장생활과 결혼생활로 인한 여러 제약이 발생하기 전에 집중적으로 행해지는 경향과 관련이 있다.

7) 젊은 층 중심의 예술행사 관람층이 2000년대에 비교적 빠르게 다른 연령층으로 확산된 것을 알 수 있다. 통계청 사회조사 자료를 분석한 서우석·김정은은 지난 약 20년간의

〈표 1〉 연령별 예술행사 관람률 변화추이

	1997	2000	2012	2012/2000	2012-1997
10대	88.8	81.6	92.2	1.13	3.4
20대	86.6	77.0	91.5	1.19	4.9
30대	70.7	55.1	84.9	1.54	14.2
40대	52.2	45.3	75.9	1.68	23.7
50대	40.0	32.7	54.9	1.68	14.9
60대 이상	31.4	22.7	30.4	1.34	-1.0
전체	66.8	54.8	69.6	1.27	2.8

외하고는 연령층 간의 관람률 차이가 여전히 뚜렷하며, 특히 40대, 50대, 그리고 60대 이상의 연령층 사이의 관람률 차이는 훨씬 더 크게 벌어졌다.

관람률 변화추이를 보여주는 〈그림 2〉를 관람의향 변화추이를 나타내는 〈그림 3〉과 비교하면 관람률이 함께 현저히 높은 10대와 20대를 제외한 나머지 전 연령층의 관람의향 비율이 관람률보다 뚜렷이 높은 것을 알 수 있다.[8] 특히 10대~30대의 관람의향이 비슷하게 매우 높으며 40대의 관람의향도 이들과 큰 차이가 나지 않는다. 즉, 예술행사 관람률과 비교할 때 예술행사를 관람할 의향을 지닌 자들은 10대~40대의 폭넓은 연령층에서 평균 80% 이상의 매우 높은 비율을 차지한다. 이에 비해 50대의 관람의향 비율은 눈에 띄게 낮고 60대 이상 연령층의 관람의향 비율은 50대보다도 뚜렷이 더 낮아서 평균 50%에도 미치지 못한다.[9] 그럼에도 불구하고 이들 50대와

전반적인 변화추이를 특징지으면서 "젊은 층에 집중되었던 문화예술 관람층이 다른 연령층으로 확산되는 과정"이라는 비슷한 결론을 내린 바 있다(서우석·김정은, 2010: 15).

8) 1997년의 문화향수실태조사에서는 예술행사 관람의향은 조사되지 않았다.

9) 윗세대에 비해 경제적으로 큰 어려움을 겪지 않고 자란 소위 386세대가 2000년대 말에 40대를 이루었는데 이들이 젊은 시절에 문화예술을 관람한 경험은 나이가 더욱 든 이후에도 문화예술 관람의향에 큰 영향을 끼치는 것으로 볼 수 있다.

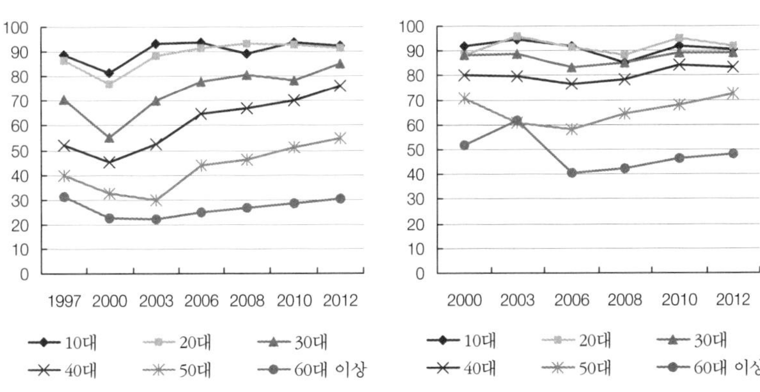

60대 이상의 연령층에서조차 예술행사 관람의향 소지자의 비율은 예술행사 관람률보다 훨씬 더 높다.

그렇다면 관람률과 관람의향 비율 사이의 차이는 무엇으로 설명할 수 있을까? 물론 어떤 사람이 예술행사를 관람할 의향을 갖고 있다고 하더라도 실제적인 관람으로 이어지기 위해서는 사람마다 다른 다양한 조건들이 갖추어져야 할 것이다. 그런데 문화향수실태조사는 조사대상자들이 스스로 생각하는 예술행사 관람의 장애요인이 무엇인지 조사하였다. 2012년도 조사결과에 따르면 ①관심 있는 프로그램 부족(31.7%) ②시간 부족(21.6%) ③비용 부담(19.1%) ④정보 부족(14.0%) ⑤가까운 공연장 없음(5.9%) ⑥교통 불편(3.6%) ⑦동행자 없음(1.9%) ⑧편의시설 부족(1.4%) ⑨기타(1.0%)의 순으로 장애요인이 거론되었다. 그러니까 프로그램, 시간, 비용, 정보 등이 예술행사 관람의 가장 중요한 장애요인이라는 것이다.

그런데 〈그림 2〉와 〈그림 3〉에서 보듯이 연령층, 특히 낮은 연령층과 중간 연령층에서는 연령층 간의 관람의향 차이보다 실제 관람률의 차이가 훨씬 더 뚜렷하다. 그렇다면 혹시 연령층에 따른 장애요인의 차이는 없을까? 유감스럽게도 『2012 문화향수실태조사』에서는 연령별 예술행사 관람

<그림 4> 연령별 예술행사 관람의 장애요인(2010)

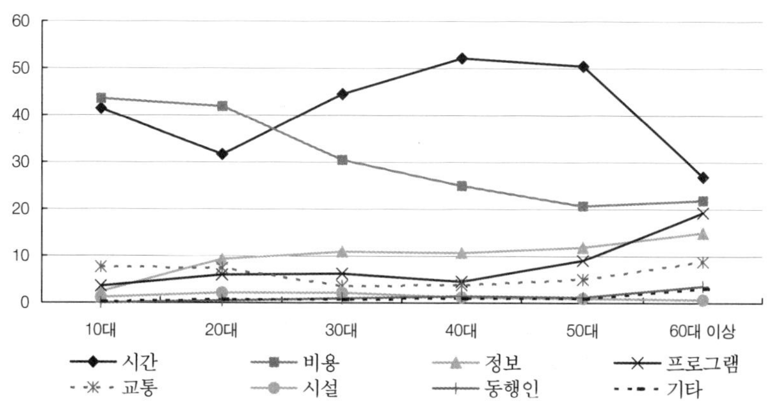

의 장애요인에 관한 조사결과를 발견할 수 없다. 그래서 『2010 문화향수실태조사』에 포함되어 있는 연령별 예술행사 관람의 장애요인 조사결과를 그래프로 제시하면 <그림 4>와 같다.

<그림 4>를 보면 모든 연령층에서 시간 부족과 비용 부담이 가장 큰 장애요인으로 작용하는 것을 알 수 있다. 다만 시간 부족은 중간 연령층과 높은 연령층에서 그리고 비용 부담은 낮은 연령층에서 더 큰 장애요인으로 간주되고 있음을 볼 수 있다. 이 두 요인 외에는 관심 있는 프로그램 부족과 정보 부족이 낮은 연령층보다 높은 연령층에서 훨씬 더 큰 장애요인이었으며 교통 불편은 중간 연령층보다는 낮은 연령층과 높은 연령층에서 장애요인으로서 더 많이 지적되었다.

이상의 조사 분석 결과를 통해 알 수 있는 점을 간략히 요약하면 다음과 같다. 첫째, 60대 미만 전체 연령층의 예술행사 관람욕구는 비교적 높은 편이며 특히 10대~40대 연령층의 욕구가 매우 높다. 이에 비해 60대 이상 연령층의 예술행사 관람욕구는 가장 낮은 수준이다. 둘째, 중간 연령층과 높은 연령층의 실제 관람 수준이 관람욕구에 비해 현저히 낮지만 2000년 이후 꾸준히 향상되어 그 차이가 비교적 많이 줄어들었다. 셋째, 2000년 이후의

실제 관람률의 증가 속도는 다른 연령층보다 30대~50대 연령층에서 훨씬 더 높았다. 그 결과, 2012년 현재의 시점에서 관람률 수준을 본다면 10대~40대 연령층, 50대 연령층, 그리고 60대 이상 연령층의 세 집단 사이에서 뚜렷한 격차를 발견할 수 있다. 넷째, 예술행사의 실제 관람을 막는 요인으로서는 모든 연령층에서 시간 부족과 비용 부담이 가장 중요하다. 그리고 실제 관람률이 상대적으로 낮은 50대 연령층에서는 이 두 요인 다음으로 관련 정보 부족과 관심 있는 프로그램 부족이 중요한 요인이며, 관람률이 가장 낮은 60대 이상 연령층에서는 자신들의 관심을 끌 수 있는 프로그램 부족이 경제적인 요인과 비슷한 정도로 중요한 요인이다.

3. 가구소득별 문화예술 관람률의 격차와 그 변화추이

가구소득 수준에 따라서도 예술행사 관람률이 뚜렷한 차이를 보이는 것으로 나타났다. 〈그림 6〉을 보면 2012년도의 월평균 가구소득이 높을수록 예술행사 관람률이 높은 것을 알 수 있다. 그리고 월평균 400만 원 이상의 집단에서는 지난 1년 동안 예술행사를 관람한 비율이 82.1%로서 100만 원 미만 집단의 관람률 26.9%의 세 배가 넘는다. 문화향수실태조사의 소득별 등급 구간이 동일한 2006년 이후의 조사결과들을 비교해서 변화추이를 살펴보면 소득이 높은 집단일수록 관람률이 높은 경향이 일관되게 유지되어 왔음을 알 수 있다.[10] 그런데 100만 원 미만 집단의 관람률이 2006년 이후 조금 증가해온데 반해 다른 소득 집단의 관람률은 대체로 감소했다. 그 결과 2012년의 월평균 가구소득 100만 원 미만의 저소득층과 다른 소득층 사

---

10) 『2006 문화향수실태조사』에서는 소득별 등급 구간이 100만 원 미만, 100~200만 원 미만, 200~300만 원 미만, 300만 원 이상의 넷으로 제시되어 있다. 하지만 『2010 문화향수실태조사』에서는 2006년 소득별 예술행사 관람률이 2008년 이후의 조사보고서에서 사용된 것과 동일한 다섯 등급 구간으로 조정되어 제시되어 있다(문화체육관광부·한국문화관광연구원, 2010: ix).

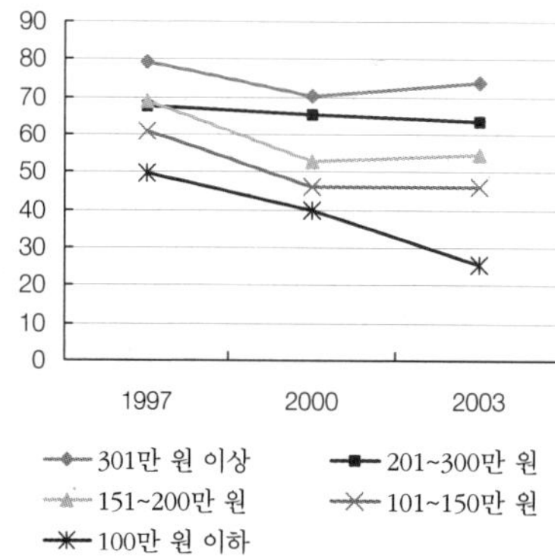

〈그림 5〉 가구소득별
예술행사 관람률 변화추이 I

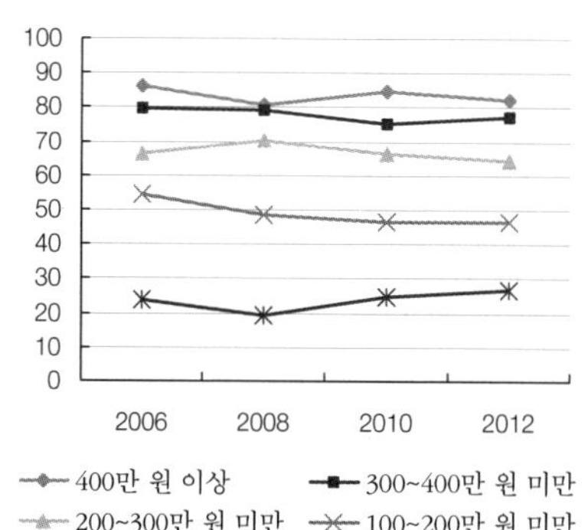

〈그림 6〉 가구소득별
예술행사 관람률 변화추이 II

〈표 2〉 가구소득별 예술행사 관람률 변화추이

	2006	2012	2012/2006
400만 원 이상	86	82.1	0.95
300~400만 원 미만	79.6	77.3	0.97
200~300만 원 미만	66.3	64.6	0.97
100~200만 원 미만	54.7	46.4	0.85
100만 원 미만	23.9	26.9	1.13
전체	65.8	69.6	1.06

이의 관람률 차이가 2006년에 비해 조금씩 좁혀졌음을 알 수 있다.

〈그림 5〉는 1997년~2003년 사이의 관람률 변화추이를 나타내는데, 〈그림 6〉의 소득별 등급구간과 다르게 등급화된 구간에 따라 조사된 자료를 바탕으로 작성된 것이다. 하지만 소득이 높은 집단일수록 관람률이 높은 경향은 〈그림 6〉처럼 〈그림 5〉에서도 대부분 해당된다.[11] 그리고 〈그림 5〉에서는 IMF 경제위기 직전인 1997년 조사된 관람률이 경제위기 이후에 모

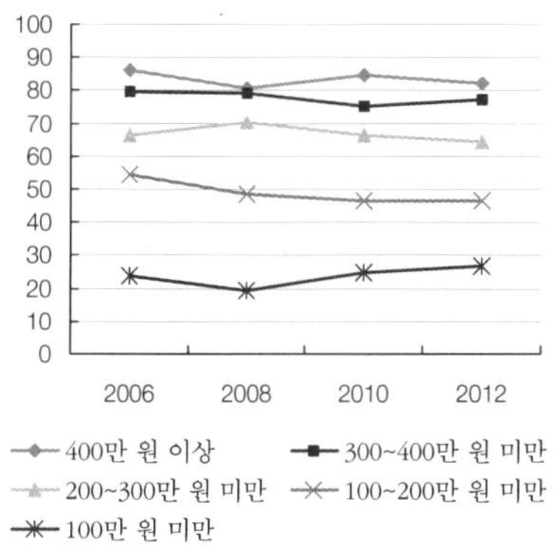

〈그림 6〉 가구소득별
예술행사 관람률 변화추이 II

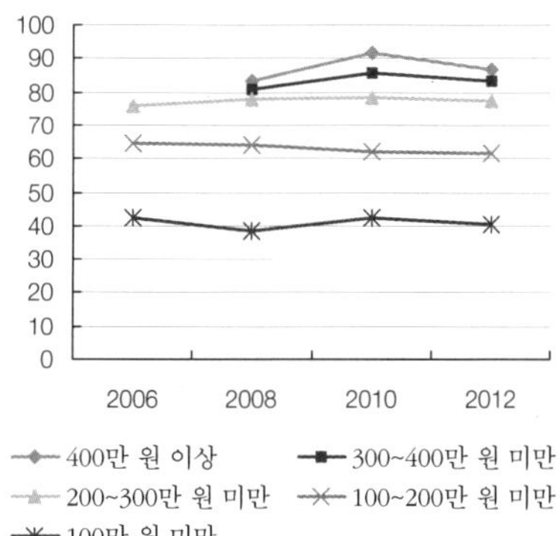

〈그림 7〉 가구소득별
예술행사 관람의향 변화추이

든 소득집단에서 뚜렷이 낮아졌으며 특히 월평균 100만 원 이하의 가장 낮은 소득집단의 관람률이 2000년을 거쳐 2003년까지 다른 집단에 비해 가장 뚜렷이 감소하였다. 이것은 경제위기가 전체 소득집단의 관람률을 낮추는 데 영향을 끼친 가운데 특히 소득이 가장 낮은 집단의 관람률에 가장 부정적인 영향을 끼친 것을 보여준다.

〈그림 7〉은 2006년 이후 가구소득별 예술행사 관람의향의 변화추이를 보여준다.[12] 이 그림을 보면 소득수준이 높을수록 관람의향이 더욱 강한데, 소득이 월 200만 원 이상인 그룹은 75% 이상의 높은 비율의 사람들이 관람의향을 가진데 반해 월 100만 원 미만의 낮은 소득수준에 있는 사람들 가운

---

11) 『1997 문화향수실태조사』에서는 조사대상자들의 주관적 계층의식에 따른 관람률의 차이가 조사되었다. 그 결과에 의하면 상층의식 소유자의 관람률은 84.3%, 중층의식 소유자는 71.1%, 그리고 하층의식 소유자는 48.1%로서, 객관적인 가구소득뿐 아니라 주관적인 계층의식에 따라서도 예술행사 관람률의 차이가 뚜렷한 것을 볼 수 있다. 그런데 아쉽게도 그 이후의 문화향수실태조사에서는 계층의식에 따른 차이에 대해 더 이상 조사하지 않았다.

12) 여기서 2006년 자료의 경우 300~400만 원 미만 집단과 400만 원 이상 집단이 통합되어 300만 원 이상 집단으로서 84.0%라고 제시되어 있다.

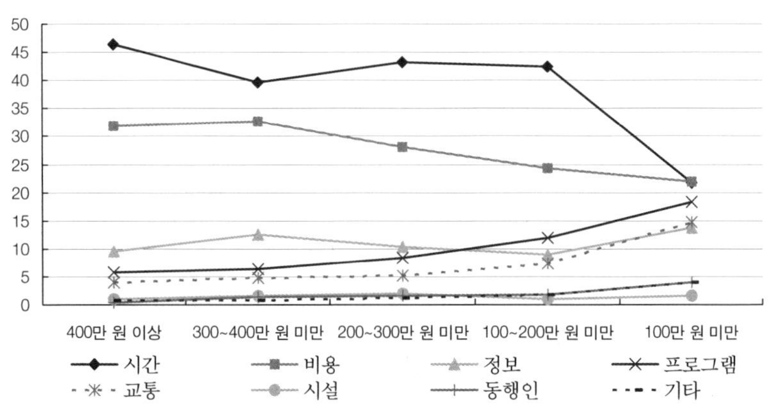

데서는 관람의향을 가진 사람이 50%에도 미치지 못하는 것을 알 수 있다. 하지만 예술행사 관람의향 정도를 실제 관람률과 가시적으로 비교하기 쉽게 바로 좌측에 배치된 〈그림 6〉과 이 그림을 비교해보면, 소득이 월 100만 원 미만인 집단을 포함한 모든 소득집단에서 관람의향 수준이 실제 관람률보다 높은 것을 볼 수 있다.

그렇다면 각 소득집단이 가진 관람의향을 실제 관람으로 연결시키는 것을 방해하는 요인은 무엇인가? 연령집단에 따른 차이를 다룬 위의 분석에서처럼 여기서도 『2010 문화향수실태조사』 자료를 살펴보면 가구소득별 예술행사 관람의 장애요인을 발견할 수 있는데 이를 그래프로 표현한 것이 〈그림 8〉이다.

〈그림 8〉을 보면, 모든 소득집단에서 시간 부족과 비용 부담이 가장 큰 장애요인임을 알 수 있다. 그 뒤를 이어서 정보 부족, 프로그램 부족, 교통 불편 등이 큰 장애요인으로 나타나 있다. 그런데 소득수준이 높은 집단에서는 정보 부족이 시간 부족과 비용 부담에 이어 세 번째로 큰 장애요인으로 드러났다 하지만 소득수준이 낮은 집단, 특히 100만 원 미만인 집단에서는 관심 있는 프로그램 부족이 시간 부족과 비용 부담에 이어 세 번째 큰 장애

요인으로 그리고 그것도 이들과 비슷한 정도로 비중이 큰 것으로 드러났다. 그리고 그 다음으로는 교통 불편이 정보 부족 이상으로 커다란 장애요인으로 확인되었다.

4. 지역별 문화예술 관람률의 격차와 그 변화추이

〈그림 9〉는 지역에 따른 예술행사 관람률의 변화추이를 보여준다. 이 그림에서 2012년의 관람률이 가장 높은 지역은 중소도시이며 큰 차이는 아니지만 이 보다 조금 낮은 지역이 대도시다. 그리고 농촌지역인 군/읍면 지역의 관람률은 이들 중소도시 및 대도시 지역에 비해 뚜렷이 낮은 관람률을 보인다.13)

1997년 이후의 변화추이를 살펴보면, 먼저 IMF 경제위기 이후인 2000년에 모든 지역에서 관람률이 공통적으로 떨어졌다가 도시지역에서는 그 이후

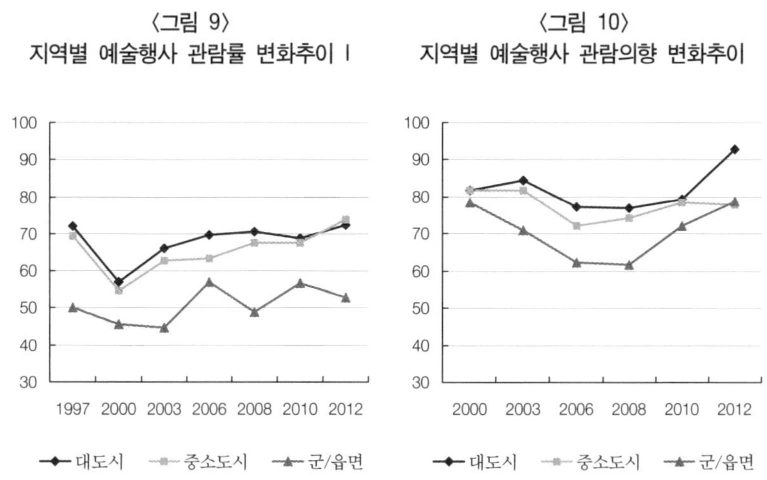

---

13) 2003년~2010년 조사에서는 군지역을 대도시 및 중소도시와 비교되는 지역으로 조사하였으나 2000년과 2012년 조사에서는 읍면지역을 대상으로 조사하였다.

〈표 3〉 지역별 예술행사 관람률 변화추이 Ⅱ

	1997	2000	2012	2012/2000	2012-1997
대도시	72.0	57.0	72.5	1.27	0.5
중소도시	69.5	54.7	73.9	1.35	4.4
군/읍면	50.0	45.6	52.7	1.16	2.7
전체	66.8	54.8	69.6	1.27	2.8

에 곧바로 상승세로 바뀐데 비해 농촌지역은 2003년 조사 이후부터 회복된 것으로 나타나 있다. 그리고 농촌지역에서 관람률이 가장 높았던 2006년 조사를 제외하고는 언제나 대도시의 관람률과 중소도시의 관람률 사이에는 큰 차이가 나지 않은데 비해 이들 도시지역과 농촌지역 간에는 관람률의 차이가 비교적 뚜렷하다.[14)

끝으로 비록 큰 차이는 아니지만 언제나 중소도시의 관람률이 대도시에 비해 더 낮다가 2012년 조사에서 처음으로 대도시를 추월하였다. 〈표 3〉을 보면 IMF 경제위기 이전 조사인 1997년을 기준으로 하든 아니면 그 이후인 2000년 조사를 기준으로 하든 공통적으로 그동안 예술행사 관람률이 가장 빠르게 향상된 지역은 중소도시임을 알 수 있다.

결국 대도시와 중소도시 간의 관람률 격차는 그동안 좁혀지다가 2012년 에는 오히려 중소도시가 대도시를 추월까지 한 반면에, 도시지역과 농촌지역 간의 격차에는 별다른 일관된 변화를 찾기 어려우며 2000년대에 와서는 오히려 그 격차가 더욱 커졌다.

〈그림 10〉은 지역별 예술행사 관람의향의 변화추이를 보여준다. 우선 관람의향 조사를 실시하지 않은 1997년을 제외하고 전반적으로 모든 지역에 서 관람의향의 수준이 〈그림 9〉의 실제 관람률보다 높지만 농촌지역에서

---

14) 농촌지역에서 관람률이 50%에 못 미친 해가 2000년, 2003년, 2008년의 세 차례나 되었다.

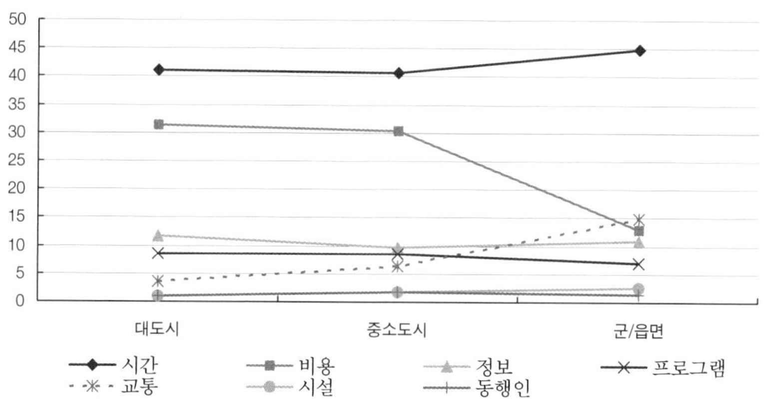

〈그림 11〉 지역별 예술행사 관람의 장애요인(2010)

그 차이가 가장 큰 것을 알 수 있다. 그리고 2000년 이후에 대도시와 농촌지역의 관람의향이 전반적으로 낮아지다가 2008년을 최저점으로 최근 다시 빠르게 증가하는 공통된 양상을 보여준다. 지역 간의 예술행사 관람의향의 차이를 살펴보면, 2000년에는 지역 간 차이가 크지 않았으나 그 이후에 대도시와 농촌지역 사이의 격차가 비교적 뚜렷해진 후 그 격차가 최근까지 지속되고 있다. 한편 중소도시의 경우는 2012년 조사를 제외하고 언제나 대도시와 농촌지역 중간에 그러나 대도시에 훨씬 가까운 관람의향을 보여 왔다.

그렇다면 관람의향을 실제 관람으로 연결시키는 것을 방해하는 요인에서는 지역 간의 차이가 없는가? 『2010 문화향수실태조사』에서 예술행사 관람의 장애요인을 지역별로 집계한 내용을 그래프로 표현하면 〈그림 11〉과 같다. 이 그림을 보면 대도시와 중소도시의 장애요인은 매우 비슷하고 이들 도시지역과 농촌지역 사이에는 일부 큰 차이가 있음을 알 수 있다. 하지만 어느 지역에서나 제일 큰 장애 요인은 시간 부족이다. 그리고 도시지역에서는 비용 부담이 두 번째로 중요한 장애요인이며 이들 두 요인보다는 비중이 많이 떨어지지만 정보 부족이 세 번째로 큰 장애요인으로 나타났다. 이에 비해 농촌지역에서는 시간 부족이 도시지역보다 더 큰 비중으로 첫째 되는 장애요인으로 지적되었으며 두 번째로는 교통불편을 오히려 비용 부담보다 더 큰 장애요인으로 꼽았다. 그 뒤를 비용 부담, 정보 부족, 프로그램 부족 등이 잇는 것으로 나타났다.

5. 학력수준별 문화예술 관람률의 격차와 그 변화추이

〈그림 12〉는 학력수준에 따른 예술행사 관람률의 변화추이를 보여준다. 이 그림을 보면 학력수준별 예술행사 관람률의 차이가 뚜렷하며 학력수준이 높을수록 관람률이 높은 것을 알 수 있다. 그리고 모든 학력 집단의 관람률이 IMF 경제위기 직전인 1997년 조사에 비해 경제위기 직후인 2000년 조사에서 떨어졌다. 하지만 〈표 4〉에서 보듯이, 대학 재학 이상의 학력 소유자들과 중학교 졸업 이하의 학력 소유자들은 2003년 조사에서 벌써 경제위기 직전 수준을 회복하였으나 고등학교 졸업 학력 소유자들만 최근 조사인 2012년 조사에서 비로소 경제위기 직전 수준에 도달하였다.

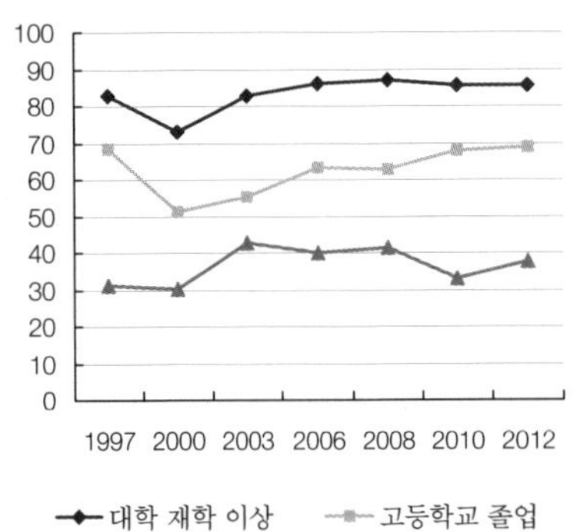

〈그림 12〉 학력수준별
예술행사 관람률 변화추이 I

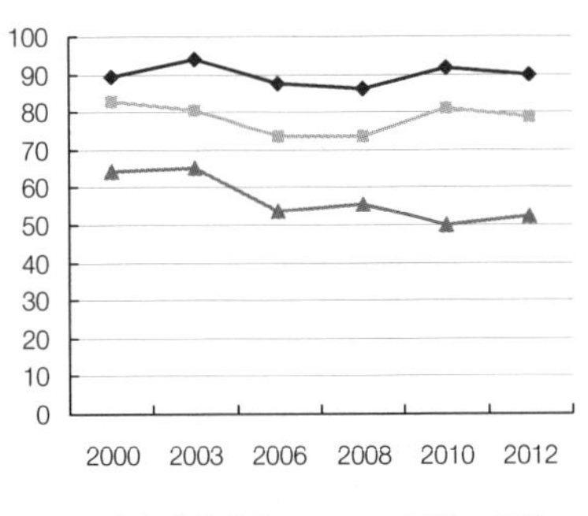

〈그림 13〉 학력수준별
예술행사 관람의향 변화추이

<표 4> 학력수준별 예술행사 관람률 변화추이 II

	1997	2000	2003	2006	2008	2010	2012	2012/2000	2012-1997
대학 재학 이상	82.8	72.9	82.8	86.0	86.8	85.7	85.8	1.18	3.0
고등학교 졸업	68.3	51.3	55.2	63.4	62.9	67.7	69.0	1.35	0.7
중학교 졸업 이하	31.1	30.2	42.7	40.1	41.2	32.8	37.7	1.25	6.6
전체	66.8	54.8	62.4	65.8	67.3	67.2	69.6	1.27	2.8

대학 재학 이상 집단과 고등학교 졸업 집단 사이의 관람률 격차는 1997년 이후에 큰 폭으로 증가하였다가 2003년부터 감소 추세로 돌아서 2012년에는 1997년 수준에 비교적 가까워졌다. 이와 반대로 고등학교 졸업 집단과 중학교 졸업 이하 집단 사이의 격차는 2000년을 전후하여 아주 큰 폭으로 줄어들었지만 2003년부터 증가 추세로 전환되어 2010년대에는 비록 1997년 수준에는 미치지 못하지만 매우 커졌다.[15]

관람률이 가장 높은 대학 재학 이상 집단과 가장 낮은 중학교 졸업 이하 집단 사이의 격차만을 비교한다면 1997년 격차가 51.7%에 이르던 것이 2003년에 40.1%까지 줄어든 후에 다시 커진 결과 2012년에는 48.1%의 격차를 나타냈다.

결국 학력 집단 간의 격차는 집단에 따라 서로 다른 추세를 보이지만 대학 재학 이상 집단과 중학교 졸업 이하 집단 간의 격차를 중심으로 본다면 적어도 2003년 이후 약 10년 동안에는 학력수준에 따른 격차가 더욱 벌어졌다고 할 수 있다.

---

15) 고등학교 졸업 집단과 중학교 졸업 이하 집단 사이의 관람률 격차와 대학 재학 이상 집단과 고등학교 졸업 집단 사이의 관람률 격차의 크기를 서로 비교하면, 전자가 후자보다 압도적으로 컸던 1997년의 관계가 2003년 역전된 후 2000년대 후반에 잠시 비슷한 수준으로 근접하였으나 2010년대에 들어서면서 다시금 전자가 후자의 약 두 배 가까이 될 정도로 커졌다. 이것은 <표 4>에서 보듯이 1997년과 2000년 사이에 가장 큰 폭으로 떨어졌던 고등학교 졸업 집단의 관람률이 2000년 이후 가장 빠른 속도로 증가한 데서 기인한다.

〈그림 13〉은 학력수준별 예술행사 관람의향의 변화추이를 보여준다. 여기서도 단 한 번의 예외를 제외하고는 조사 때마다 모든 학력 집단에서 관람의향 수준이 〈그림 12〉의 실제 관람률보다 높다. 그리고 관람률처럼 관람의향에서도 학력수준별 차이가 뚜렷하며 학력수준이 높을수록 관람의향이 큰 것을 알 수 있다. 그런데 2000년 이후의 추세를 살펴보면 대학 재학 이상 집단의 관람의향은 대체로 비슷한 수준을 유지해왔는데 비해 고등학교 졸업 집단은 약간의 감소 추이를 그리고 중학교 졸업 이하 집단은 비교적 뚜렷한 감소 추이를 발견할 수 있다. 그 결과 2000년의 대학 재학 이상 집단과 고등학교 졸업 집단 사이의 관람의향 격차와 고등학교 졸업 집단과 중학교 졸업 이하 집단 사이의 관람의향 격차는 모두 2012년 조사에서 비교적 뚜렷이 커졌으며, 이 가운데서도 고등학교 졸업 집단과 중학교 졸업 이하 집단 사이의 격차가 훨씬 더 뚜렷이 커진 것을 볼 수 있다.

그렇다면 학력 집단 간의 관람 장애요인의 차이는 어떠한가? 학력 집단에 따른 예술행사 관람 장애요인을 그래프로 표현하면 〈그림 14〉와 같다. 이 그림에서 보면 전반적으로 학력 집단 간에 장애요인의 큰 차이가 없으며, 특히 시간 부족과 비용 부담을 각각 첫 번째와 두 번째 큰 장애요인으로

〈그림 14〉 학력수준별 예술행사 관람의 장애요인(2010)

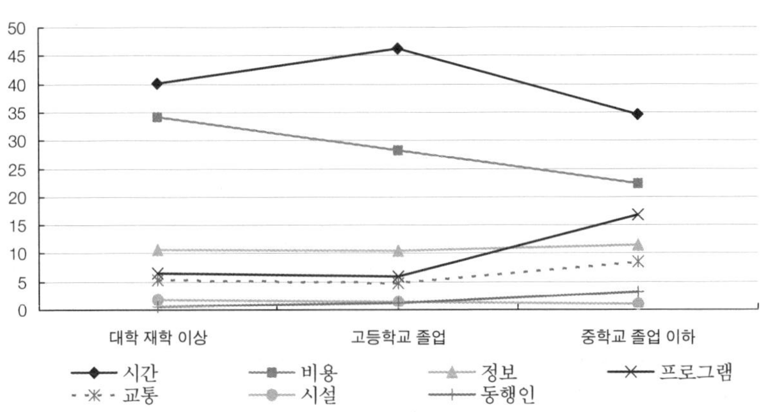

간주하는 경향이 모든 학력 집단에서 뚜렷이 발견된다. 물론 고등학교 졸업 집단은 대학 재학 이상 집단에 비해 시간을 장애요인으로 여기는 경향이 더욱 크다. 그리고 대학 재학 이상 집단과 고등학교 졸업 집단은 공통적으로 관련 정보 부족, 적절한 프로그램 부족, 교통불편을 각각 세 번째, 네 번째, 다섯 번째 장애요인으로 간주한다. 이에 비해 중학교 졸업 이하 집단은 적절한 프로그램 부족을 비용 부담 다음의 세 번째로 중요한 장애요인으로 간주하는 것이 눈에 띈다.

6. 문화예술 취향의 차이

문화예술 취향의 차이는 연령층, 소득집단, 지역, 그리고 학력수준에 따른 문화예술 장르별 관람률의 차이를 통해 살펴보고자 한다.[16] 그런데 문화향수실태조사 시기에 따라서 조사대상인 문화예술 장르의 명칭에 일부 변화가 있다. 따라서 시계열적인 변화추이를 일관되게 분석하는 데 어려움이 있어서 문화예술 취향의 차이는 2012년도 자료를 중심으로 간략히 살펴보려고 한다.

1) 연령별 차이

〈그림 15〉와 〈그림 16〉은 『2012 문화향수실태조사』 자료 가운데 연령층에 따른 문화예술 장르별 관람률의 차이와 문화예술 장르별 관람의향의 차이를 각각 그래프로 나타낸 것이다. 연령층별 차이를 더욱 뚜렷이 나타내기 위해 전체 연령층 가운데서 10대, 30대, 50대, 70대 이상 연령층의 자료

---

16) 모든 장르에서 여성의 관람률이 남성보다 높지만 남녀 간의 관람률 차이는 최대 4.4%에서 최소 2.2%까지로 매우 작다. 비록 관람의향에서는 남녀 간의 차이가 조금 더 벌어져 있지만 여기서도 모든 장르에서 여성이 남성보다 더 높을 뿐 남녀 간의 장르별 취향에서 특별한 점을 발견하기 어렵다. 그래서 성별에 따른 차이는 생략하고자 한다.

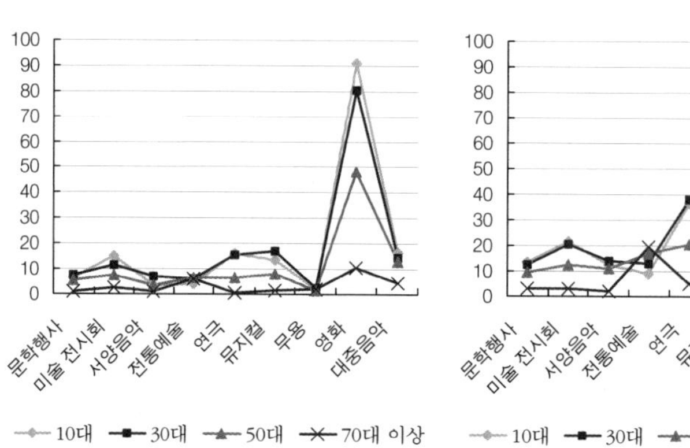

〈그림 15〉
연령 및 예술장르별 관람률(2012)

〈그림 16〉
연령 및 예술장르별 관람의향(2012)

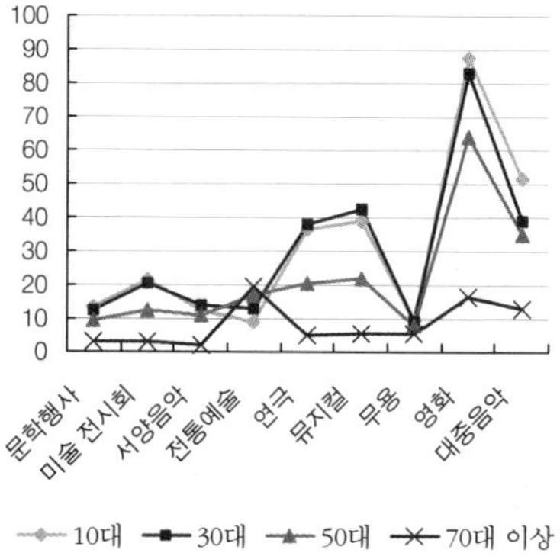

들로만 그래프를 만들었다. 그런데 이 두 그림을 보면 두 그림의 전반적인 양상이 매우 유사하면서도 〈그림 16〉의 연령별 격차가 〈그림 15〉의 연령별 격차보다 훨씬 더 뚜렷함을 알 수 있다. 어쨌든 연령층별 문화예술 취향의 차이를 보여주는 두 그림에서 다음과 같은 점을 발견할 수 있다.

첫째, 영화는 모든 연령층에서 가장 선호하는 장르이다.[17]

둘째, 70대 이상 연령층의 경우 가장 많이 관람한 장르는 영화지만 앞으로 1년 동안 관람할 의향을 가장 많이 가진 장르는 전통예술 공연이다. 따라서 70대 이상의 고령층은 영화와 함께 전통예술에 대한 뚜렷한 취향을 나타냈음을 알 수 있다.[18] 이에 비해 10대는 전통예술을 9개 장르 가운데 세 번째로 그리고 30대는 두 번째로 적게 관람하였을 뿐 아니라 관람의향의

---

17) 가장 선호하는 영화 관람률도 1997년 53.1%에서 IMF 경제위기 직후인 2000년 40.0%로 떨어졌다가 그 이후 2010년을 제외하고 꾸준히 상승하여 2012년 64.4%에 이르렀다. 글로벌 금융위기로 인한 국내 경제의 영향이 아직 매우 컸던 2010년의 영화 관람률은 60.3%로서 2008년 61.5%보다 약간 낮은 수준을 유지했다.

18) 60대에게서도 전통예술은 두 번째로 많이 관람한 장르며, 세 번째로 많이 관람하려는 의향을 가진 장르다.

면에서도 전통예술이 10대에게서는 가장 기피된 장르였으며 30대에게서는 두 번째로 기피된 장르였다.[19] 이런 점에서 본다면 전통예술은 70대 이상 연령층 같은 고령층이 선호하는 반면에, 젊은 세대는 가장 기피하는 장르임을 알 수 있다.

셋째, 영화 다음으로 각 연령층이 많이 관람한 장르는 10대의 경우 대중음악과 연극, 20대의 경우는 연극과 대중음악, 30대의 경우는 뮤지컬과 연극, 40대와 50대의 경우는 대중음악과 뮤지컬, 그리고 60대와 70대 이상은 전통예술과 대중음악이다. 그리고 각 연령층이 영화 다음으로 많은 관람의향을 가진 장르는 10대, 20대, 40대, 50대 모두 대중음악, 뮤지컬의 순이며 30대의 경우는 뮤지컬, 대중음악의 순이다. 다만, 60대 이상은 대중음악, 전통예술의 순이며, 전통예술을 가장 많이 관람하려고 한 70대 이상은 영화와 대중음악을 그 다음으로 순으로 꼽았다. 결국 10대~50대는 영화 다음으로 대중음악, 뮤지컬, 그리고 연극을 많이 선호하며 관람료의 비용 부담이 상대적으로 큰 뮤지컬의 경우는 관람경험보다 관람의향에서 높은 비율로 나타났다. 뮤지컬에 대한 선호가 가장 큰 연령층은 30대로 나타났다.

넷째, 문학행사, 미술전시회, 서양음악 관람 가운데서는 관람률 면에서나 관람의향 면에서 모두 미술전시회 관람에 대한 선호가 모든 연령층에서 가장 높은 것으로 나타났다. 그리고 미술전시회에 대한 선호는 관람률 면에서나 관람의향 면에서 모두 전반적으로 낮은 연령층일수록 더 높은 경향을 나타냈다.

2) 소득별 차이

〈그림 17〉과 〈그림 18〉은 가구소득에 따른 문화예술 장르별 관람률의 차이와 문화예술 장르별 관람의향의 차이를 각각 그래프로 나타낸 것이다. 앞에서처럼 이 두 그림도 전반적인 양상이 서로 매우 유사하면서 〈그림 18〉

---

19) 20대에게서는 전통예술이 두 번째로 적게 관람한 장르며, 관람의향 면에서는 가장 기피한 장르다.

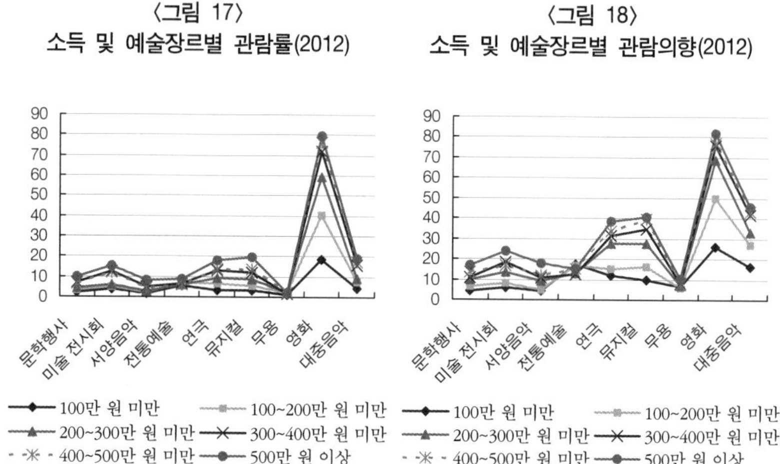

의 소득별 격차가 〈그림 17〉의 소득별 격차보다 훨씬 뚜렷함을 알 수 있다. 어쨌든 이 두 그림에서 발견할 수 있는 점은 다음과 같다.

첫째, 모든 소득집단에서 공통적으로 가장 선호하는 장르는 영화다.

둘째, 관람률과 관람의향의 소득집단별 격차가 가장 큰 장르 역시 영화다. 영화 다음으로는 뮤지컬, 연극, 대중음악이 비슷한 정도로 큰 격차를 보이는데, 이들 가운데서는 뮤지컬 관람률과 뮤지컬 관람의향의 소득집단별 격차가 가장 크다.

셋째, 소득집단 간의 관람률과 관람의향의 차이는 있지만 그래도 전반적으로 볼 때 소득수준이 높은 집단일수록 관람률과 관람의향 수준이 높은 등고선 형태를 두 그림이 보여준다. 하지만 두 그림을 보면 유독 두 장르에서만 소득집단 간의 차이가 매우 좁혀져 있음을 알 수 있다. 하나는 무용인데 무용은 전체 소득집단에서 관람률과 관람의향 수준이 낮은 결과, 소득집단별 격차가 가장 작은 장르가 되었다. 다른 하나는 전통예술인데 전통예술의 관람률은 무용보다 높지만 소득집단에 따른 일관된 차이를 발견하기 어렵다. 더구나 전통예술의 관람의향을 보면 월 200만 원 미만의 소득집단들이 오히려 200만 원 이상의 소득집단들보다 더 높은 수준을 보이는 역전

형태를 나타낸다.

결국, 문화예술 장르에 대한 취향의 면에서 본다면 소득집단에 따른 특별한 차이는 거의 없음을 알 수 있다. 다만 전통예술의 관람률과 관람의향 수준이 모두 월 소득 100만 원 미만 집단에서는 영화 다음인 두 번째로 높으며 월 소득 100만 원~200만 원 미만 집단에서는 영화와 대중음악 다음인 세 번째로 높은 것으로 나타나서 중간소득 집단이나 고소득 집단과 달리 저소득 집단에서는 전통예술에 취향이 비교적 뚜렷함을 알 수 있다.

3) 지역별 차이

〈그림 19〉와 〈그림 20〉은 지역에 따른 문화예술 장르별 관람률의 차이와 관람의향의 차이를 각각 그래프로 나타낸 것이다. 연령층과 소득집단에 관한 그림에서처럼 여기서도 두 그림의 전반적인 양상이 매우 유사하면서 〈그림 20〉의 지역별 격차가 〈그림 19〉의 지역별 격차보다 훨씬 뚜렷함을 알 수 있다. 이 두 그림에서 발견할 수 있는 점을 간략히 정리하면 다음과 같다.

첫째, 위에서처럼 여기서도 모든 지역 주민이 공통적으로 가장 선호하는

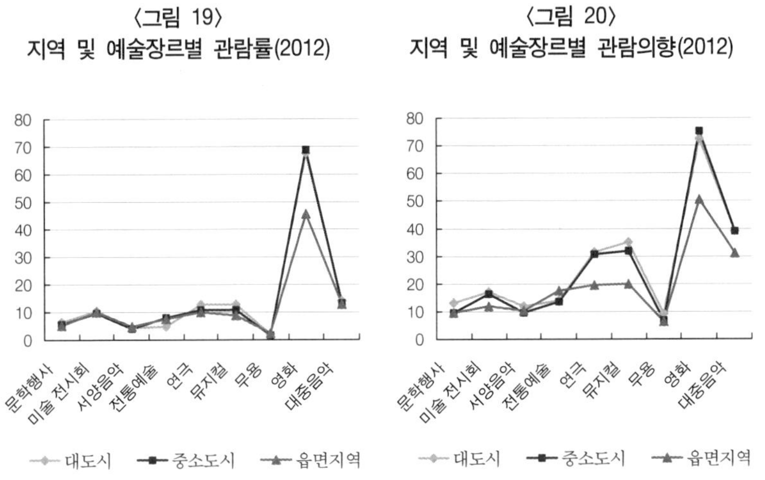

장르는 영화다.

둘째, 관람률은 영화를 제외한 나머지 모든 장르에서 수치가 아주 작거나 비슷한 편이어서 지역 간의 의미 있는 차이를 찾기 어렵다. 따라서 〈그림 20〉의 관람의향을 중심으로 살펴 볼 때, 전통예술의 관람의향은 읍면지역이 가장 높고 대도시와 중소도시가 비슷한데 비해, 영화 관람의향은 중소도시, 대도시, 읍면지역 순으로 높다.[20] 이를 통해 볼 때 전통예술은 농촌 주민들의 취향에, 그리고 영화는 중소도시 주민들의 취향에 가장 가까운 장르임을 알 수 있다.[21]

셋째, 문학행사, 서양음악, 무용의 세 장르의 경우는 대도시와 다른 지역들 사이에서 관람의향의 비교적 큰 차이가 있지만 나머지 장르의 경우는 모두 도시지역과 읍면지역 사이에서 관람의향의 차이가 뚜렷하다. 즉, 관람의향에 관한 자료를 통해서 본다면 문학행사, 서양음악, 그리고 무용은 비교적 대도시 주민의 취향에 가까운 예술장르이며, 전통예술은 농촌형, 그리고 나머지는 모두 도시형 예술취향에 가까운 장르임을 알 수 있다.

4) 학력별 차이

〈그림 21〉과 〈그림 22〉는 학력수준에 따른 문화예술 장르별 관람률의 차이와 관람의향의 차이를 각각 그래프로 나타낸 것이다. 이 두 그림에서 발견할 수 있는 점을 간략히 정리하면 다음과 같다.

첫째, 두 그림의 전반적인 양상이 매우 비슷하지만 〈그림 22〉가 보여주는 관람의향의 학력별 격차가 〈그림 21〉의 관람률의 학력별 격차보다 훨씬 더 뚜렷하다.

둘째, 모든 학력 집단이 공통적으로 가장 선호하는 장르는 영화로서 다른

---

20) 대중음악 관람의향에서도 중소도시가 대도시보다 앞섰지만 불과 0.3%차이여서 거의 같은 수준이라고 볼 수 있다.

21) 지역별 차이가 작기는 하지만 관람률에서도 전통예술의 경우 중소도시와 읍면지역이 비슷한 수준으로 높고 대도시가 상대적으로 낮다. 그리고 영화 관람률은 영화 관람의향과 마찬가지로 중소도시, 대도시, 읍면지역 순으로 높다.

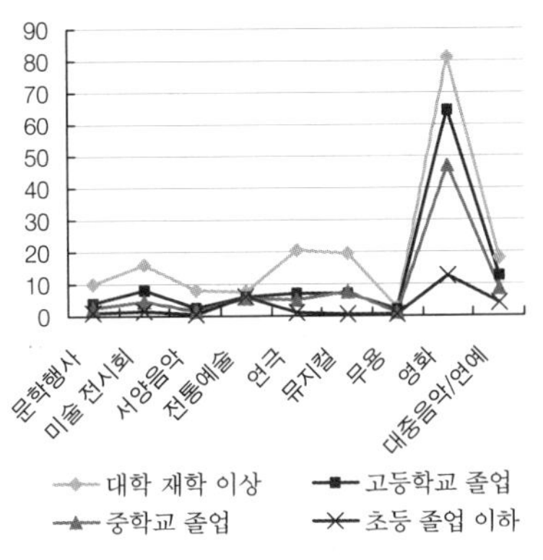

〈그림 21〉 학력수준 및
예술장르별 관람률(2012)

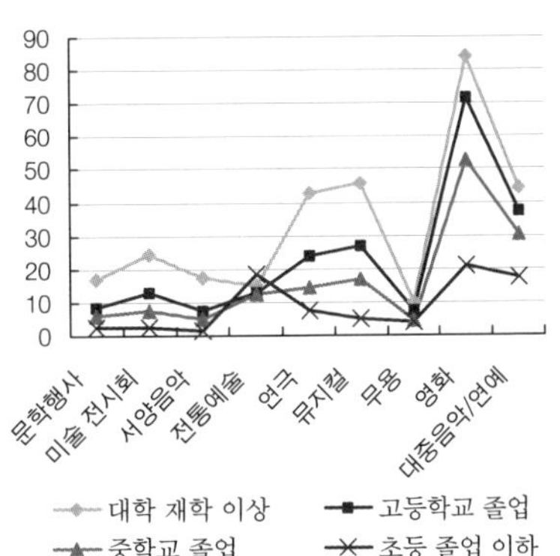

〈그림 22〉 학력수준 및
예술장르별 관람의향(2012)

장르에 대한 선호에 비해 압도적인 편이다.

셋째, 대학 재학 이상의 고학력 집단이 영화 다음으로 선호하는 장르로는 연극, 뮤지컬, 그리고 대중음악/연예가 비슷한 것으로 나왔다. 이것은 관람률 조사와 관람의향 조사에서 공통적으로 나온 결과다. 이에 비해 고등학교 졸업 집단과 중학교 졸업 집단은 둘 다 이들 가운데 대중음악/연예를 영화 다음으로 가장 선호하는 장르로 꼽았다.

넷째, 2012년도 조사에서는 이전의 조사와 달리 중학교 졸업 집단과 초등학교 졸업 이하 집단을 구분하였는데, 초등학교 졸업 이하 집단은 전통예술을 영화 다음으로 선호하는 장르로 꼽았다. 이런 결과는 관람률 조사와 관람의향 조사 양쪽에서 나왔는데 특히 관람의향 조사에서는 전통예술 관람의향이 18.2%로서 영화 관람의향 20.7%에 매우 가까운 수준이다.

IV. 맺음말: 문화격차, 문화취향, 사회정책적 함의

앞에서 분석한 결과로부터 특별히 주목할 점을 정리하면 다음과 같다. 첫째, 문화예술 빈곤층이 경제위기 직후에 급증하였으나 그 이후에 지속적으로 감소한 끝에 최근 2012년 조사에서 1997년 수준 이하로 줄어들었다. 여기서는 1990년대 말의 IMF 경제위기가 문화예술 빈곤층의 급증에 매우 큰 영향을 끼친 점과 문화예술 빈곤층의 전반적인 감소에 특히 영화 관람률의 상승이 크게 기여한 점에 특별히 주목할 필요가 있다.[22]

둘째, 지난 15년 동안 연령층, 소득집단, 그리고 학력 집단 간의 관람률 차이와 농촌과 도시 사이의 관람률 차이는 비교적 뚜렷하게 유지되어 왔다. 하지만 다행히 젊었을 때부터 문화예술을 경험한 세대가 성장하면서 문화예술행사를 관람하는 연령층이 확대됨에 따라 연령층 간의 문화격차가 그동안 일부 감소하는 추세를 보여 왔음을 알 수 있다. 그리고 정부가 저소득층 대상의 문화정책을 실시해오면서 저소득층과 다른 소득층 간의 문화격차도 일부 감소한 것을 볼 수 있다.

셋째, 그럼에도 불구하고 2012년 조사자료에 의하면 50대 연령층과 특히 60대 이상 연령층, 그리고 가구소득 100만 원 미만의 저소득층의 문화예술행사 관람률이 다른 집단들에 비해 뚜렷이 낮다. 게다가 중학교 졸업 이하의 저학력 집단과 대학 재학 이상의 고학력 집단 사이의 격차, 그리고 농촌 지역과 도시 지역 사이의 격차는 적어도 지난 약 10년 동안 더욱 벌어졌다. 그러므로 이들 문화예술 주변집단의 문화예술 향유기회를 높여서 중심부의 다른 집단들과의 문화격차를 줄이기 위한 보다 적극적인 정책적 노력이 요구된다.

넷째, 예술행사 관람의 가장 큰 장애 요인으로는 연령, 소득, 학력을 불문

---

[22] 이에 비해 2000년대 말의 글로벌 금융위기는 부분적인 영향을 끼쳤을 뿐 문화예술 빈곤층의 전반적인 감소추세에 큰 변화를 가져오지는 않았다.

하고 시간 부족과 비용 부담을 지적하였다. 그리고 농촌지역 주민들은 교통 불편을 시간 부족에 이어 두 번째로 큰 장애요인으로 간주하였다. 그러므로 문화예술 향유 수준을 전반적으로 높이기 위해서나 혹은 문화예술 주변집단과 중심집단 사이의 문화격차를 줄이기 위해서는 여가시간을 실질적으로 보장하고 또한 문화예술행사 관람의 비용 부담을 줄이는 방향의 정책추진이 필요하다. 그리고 특히 농촌과 도시의 문화격차를 줄이기 위해서는 농촌 주민들에게 가까운 지역에서 문화예술행사를 개최하거나 아니면 농촌주민들에게 교통편의를 제공하는 방식으로 이들의 교통 불편을 줄이려는 정책적 노력이 요구된다.

다섯째, 문화취향과 관련해서는, 영화가 연령, 소득, 학력, 지역에 관계없이 가장 선호되는 장르지만 도시형, 특히 중소도시 주민들의 취향에 더욱 가까운 장르다. 이에 비해 무용은 문학행사, 서양음악과 함께 비교적 대도시 주민의 취향에 가까운 예술장르며, 전통예술은 농촌주민들의 취향에 가까운 장르로서 70대 이상 연령층 같은 고령층이 선호하는 반면에 젊은 세대는 가장 기피하는 장르이기도 하다.[23] 학력으로는, 대학 재학 이상의 고학력 집단이 영화 다음으로 연극, 뮤지컬, 그리고 대중음악과 연예를 비슷하게 선호하는데 비해, 고등학교 졸업 집단과 중학교 졸업 집단은 대중문화 성격이 더욱 강한 대중음악과 연예를 영화 다음으로 가장 선호하는 장르로 꼽는다.

이러한 문화취향의 차이는 정책적으로 문화예술 주변집단에 문화향유의 기회를 제공할 때 중요하게 고려할 사항이다. 하지만 부르디외 식으로 본다면 집단 간의 문화취향의 차이는 사회불평등을 재생산하는 원리로 작동할 수 있으므로 사회적인 주변집단의 문화취향을 스스로 원하는 방향으로 넓힐 필요가 있다. 따라서 사회의 주변집단에게는 그들의 취향에 부합하는 문화

---

23) 소득집단에 따른 일관된 경향은 없지만 중간소득 집단이나 고소득 집단과 달리 저소득 집단에서 전통예술에 대한 취향이 비교적 뚜렷하며, 초등학교 졸업 이하의 가장 낮은 학력 집단은 전통예술을 영화 다음으로 선호하는 장르로 꼽는다.

예술 향유 및 참여의 기회를 더욱 높여 제공할 뿐 아니라 다른 집단의 문화예술 장르에 대한 경험 및 교육의 기회도 적극 제공할 필요가 있는데 이것이 문화지향적인 사회정책의 중요한 방향이 되어야 한다고 본다.[24)]

물론 요즈음은 새로운 문화예술 형식이 끊임없이 창조되고 또한 이질적인 문화의 교류가 매우 활발히 이루어지고 있다. 그 결과 문화예술의 장르와 각 장르에 속하는 문화예술 양식이 과거의 어느 때보다 다양해지고 또한 복잡해지고 있다. 그러므로 자신이 속하지 않은 다른 집단의 문화취향을 이해하고 이를 바탕으로 그들과의 소통 및 연대 능력을 향상시킬 필요성은 사회의 주변집단보다 오히려 중심집단에서 더욱 필요해지고 있다. 이런 점에서 본다면, 다른 집단의 문화취향에 대한 경험 및 교육의 기회는 사회의 주변집단을 넘어 모든 시민집단에게 제공되어야 하는데 이것이 오늘날 다문화사회의 중심 되는 문화정책 방향이라 할 수 있다.

---

24) 위의 조사분석 결과를 보면 예술행사 관람률이 경제적 요인에 의해 큰 영향을 받는다는 점이 여러 면에서 분명히 나타났다. 하지만 다른 한 편으로, 학력수준이 관람률에 큰 영향을 끼치는데 그동안 한국사회의 상급학교 진학률은 지속적으로 증가해왔다. 그리고 연령층도 관람률에 큰 영향을 끼치는데 그동안 한국사회에서는 젊을 때부터 문화예술을 경험한 세대가 성장하면서 문화예술을 실제 관람하는 연령층과 관람의향을 가진 연령층이 크게 확대되고 있다. 한편 박재흥의 연구에 의하면, 1990년~2005년 기간 동안 물질주의자와 탈물질주의자가 모두 감소한 반면에, 물질주의적 가치와 탈물질주의적 가치를 함께 고려하는 혼합형이 크게 증가하였다. 이런 점들을 고려한다면 한국사회 구성원들에게서 경제적 욕구나 안전 욕구 같은 물질주의적인 욕구와 함께 문화적 욕구로 대표되는 탈물질주의적인 욕구도 커졌기 때문에, 이제는 사회적 주변집단을 위한 사회정책도 이들의 경제적 욕구와 함께 문화적 욕구를 심각히 고려하는 문화지향적 사회정책을 추구해야 할 것이다(강수택, 2012: 171 이하; 박재흥, 2012: 104 이하).

【참고문헌】

강수택. 2012. "한국 사회운동의 변화와 탈물질주의." 강수택·박재흥 엮음. 『한국의 사회변동과 탈물질주의』. 도서출판 오름. pp.157-190.

김서용·김혜선. 2007. "문화자본은 중요한가? — 문화격차의 주관적 안녕에 대한 실증분석." 『동계학술발표논문집』. 한국정책학회. pp.157-177.

김휘정. 2012. 『문화복지의 동향과 문화복지사업의 개선방안』. 국회입법조사처. 현안보고서 제175호.

문화체육부·한국문화정책개발원. 1998. 『1997 문화향수실태조사』. 문화체육부·한국문화정책개발원.

______. 2000. 『2000 문화향수실태조사』. 문화관광부·한국문화정책개발원.

______. 2003. 『2003 문화향수실태조사』. 문화관광부·한국문화관광정책연구원.

______. 2006. 『2006 문화향수실태조사』. 문화관광부·한국문화관광정책연구원.

______. 2008. 『2008 문화향수실태조사』. 문화체육관광부·한국문화관광연구원.

______. 2010. 『2010 문화향수실태조사』. 문화체육관광부·한국문화관광연구원.

문화체육관광부. 2012. 『2012 문화향수실태조사』. 문화체육관광부.

박용치. 2003. "문화격차와 문화산업의 육성." 『법률행정논집』 제10권. pp.120-147.

박재흥. 2012. "한국의 세대변화와 탈물질주의: 코호트 분석." 강수택·박재흥 엮음. 『한국의 사회변동과 탈물질주의』. 도서출판 오름. pp.91-125.

부르디외, 삐에르. 1996. 『구별짓기: 문화와 취향의 사회학(하)』. 최종철 옮김. 새물결.

서순복. 2006. "사회적 양극화 해소를 위한 문화정책과 문화민주주의." 『하계학술발표논문집』. 한국행정학회. pp.1-20.

서우석·김정은. 2010. "문화격차 해소에 대한 평가와 전망." 『문화경제연구』 제13권 제2호. pp.3-25.

정광호·최병구. 2006. "문화격차 분석과 문화바우처 정책설계." 『지방정부연구』 제10권 제4호. pp.63-89.

조권중. 2004. 『서울시민의 문화격차: 실태와 정책과제』. 특별정책과제연구보고서. 서울시정개발연구원.

Williams, R. 1961. "The Analysis of Culture." *Culture: Critical Concepts in Sociology*, Vol.II. 2003. Edited by Ch. Jenks. London: Routledge. pp. 28-50.

제**2**장

문화다양성과 인권:
이주민의 인권보호를 위한 이론적 논의와 국제적 실천의 시사점

임운택

I. 들어가는 말

일반적으로 다양한 형태의 이주자들(이민소수자, 이주노동자 등을 포함)을 사회적으로 통합시키거나 동화시키기 위해 지난 수년 동안 정부나 국제기구, 학계, 언론에서 가장 많이 언급된 이데올로기가 바로 '다문화주의'이다. 그 영향으로 2005년부터 한국 정부에서도 다양한 다문화정책을 쏟아내기 시작하였으며, 오늘날 우리사회에서 국내에 들어온 이주민과의 공존을 위한 처방으로 일상언어에서 '다문화 사회'에 대해 말하는 것은 이제 지극히 자연스러운 현상이 되었다. 그러나 다문화주의가 그간 이론적 '당위(Sollen: 보편적 기본권 보장)'와 실천적 '존재(Sein: 차별의 심화)'의 양 극단을 오가면서 많은 논란과 정책적 오류를 양산하였던 것 또한 숨길 수 없는 사실이다. 비근한 예로 국내에서 이주노동자들에 대한 인권침해는 다양한 법적·제도적 개입에도 불구하고 그 상황이 개선되기는커녕, 오히려 양적으로나

질적으로 악화되고 있는 실정이다.[1]

상황이 이러함에도 불구하고 인권 이슈는 아직 다문화 관련 정책에서 그다지 주목을 받지 못하고 있다. 정책적 측면에서는 현장 실천가들의 문제제기에 따라 102,524명의 결혼이민자를 주요 대상으로 하는 다문화 인권 교육이나 국적법 및 국내체류에 관한 법 개정에 대한 논의가 제기되고는 있으나 538,477명(출입국·외국인정책 통계 2013년 6월 기준)에 달하는 취업자격을 지닌 이주노동력(그중 487,879명은 단순기능인력)의 구체적인 인권개선의 논의는 거의 전무하다고 해도 과언이 아니다. 이론적 논의도 아직까지는 당위론적 차원(일례로 김남국, 2010; 문종욱, 2012; 소병철, 2010; 원승룡, 2003; 장은주, 2000)을 벗어나지 못하고 있다. 이러한 논의의 한계는 어디에서 비롯된 것일까?

자주 언급된 우리사회 특유의 문화적 배타성이나 편협한 민족주의와 같은 문화적 특수성은 예외로 하더라도,[2] 이론적 측면에서 볼 때 이러한 문제는 '다문화주의'를 흡사 문화다양성의 전형으로 바라보는 착시현상에서 비롯되는 점이 크다고 할 수 있다. 비록 지향점은 다르나 공교롭게도 국내외의 극단적 인종 차별주의자들이나 시민사회도 대체로 '다문화주의'를 문화다양성의 전형으로 바라본다는 점이다.

이론적으로 볼 때 문화적 다양성을 이해하는 방식에는 두 가지 경쟁적 모델이 존재한다. 그 하나는 '다문화주의(multiculturalism)'이고, 다른 하나는 '문화적 다원주의(cultural pluralism)'이다(Tibi, 2011). 일반적으로 다문

---

1) 지금까지 이주노동자들에 대한 임금체불과 모멸 및 폭력 등의 인권침해 사례는 이루 셀 수가 없을 정도이나 우즈베키스탄 귀화여성 구수진 씨의 목욕탕 출입거부사건 (2011년), 리틀싸이 '황민우'군에 대한 악플사건(2013년) 등 우리 스스로 그간 신줏단지 모시듯 해온 다문화가정에 대한 비하 및 인권침해, 9명의 이주노동자들이 사망한 2007년 여수 출입국관리사무소 화재사건, 나아가서 2012년 소위 '우위엔춘 사건' 이후 급속히 확산된 '차오포비아(중국인 혐오현상)'는 우리사회에서 이주민들에 대한 태도가 차별을 넘어 혐오증으로까지 확산되는 현상을 만화경처럼 보여준다.

2) 2008년 UN의 보편적 정례 인권 심사에서 "한국은 단일민족이라는 허구의 자만심에서 깨어(나) … 단일민족이라는 생각을 하지 말고 이제 다문화 재창출의 국가로서 한층 더 도약해야 한다"는 권고를 받은 바 있다(박경서, 2012: 157).

화주의는 다음의 삼위일체 공식에 기초하고 있다; 첫째, 문화적 차이에 대한 확정, 둘째, 문화적 차이의 인정, 셋째, 집단적 권리(collective rights)에 대한 검증 없이 문화 상대주의적 시각에서 문화적 기본권에 대한 권리 도출. 다문화주의를 구성하는 이러한 삼위일체 논리는 샤리아(Sharia: 이슬람의 법률체계)에 근거하여 문화적으로 여성을 규정하는 방식을 '문화적 기본권'으로 승인하는 등 적지 않은 문제점을 야기하였다.[3]

반면에 '문화적 다원주의'는 사회적 가치의 보편성을 논함에 있어서 문화적 다양성을 개인의 인권과 같은 핵심 영역에서의 최소요구와 결부시킨다. 이러한 관점에서는 문화적 다양성과 다양한 문화의 사회적 공존은 인권을 포함하는 기본적 가치(basic value)에 대한 구속력 있는 합의가 있을 때만 가능하다. 일례로 문화적 다원주의 관점에서 특정 종교의 신자가 다른 사람들을 '비신자'로 공격하는 것을 허용하는 '기본권'이란 존재할 수 없다.

이러한 관점에 기초하여 이 글은 우선 '문화적 다원주의'의 관점에서 문화다양성을 정의하고, 그러한 시각에서 이주노동자의 인권문제를 들여다보고자 한다.

문화다양성의 관점에서 이주민의 인권문제를 보는 시각은 몇 가지 점에서 중요한 의미를 지닌다.

첫째, 오늘날 문화는 더 이상 인문학과 예술 분야에서 제공되는 소비재에 제한되지 않고, 사람들의 독특한 특성, 사고방식, 생활체계를 포함하는 개인과 공동체의 정체성까지를 포함하는 광의의 개념으로 이해되고 있다. 따라서 문화권(cultural right)은 단순히 문화상품을 향유하는 권리를 넘어, 인간 존엄성의 중요한 부분을 보호하는 것을 목적으로 하는 진정한 인권이라고

---

3) 물론 대표적 다문화주의 이론가인 킴리카는 소수자 집단 내부적 제약의 형태로 개인을 억압하는 '나쁜 소수자 권리(bad minority right)'와 다수자 집단으로부터 소수자 집단 개인의 기본적인 시민적·정치적 권리를 방어할 수 있는 '좋은 소수자 권리(good minority right)'를 구별함으로써 개인의 기본권을 억압하는 반자유주의적 소수자 집단의 문화적 관행들은 비판하고 있다(Kymlicka, 2006: 472-473). 그러나 다문화주의적 삼위일체 공식으로부터는 좋은 권리와 나쁜 권리를 가를 수 있는 보편적 기준을 도출해낼 수가 없어 그러한 구분은 매우 상대적일 수밖에 없다.

할 수 있다. 문화다양성은 문화권의 범위와 성격을 규정하는 데 중요한 근거를 제공한다(Donders, 2007).

둘째, 문화다양성을 전제로 한 문화권은 인권과 관련하여 '횡단적 특성(transversal character)'을 지닌다. 인권의 영역에서 문화권은 시민권, 경제권, 사회권, 정치권, 교육권 등과 불가분의 관계에 놓여 있다. 권리주체와 관련하여 문화권은 개인의 권리(법률적 측면)와 집단의 권리(특히 소수민의 문화적 정체성) 간에 중개적 역할을 한다.

셋째, 문화적 다원주의에 기초한 문화권은 문화 상대주의가 범할 수 있는 다른 문화에 대한 한 문화의 권리나 사회권의 무제한적 행사, 즉 인권을 침해하는 문화적 관행을 제한할 수 있는 근거를 제공한다. 이는 보편적 인권의 최소요구 사항이 지켜져야 할 정당한 근거를 제공한다.

넷째, 국제규범상 문화권은 '문화생활 참여권'[4]이나 '문화향유권'[5]과 같은 협의의 측면에서 인권을 규정하지만, 나아가서 종교의 자유, 표현의 자유, 결사의 자유, 교육에 대한 권리 등과 연계되며 이를 통해 사회경제적 권리로 다가갈 수 있는 근거를 제공해준다.[6]

아래에서는 먼저 보편적 인권과 문화적 특수성과의 상관관계를 이론적으로 규명하고(II.1.), 국제적 차원에서 이주민의 인권개선에 영향을 주는 두 개의 중요한 요인, 즉 2001년 유네스코 총회에서 채택된 「세계문화다양성 협약」과 UN의 '국제이주위원회' 설립의 의미를 살펴보고자 한다(II.2.). 그

---

4) 「경제적·사회적 및 문화적 권리에 관한 국제규약」(International Covenant on Economic, Social and Cultural Rights, 1966: ICESCR) 제15조 (1)항.
5) 「시민적 및 정치적 권리에 관한 국제규약」(International Covenant on Civil and Political Rights, 1966: ICCPR) 제27조.
6) 다양한 국제규범문서들에 담겨 있는 문화권 조항이 일관성을 유지하지 않는다는 점을 들어 문화권이 시민권, 경제권, 사회권과 비교해 볼 때 국제인권법에서 충분히 발전하지 못했다고 지적하는 시각이 여전히 존재한다(이를 둘러싼 이론적 논의와 관련하여 김남국, 2010 참조). 그러나 '문화다양성협약' 비준 이후 UN이나 UNESCO는 물론 다양한 비정부기구(국제사면위원회, 아티클 19, Human Rgihts Watch 등)는 문화권(문화다양성)이 보편적 인권의 확보를 위해 필수적임을 강조하고 있다.

러나 '문화다양성협약'과 국제이주위원회는 강제적 구속력이 없어 그 자체로 인권에 직접적인 영향을 미치는데 한계를 지니고 있는 것이 사실이다. 결국 이주민에 대한 인권보호의 수준은 해당 지역/국가의 구체적인 사회적 관심과 정치적 의지에 의해 결정된다. 이와 관련하여 (임시)이주노동자들의 인권보호를 위해 제안된 다양한 정책적 담론이 제시되고 있는 유럽연합(European Union: 이하 EU)의 사례를 살펴보고(III), 마지막으로 그러한 정책이 국내의 이주노동자정책에 지니는 함의(IV)를 평가해보고자 한다.

II. 문화다양성 관점에서 인권의 재구성: 이론과 실천

1. 보편적 인권과 문화적 특수성의 이론적 문제

인권은 매우 특별한 법이다. 인권은 인간 삶에 중요하고 기본적인 사실 및 환경과 관련을 맺고 있으며, 동시에 일련의 형식적이고 모든 사람들에게 적용되는 고유한 특성을 지녀 단순한 시민권과 구별된다. 인권은 한편으로 모든 사람에게 적용된다는 점에서 개념상 '보편적' 권리이며, 다른 한편으로 모든 사람들에게 동등한 방식으로 적용된다는 점에서 '평등한 권리(egalitarian right)'이기도 하다. 나아가서 인권은 어떠한 사전적 활동을 산출해야할 필요 없이 인권의 담지자이기 위해서 단지 사람이기만 하면 충분한 정언적이고, 절대적인 권리(categorical and absolute right)이다. 인권의 담지자는 모든 개인이면 충분하기 때문에 인권은 궁극적으로 '개인적'이고 '주관적'인 권리이다.

인권은 그 이념에 있어서 윤리적 차원에서 제기된 권리이고, 동시에 정치적 입법권자에 의해 효력이 발생하며 상응하는 법체계 내에서 소송을 제기할 수 있는 법률적 권리이다. 일반적으로 인권은 국내적으로 헌법에 규정되어 있으며, 국제적으로는 참여한 국가들이 특정한 인권을 준수하기 위해 체결한 일련의 인권협약이나 협정이 주권의 차원에서 유지된다.

1948년 UN총회에서 채택된 세계인권선언(Universal Declaration of Human Rights)은 인권이 국제적 차원에서 주목받고 발전되는 시발점이었다. 당시 새로 건설된 UN의 56개 회원국의 참여로 이루어진 인권선언은 오늘날 192개 국으로 확대되었으며, 참여국의 확대로 인권의 내용도 지속적으로 확대되었다. 그러한 점에서 세계인권선언은 구체적이고 개별적인 인권을 담아내는 일종의 공개목록(open catalogue)이었다. 원칙적으로 세계인권선언의 목록에는 새로운 인권을 삽입하거나 특정한 권리를 삭제할 수 있다. 특히 구체적인 권리의 삽입은 인간이 처한 위협의 구체적인 조건이 관건이 된다. 1948년의 세계인권선언이 나치 정권과 전체주의적 범죄의 야만성과 비인격성에 대한 즉자적 대응의 성격이 강했다면, 이후의 보편적 인권에 대한 정의는 인권을 바라보는 관점에 따라 많은 논란을 야기하였다.

인권은 철학적 입장이나 도덕에 대한 관점에 따라 인권의 존립 자체를 부정하거나 보편적 인권의 가치를 부정하는 관점(Bentham, 1848 original, Waldron, 1987에 재수록; MacIntyre, 1985)에서부터 인권의 절대적 객관성에 대한 확신에 이르기까지 그 스펙트럼이 다양하다. 절대적 가치로서 인간의 자기목적성(Selbstzweckhaftigkeit) 개념(Kant, 1992)[7] 내지 인간존엄성 개념(Spaemann, 1987; Vlastos, 1962)에 기초한 자연법 혹은 이성법(Vernunftrecht)의 전통에서 인권은 절대적인 근거를 획득한다. 강한 문화상대주의에 기초한 인권개념은 인권을 특정한 문화시스템에 상대적으로만 적용할 수 있다고(Rorty, 1993) 보고, 그 연장선상에서 비교문화적 접근은 문화의 경험적 공통분모를 인권의 기초로 확립하고자 한다(An-Na`im, 1992; Walzer, 1994). 반면 느슨한 문화 상대주의적 입장은 인권의 평등한 보편주의가 특정한 도덕적 원칙(Tugendhat, 1993)이나 정치적 입장(Rawls, 1993)에 따라 다르다고 본다. 이와 같은 관계적 입장은 인권과 주권(sovereignty)

---

7) 칸트 전통에서 일반적으로 인권은 자유권으로 등치된다(Bielefeldt, 1998 참조).

간의 일치를 통해 인권의 객관적·보편적 타당성 요구를 해결하려고 한다. 종종 인권의 '보편주의'와 '상대주의' 간의 차이를 강조하는 논쟁이 있으나 (이샤이, 2005: 45) 보편주의와 상대주의는 개념적으로 대립물이 아니기 때문에 이는 다소 과장된 측면이 없지 않다.[8] 한편, 도덕적 보편주의는 기본적으로 상대주의적일 수밖에 없다. 왜냐하면 도덕적 보편주의의 내용적 전제는 개인의 자율권에 대한 존중인데, 이는 개인적 정체성과 권리의 보장을 전면에 내세운 서구문화에서 탄생하였기 때문이다. 그럼에도 오늘날 문화상대주의적 입장이 개인의 자율성이라는 도덕적 보편주의의 내용적 전제에서 출발하는 한 그러한 관점에서 공평정대함의 문제가 제기될 수는 있을지언정 서구이외의 지역에서 보편적이고 평등한 인권에 대한 요구가 결여되었다고 볼 수 있는 근거는 없다. 따라서 인권의 있고 없음의 문제(절대주의 혹은 배제주의)보다는 인권의 도덕적 보편화 과정을 재구성하는 것이 관건이라고 할 수 있다.[9]

인권 보편주의에 관한 도덕적 정당화는 다양한 방식으로 존재하는데, 이러한 사실은 오늘날 지구화로 인해 전 지구적 차원에서 문화다양성 혹은 문화 다원주의가 빠르게 공유되면서 상이한 조건에서 인권을 정당화할 수 있는 가능성을 열어준다. 이와 관련하여 두 가지 중요한 문제가 관건이 된다. 첫째, 문화다양성을 저평가하지 않으면서 인권의 보편성을 대변할 수 있는 방안, 둘째, 첫 번째 문제와는 반대로 현존하는 국제적 인권기준을 현저하게 약화시키지 않으면서도 문화다양성을 인정할 수 있는 방안이 문제가

---

8) 보편주의의 대립 개념이 '배타주의(Particularism)'이고, 상대주의의 대립 개념은 절대주의(absolutism)이므로, 보편주의와 상대주의 간의 논쟁은 원칙적으로 논증이 성립되기 어려운 구도이다.

9) 장은주는 인권의 보편주의와 역사적 우연성에서 발생하는 특수주의(즉, 상대주의) 사이의 긴장관계를 다음과 같이 지적하고 있다: "인권의 보편성은 미리부터 전제된 어떤 주어진 보편성일 수 없고 다양한 문화적 차이들을 관통하는 문화 간의 대화라는 매개과정을 통해서만 비로소 확인되고 확대될 수 있는 보편성일 수밖에 없다. 간단히 말해서 문화적 차이와 문화적 정체성의 유지는 인권의 보편성의 확인을 위한 출발점이다" (장은주, 2000: 157).

된다. 그러나 이러한 이중적 문제에 대한 간결한 해답은 존재하지 않기 때문에 일정한 수준에서의 입장정리는 불가피하다. 왜냐하면 인권의 보편적 타당성 요구와 문화 다원주의가 서로 합치할 수 있는지의 여부와 그 방식의 문제 이면에는 국제적 수준에서뿐만 아니라 다문화적 사회의 성격이 점차적으로 강화되는 개별 국가 수준에서 피할 수 없는 실질적이고, 정치적인 문제가 내재하고 있기 때문이다. 국제적 수준에서 인권기준의 문화적 '맥락화'를 옹호하는 사람들조차 심각한 인권침해로 인해 중국, 이란 등의 국가들이 비난받아야 한다고 경고하는 것은 문화 다원주의와 보편적 인권의 관계를 재고하게끔 한다. 왜냐하면 인권기준의 일탈을 정당화하는 문화 상대주의는 전적으로 인권침해를 자행한 국가에 의해 독점되고 있기 때문이다. 그렇다고 해서 인권의 국제적 기준에 대한 문화 상대주의적 반론이 정치적 도구화로 인해 악용될 수 있다는 주장을 도외시할 수도 없다. 가능한 남용으로 인해 어떠한 정치적 동기도 무조건 보호될 수 없다는 점은 인권의 기본적 개념과 위배되기 때문이다. 따라서 인권의 보편성에 대한 문제제기로서 문화적 다원주의를 내용적으로 진지하게 받아들이는 것은 불가피하다.

이와 관련하여 앨리슨 던디스 렌텔른(Alison Dundes Renteln)은 인권의 보편타당성을 문화 간 공동의 가치지향성 규범에 제한하기를 주장한다(Dundes Renteln, 1990). 그녀는 문화적 토대에 근거한 인권개념을 내용적으로 새롭게 규정함으로써 보편적 인권개념을 유지하고자 한다. 그녀는 가치지향이라는 세계적 공통분모에 대한 경험적, 인류학적 연구의 도움을 통해 그러한 시도가 가능하다고 본다.[10] 따라서 집단학살(genocide)의 거부와 같은 규범 외에는 이러한 문화 간 최소합의주의의 결과가 현재 일반적으로 유효한 국제적 인권규범에조차 한참 뒤처지고 있다고 해도 결코 이상한 일은 아닐 것이다. 반면, 오트프리드 회페(Otfried Höffe)는 인권의 보편성

---

10) 그녀는 "비교문화적 경험연구만이 모든 문화에 의해 공유되는 가치를 밝혀줄 수 있다"(Dundes Renteln, 1990: 11)고 하면서 "보편성의 실재는 비교문화적 자료의 배열에 달려있다"(ibid., 135)고 주장한다.

을 문화 중립적이고 초역사적으로 타당한 최소 인간주의와 최소 윤리로부터 정당화화려고 한다(Höffe, 1994). 그는 사유하는 모든 인간의 이해에 사전적으로 존재하는 '초월적 이해(transzendentale Interessen)'[11] ― 각 개인이 처한 상황의 상이함에도 불구하고 ― 가 있다고 주장하며, 물리적 생존, 행위 가능의 조건, 사유와 언어능력의 확장가능성이 그러한 초월적 이해에 해당한다고 주장한다(ibid.: 134). 그는 '초월적 교환' 속에 놓여있는 인간이 이러한 초월적 이해의 상호유지를 인정해야만 한다는 점에서 인권의 정당성 논리를 발견한다. 회페는 초월적 이해라는 전제에 초문화적 타당성(transkulturelle Gültigkeit)의 최소주의를 결합함으로써 문화적 상대주의의 위험을 피하려고 하는 동시에 인간이 모든 고유한 문화에 대해 일정한 성찰적 거리를 요구하게 하는 것은 계몽이라고 주장한다. 근대에서 인권의 역사적 '장소'에 대한 연역적이고, 비역사적 접근으로 인해 회페의 계몽 개념은 주장에 그치고 있으나 필자는 다양한 문화적 지향에 대해 비판적으로 접근하는 계몽적 요구는 보편적 인권과 문화 다원주의를 일치할 수 있는 주요한 지점이라고 판단한다.

고유한 전통과 습관으로 인해 종종 문화적 불안의 근원이 되는 인권은 바로 그러한 이유로 인해 종종 '문화적 분열(cultural rupture)'을 필요로 한다(Howard, 1995: 5). 문화에 내재된 불안의 근원으로서 인권은 특정한 문화에서 주어진 기준을 넘어설 뿐 아니라 국제적 차원에서 문화 간 최소합의를 넘어선다. 그러한 이유에서 인권의 '초문화적' 계몽의 잠재력은 시대를 초월하여 타당한 최소인간주의에 기초하는 것이 아니라 언제나 새롭게 현실화되어야만 하는, 역사적으로 열린 자유에 대한 요구로 이해될 필요가 있다.

---

11) 여기서 초월적 이해는 개념적 측면에서 칸트(Kant)철학을 연상시키나 단순히 경험적 이해에 기초한 회페의 논증은 일반적으로 동등한 자유에 대한 규범적으로 사유된 이성의 이해를 의미하는 초월성과는 아무런 상관이 없다. 오히려 회페의 개념은 칸트철학보다는 홉스(Hobbes)의 공리주의적 철학개념에서 인권의 문제를 연역한 것에 가깝다.

2. 이주자들의 인권개선을 위한 실천적 개입 영역: 유네스코의 '문화다양성협약'과 '글로벌이주위원회'

1) 유네스코의 문화다양성협약

소수자 및 이주자들의 문화다양성과 인권을 정의하는 국제협약은 1948년 세계인권선언 이후 간헐적으로 꾸준히 제기되어 왔다.[12] 그러나 한편으로는 소수자들의 권리보호와 증진을 통해 문화다양성을 장려한다는 논의가 타당성을 획득해가면서도, 다른 한편으로는 이러한 시각은 문화적 상대주의와 보편주의의 길항관계를 부각시키면서 논의의 발전을 더디게 하였다(김남국, 2010).

이후 문화다양성의 보호에 대한 가장 포괄적인 국제규약은 2001년에 유네스코에서 채택된 「세계문화다양성선언」에서 표현되고 있다. 이 선언은 2005년 2개국의 반대(미국과 이스라엘)와 4개국이 기권(오스트레일리아, 니카라과, 라이베리아, 온두라스)하였음에도 불구하고 148개국이 압도적으로 찬성하여 「문화적 표현의 다양성 보호와 증진에 관한 협약」을 채택하였고, 30개 국가가 비준을 마친 후 2007년 3월부터 국제협약으로서 발효되었다.

「문화다양성선언」은 인권적 측면에서 흥미로운 문제들을 제기하였다. 선언문의 초안에는 포함되었지만, 최종 본문에서는 채택되지 않았던 문화정체성 존중에 관한 규정, 정체성의 토대로서 언어권, 그리고 문화정체성을 존중하는 교육권 등이 그것이다.

그럼에도 불구하고 「문화다양성선언」은 광의의 인권증진에 기여할 수 있는 문화권에 대한 중요한 근거를 담고 있다. 선언문 제4조는 문화다양성의

---

12) 일례로 「국제문화협력의 원칙선언」(Declaration of the Principles of International Cultural Co-operation, 1966), 「일반대중의 문화생활에 대한 참여 및 기여에 관한 권고」(Recommendation on Participation by the People at Large in Cultural Life and their Contribution to It, 1976), 「인종과 인종편견에 관한 선언」(Declaration on Race and Racial Prejudice, 1978), 「이주노동자권리협약」(International Convention on the Protection of All Migration Workers And their Families, 1990) 등이 있었다.

보호가 '인간존엄성의 보호로부터 분리'될 수 없으며, 이는 '소수민족과 토착민의 권리'를 지키는 것이라고 강조한다. 6조에서는 '모든 사람들이 모국어로 자신을 표현할 권리', 이를 충족시키기 위한 전제로서 '교육과 훈련을 받을 권리', '문화생활에 참여할 권리'를 규정하고 있다. 7조는 문화다양성이 보장되기 위한 전제로서 '표현의 자유와 표현수단에 대한 접근성의 권리'를 규정하고 있다.

그러나 2005년 채택된 「문화적 다양성보호와 증진에 관한 협약」에서는 유감스럽게도 인권과 관련된 조항이 언급되지 않고, 문화의 상품성과 표현의 문제(다양성선언의 8조-11조)에 초점을 맞춰 문화의 경제적 측면과 국민국가의 주권적 권리를 강조하고 있다(박경신, 2008; 박선희, 2009). 이러한 관점의 변화는 유럽국가들이 미국과의 교역에서 미국 문화산업의 위협으로부터 자국의 산업을 보호하고자 하는 이기적인 이해가 반영되었기 때문이다.

직접적인 인권조항은 사라졌지만, 2005년 협약에서는 국가 내부에서 소수자(이주자, 이주노동자)의 인권을 보호할 수 있는 근거를 남겨두었다. 협약의 전문에서는 '소수자와 토착민을 포함한 모든 사람들에게 문화가 갖는 힘의 중요성'을 강조하고(전문 15), 문화다양성이 존중되어야 함을 주장한다(전문 19와 2조3항). 나아가 협약의 6조와 7조에서는 개별 국가들은 '소수자나 토착민 등 다양한 사회집단과 여성들의 특수한 상황이나 요구'를 표현하기 위해 유무형의 기회를 제공할 것을 강조한다.

기본적으로 2005년의 「문화적 다양성보호와 증진에 관한 협약」은 2001년 「문화다양성 선언」에 비해 보편적 인권의 측면에서 다소 후퇴한 측면이 없지 않다. 왜냐하면 협약이 인권에 대한 직접적인 표현보다는 문화상품과 표현에 초점을 맞추고 있기 때문이다.

앞서 보았듯 문화다양성 개념은 별도의 인권으로 해석하기에는 다소 광범위하고 모호한 측면마저 없지 않으며, 그나마도 협약의 채택과정에서 인권에 대한 직접적인 표현은 사라지기도 하였다. 그럼에도 「문화다양성선언」과 「문화다양성보호와 증진에 관한 협약」은 문화정체성의 증진 및 보호와 관련된 기존의 인권규정에 근거하고 있다는 점에서 소수자의 인권을 보호하는 중요한 근거를 제공하고 있다. 특히 문화다양성 개념은 소수민의 실질적인 권리 즉, 문화생활참여권, 문화향유권, 표현·종교·결사의 자유권, 교육권 등을 포함하는 광의의 문화권을 포함하고 있다. 문화권, 문화다양성의 기본가치, 문화정체성 등은 인간존엄성의 중요한 부분을 보호하는데 필수적인 것이므로 문화다양성은 사회경제적 인권의 증진을 보완하는 중요한 근거를 제공하고 있다.

그럼에도 불구하고 문화다양성선언과 협약은 구체적인 이행과 통제권한을 규명하지 않고 있어 여전히 인권의 보호와 증진을 위해서는 문화다양성의 가치를 존중하는 개별국가의 정책적 보완을 필요로 한다.

2) UN의 '글로벌이주위원회'

모든 이주노동자들과 이들의 가족들을 보호하기 위한 UN(이주노동자권리협약: International Convention on the Protection of the Rights of All Migrant Workers and Members of Their Families: 1990년 12월 18일 UN 총회에서 가결)과 ILO의 협약(ILO Convention No.97 — 1949년 이래 수차례 수정됨)에 근거하여 UN은 이주노동에 대한 법적으로 구속력 있는 행동규범을 제정하였으나 유감스럽게도 이주노동을 받아들였던 고전적 국가들의 비준과정에서 문제점을 드러냈다. 한편, 법적 구속력이 있는 수단과 병행하여 지난 수년 동안 법적으로는 구속력이 없는 일련의 문서와 각종 이니셔티브들이 연달아 등장하였다. 그 결과 UN의 특별기구로서 ILO는 2004년에 비록 법적으로는 구속력이 없지만 '이주노동자들을 위한 행동계획(Action Plan on migrant workers)'을 가결하였다. 이러한 프레임 내에서 이주노동자들의 권리에서 출발하는 법률에 근거하여 이주노동정책을 위한 다국적 행동규범을 확립할 것이 촉구되었다(ILO, Provisional Record Ninety-Second Session, 2004: 56 ff.).

나아가서 당시 UN 사무총장이었던 코피 아난의 주도로 국제적 이주에 대한 고위급 심의과정이 추진되었다. 아난은 전문가위원회인 '글로벌이주위원회(Global Commission on International Migration: 이하 GCIM)'의 설립을 주도하였다. 이 위원회는 전 지구적인 국제이주를 공식화하는 일관되고 포괄적인 틀을 만들어낼 과제를 떠안게 되었다. 위원회 활동의 결과는 2005년 10월 보고서로 제출되었다(GCIM, 2005). 보고서에서는 6개의 핵심적인 행위접근이 공식화되었다. GCIM은 무엇보다 경제 및 발전정책에 이주가 미치는 긍정적 영향을 강조하고 있다(ibid.: 23 ff.). 그러한 점에서 위원회는 전 지구적 이주과정 속에서 특별한 변화를 포착하고 있는데, 이는 지속적인 이주 물결 속에서 임시적이고, 순환적인 노동이동이 증가하고 있다는 점이다. 이러한 유형의 이주형태에는 이주민 유입국을 위한 경제적 잠재력과 이주민 송출국을 위한 발전적 잠재력이 동시에 존재한다. 전 세계적으로 발생하는 이주노동자들의 송금 총액이 이미 국제적인 발전기금의 총량을 넘어선다는 점에서 그러한 송금이 송출국에 미치는 커다란 경제적 의미 외에도 순환적이고 반복적인 이주의 수요는 유입국의 확실한 발전정책적 도구로서 이해되고 있다. 위원회는 이러한 형태의 이주 속에서 이주자들의 연금에 대한 요구를 현실적으로 적용할 가능성을 고려해보고, 송출국과 유입국 간의 유연한 이동을 법적으로나 실질적으로 완화함으로써 국제적 이주의 구조적 조건을 개선할 것을 권고한다(ibid.: 17 and 31). 나아가서 보고서는 조정된 이주의 포괄적인 접근 요소로 간주하는 임시적 이주에 대한 효율적인 프로그램을 구성하기 위한 일련의 범주를 제시하고 있다(ibid.: 18).

GCIM의 보고서에 근거하여 2006년 9월에 개최된 UN 총회는 전문가 집단과 국가 대표간의 국제이주와 발전을 위한 '고위급 대화'를 추진하였다. 고위급 대화의 최종보고서에서는 이주과정에서의 인권보장, 특히 이주여성의 권리를 보장하는 문제가 고려되었다(UN 총회, Doc.A/61/515: Summary of the High-level Dialogue on international Migration and Development). 그 밖에 고위급 대화는 다양한 추가행동을 포함하고 있는데, 특히 '이주와 발전에 관한 글로벌 포럼(Global Forum on Migration and Development)'의 틀 안에서 인권개선과 관련된 대화를 지속할 것을 촉구하였다. 글로벌 포럼은 2007년 7월에 벨기에 정부의 초청으로 벨기에에서 처음 개최되었으며, 2013/14년 개최국은 스웨덴이다.

III. 문화다양성에 기초한 EU의 이주노동자 인권담론

1. EU의 임시이주노동[13] 현실과 인권정책 도입의 배경

유럽각료이사회는 2006년에 이주노동자들이 단기간 동안 EU에서 일하기 위해 합법적으로 들어올 수 있는 몇 가지 중요한 방안들을 결정하였다 (Europäischer Rat 14/15.12. 2006). 당시 EU의장국이면서 이주노동자의 노동력을 절실히 필요로 하였던 독일의 내무장관 볼프강 쇼이블레(Wolfang Schäuble)는 시간적으로 제한적이고 정치적으로 조정 가능한 이주노동의 유입을 공개적으로 지지하였다(Pressemitteilung des Bundesministerium des Innen, Feb. 15, 2007). 이러한 이니셔티브는 한편으로 임시적 이주노 동자를 위해 더 나은 환경을 제공하고, 이를 통해 송출국의 발전에 긍정적인 기여(예컨대 이주자의 외환송금과 송출국으로의 기술이전)를 하고자 하는 국제적 고민을 반영하는 것이었다. 다른 한편으로 각료이사회의 결정은 불 법으로 국경을 넘나드는 것을 통제하고 EU로 불법 진입하는 이주노동자들 을 줄이기 위해 송출국(특히 북아프리카지역의 국가들) 혹은 체류국과의 협 력을 강화하기 위한 전략의 일부로 이해되었다.

임시적 이주노동자들에 대한 프로그램은 일찍이 1960년대부터 소위 '순 환원칙'에 기초하여 '초빙노동자정책'을 펴왔던 독일의 영향 아래 추진되었

---

13) 임시적 이주노동은 순환원칙(이에 따르면 이주자들은 제한된 시공간에 일회적으로 이주가 허용되며, 순환기간이 끝나면 다시 새로운 집단으로 대체됨) 혹은 주기적 이 주(국외 출국 이후 다시 돌아올 수 있는 선택)로 나눌 수 있다.

다. 이후 독일뿐만 아니라 서유럽 각 국가들은 부족한 노동력을 임시적 방편으로 보충하기 위해 유사한 정책을 도입하였다. 1965년 작가 막스 프리쉬(Max Frisch)가 "우리는 노동력을 불러왔지만, 막상 온 것은 사람이었네"(Frisch, 1965: 7)라는 유명한 문구로 이탈리아 초빙노동자들에 대한 스위스 정부의 비인권적 태도를 질타하였듯 초빙노동자들에 대한 처우는 매우 열악하였고, 널리 알려져 있다시피 많은 사회적 문제를 야기하였다. 무엇보다 많은 나라에서 시행되었던 노동력의 임시적 순환이주는 한 가족 전체 구성원의 지속적인 이주로 이어졌다. 독일의 경우 늦게나마 이러한 집단을 대상으로 사회권이 부여되기도 하였지만, 오랫동안 이주민들에 대한 차별과 사회통합정책의 부실함은 그대로 방치되었다. 2004년에야 비로소 독일은 이주법(Zuwanderungsgesetz)[14] 제정을 통해 독일이 1960년 이래 이민국가로 발전해왔음을 인정하였으며, 체류법의 틀 안에서 사회통합의 문제를 규제하기 시작했다. 사회법, 노동법, 민법의 틀 안에서 인종적 차별을 금지하고, 권익을 보장하는 차별금지법(das allgemeine Gleichbehandlungsgestz)이 오랜 논쟁 끝에 2006년에 시행되었다. 이어 2006년에 독일 수상 앙겔라 메르켈이 주도한 사회통합회의(Integrationsgipfel)는 정치적으로 오판된 소위 '초빙 이주' 프로그램이 야기한 문제를 직접적으로 다루기에 이르렀다. 물론 이에 대한 논의는 여전히 진행 중이다.

그러나 지속적으로 불안정한 이주정책이 되풀이되고 있다는 전반적인 현실 상황을 들어 임시적 이주노동의 조건과 형태에 대한 현재적 고민을 단순하게 재단하는 것은 바람직하지 않아 보인다. 무엇보다 지난 수년 동안 국제적으로 불법 및 비합법적인 이주전략(GMI, 2005: 31; ILO, 2004)에 의해 증가한 임시적·순환적·왕복적 이주노동자들의 현실을 직시해볼 필요가 있

---

14) 독일의 이주법은 2004년 8월 5일에 공포되었으며, 2005년 1월 1일부터 시행되었다. 독일 이주법은 기존의 외국인법의 상당 부분을 새롭게 규정하고 있는데, 독일로의 이민을 새롭게 규정하라는 공식적인 요구와는 달리 법률상으로 이민의 가능성은 배제되었으며, 법에서도 '이민'이라는 개념은 사용되지 않았다. 불법 이민은 여전히 법률적 제재의 대상이었으나, 난민은 신고를 전제로 관용의 대상이 되도록 규정하고 있다.

는 것이다. 1997년부터 2002년까지 OECD국가에서 임시적 이주노동자들의 수는 매년 9%씩 증가하였다(OECD, 2003). 보다 빠르고 비용이 저렴한 여행 및 소통수단 그리고 국제공동체의 발전은 순환적, 왕복적 이주의 증가에 크게 기여하였다(ILO, 2004).

합법적인 임시적 이주는 유럽국가 내에서도 농업과 요식업계에서 계절노동자 형태로 발생하며, 이들은 노동계약을 체결한 상태로 일하기도 하며, 종종 몇몇 특수한 고용의 형태로 장기간 일하기도 한다. 또한 유럽에서 불법적으로 살고, 일하는 사람들 중에서 자신들의 아이를 고국의 친척이나 친구들에게 맡겨두고 유럽에서 일정 기간 동안 일하는 여성들은 매매춘이나 요식업, 가사노동 등의 형태로 일하고 있다. 동유럽이나 중앙아시아 출신의 이주민의 상황에 대한 세계은행(World Bank)의 조사에 따르면 이러한 이들의 상당 부분이 장기간의 이민보다는 임시적으로 반복되는 이주의 합법적 가능성을 선호하는 것으로 드러났다(Manssor and Quillin, 2007: 107).

2. 임시 이주노동력 규제를 둘러싼 EU의 논의과정

EU는 오랫동안 EU의 경계 안으로 넘어오는 이주노동의 포괄적인 규제에 대한 어떠한 합의도 창출할 수 없었다. 이는 기본적으로 노동정책과 이주정책이 국민국가의 권한에 귀속되어 있었기 때문이기도 하며, 보다 근본적으로는 지금까지 '다문화주의' 개념 속에서 이주자들의 사회통합을 추구하였던 정치적 접근이 일종의 상투적 문구(cliché)로서만 사용되었을 뿐 대부분의 국가에서 실질적인 효과를 거두지 못하였기 때문이다. 이후 EU는 다문화주의 대신 문화다원주의적 입장에서 '문화다양성 협약'의 실천 프로그램인 '문화 간 대화'를 이주민의 사회통합 정책으로 적극적으로 해석하고 인권존중을 그 정책의 중심에 놓기 시작했다(EU Weißbuch zum Interkulturellen Dialog, 2008).

비록 암스테르담 조약에서 난민과 이주의 정책영역이 유럽공동체 권한,

즉 EU의 첫 번째 기둥(공동체 시장관련 조항)15)으로 이전되었으나(암스테르담 조약 63조 3a항), 공동체의 규제권한은 EU로의 이주자의 합법적 이입을 위해 생성되었다. EU수준에서의 합의는 체류를 인정하는 제3국 국민(EU외부 국가의 국민)과 이들을 따라 오는 가족에 대한 권리에 대해서만 이루어졌다(Richtlinie 2003/109/EG-Rates, Richtlinie 2003/86/EG-Rates). 그러나 협소하게 규정한 제3국 국민의 예외적 진입조치16) 외에 EU국가로의 합법적 노동이주를 위한 범유럽적 차원의 규제조치를 마련하려는 모든 시도는 실패로 돌아갔다. 따라서 당분간 이주노동에 대한 포괄적인 규제는 현실화되기 어려워 보인다. 왜냐하면 독일을 비롯한 다수의 회원국은 이주노동의 조정에 있어서 국민국가에 우선순위를 부여하고 있으며, 유럽공동체에는 단지 공조적 기능만을 허용하고 있기 때문이다.

2005년 헤이그 프로그램에 기초하여 유럽집행위원회가 만들어낸 '합법적 이주를 위한 전략계획(strategischer Plan zur legalen Zuwanderung; KOM (2005)669 endg.)'을 통해 EU는 모든 제3국 국민의 진입조건을 포괄적으로 규제하는 입장으로부터 결별하였다. 유럽집행위원회는 일반적인 기본지침 (framework directive)의 틀 안에서 합법적으로 고용된 제3국 국민의 일정한 권리를 규제하는 것, 즉 장기적인 체류허가를 불허할 것을 제안하고 있다. 이러한 기본지침은 5년 미만 동안 EU에 체류하는 합법적인 이주노동집단의 체류를 규제하는 것으로, 장기적인 체류권한을 지닌 제3국 국민에 대한 지침은 포함하지 않고 있다. 아울러 소수의 제한된 이주노동집단에 대한 유럽 공동의 진입조건이 네 가지 특수한 지침 속에서 확정되었다. 이는 각각 고숙련 전문가, 계절노동자, 기업내부의 전출자 및 임금이 지불되는 직업

---

15) EU의 세 개 기둥은 마스트리히트 주요 정책분야를 3개로 분류한 것에 각각을 담당하는 EU의 구조를 기둥에 비유한 것이다. 첫 번째 기둥은 유럽공동체시장(경제, 사회, 환경분야), 두 번째 기둥은 공동외교완보정책, 세 번째 기둥은 범죄문제의 사법적 협력을 지칭한다.

16) 제3국 국민의 교환학생 참여 및 대학졸업, 무보수 직업훈련 참여를 위한 허가조건 (Richtlinie 2004/114/EG), 학술연구 목적의 특별 체류조건(Richtlinie 2005/71/EG) 등의 예외적 조건이 있다.

훈련생에 해당된다. 유럽집행위원회는 2007년부터 연차적으로 이러한 제안을 제출하였다(Kommissionsvorschläge zu Rahmenrichtlinie und Richtlinie für Hochqualifizierte, 2007; Kommissionsvorschläge zur Richtlinie für Saisonarbeiter/innen, 2008; Kommissionsvorschläge zu Richtlinien für innerbetrieblich Versetzte und bezahlte Auszubildende, 2009).

'합법적인 이주를 위한 전략계획'과 병행하여 유럽집행위원회는 이주정책과 발전정책 간의 상호작용 문제, 특히 두 정책영역 간의 응집성을 어떻게 창출할 것인가 하는 문제를 심도 있게 다루기 시작하였다. 이러한 논의는 앞서 서술한 UN의 틀, 즉 GCIM과 고위층 대화의 틀 안에서 제기된 발전문제로부터 촉발되었다. 유럽집행위원회는 2005년 9월에 '이주와 발전: 구체적 지침'이라는 보도 자료를 제출하였다(KOM(2005)390 endg.). 이 자료는 이주노동 송출국의 발전에 이주가 미치는 긍정적인 영향을 다루고 있다. 이와 관련하여 유럽집행위원회는 송출국으로 이주자들의 송금방식을 완화하고, EU에 거주하는 디아스포라를 임시적 혹은 실질적으로 돌려보냄으로써 이들을 발전정책적 조치 속으로 포섭시키며, 발전정책적 수단과 송출국의 인재유출(Brain-Drain)의 감소를 위해 임시적이고 순환적인 이주를 활용하는 일련의 조처들을 제안하였다. 임시적이고 순환적인 이주에 대한 프로그램은 송출국 내에서의 경제발전을 위한 동력으로 선전되었으며, 동시에 이는 EU 이주노동정책의 구조적 조건을 개선하기 위해 필연적인 것으로 간주되었다. 한편, 유럽집행위원회는 순환적 이주자에 대한 귀국권 보장, 유입국가에서 이주노동자의 숙련 인정, 연금보장요구에 대한 양도 등을 권고하였다(KOM(2005)390 endg.: 7, Annex 5: 26-31). 이에 근거하여 유럽각료이사회는 2006년 말에 발전정책과 이주정책 간의 응집력을 강화한다는 노력에 합의하였다(Europäischer Rat 16879/06, 2006).

독일과 프랑스는 2006년 10월에 '유럽이주정책을 위한 독일-프랑스 이니셔티브'를 공표하였으며, 이러한 제안은 유럽 6개국(독일, 프랑스, 영국, 이탈리아, 폴란드, 스페인)에 의해 수용되었다. 이러한 이니셔티브는 유럽국경관리청FTONTEX(Frontières extérieures for external borders)의 기능을 강화하고, 이주자 송환의 공동실행, 이주정책 및 발전정책 수단으로써 순환적 이주노동의 활용, EU와 송출국 간의 재허가협약(readmission agreement)의 협상, 국가별 난민청을 위한 유럽의 지원기관 등을 핵심사항으로 다루고 있다. 전반적으로 이니셔티브는 EU국경을 강화하고, 회원국에서 (불법 이주자의) 송환 강화, 송출국을 통한 이주의 재허가 등에 초점을 맞추고 있다.[17] 한편, 순환적 이주 프로그램에 대한 제안은 EU로의 합법적 이주의 길을 열어놓았다. 그러나 이주노동에 대한 국민국가의 통제권한 역시 확고하게 유지되었다. 임시적 이주자의 송환은 무엇보다 송출국의 재수용 담보를 통해 보장되어야만 한다는 것이 강조되었다.

독일-프랑스 이니셔티브 안건은 2006년 겨울 유럽각료회의에 이어서 2007년 2월에는 법무부와 내무부 각료회의에 의제로 상정되었다. 이에 따라 유럽각료회의는 유럽집행위원회에 2007년 7월까지 EU와 제3국 간의 합법적 이주를 개선하고, 이에 대한 정보를 개선할 수 있는 제안을 제출할 것을 위임하였다(Europäischer Rat 16879/06: 9). 이후 더 이상의 구체적인 결론에까지 이르지는 못하였으나 논의의 중간결과에 따르면 송출국와 체류국 간의 파트너협정의 중요성이 강조되었다. 즉, EU개별국가로의 제한된 체류허가와 노동시장진입의 할당은 소위 'give-and-take' 원칙에 기초하여야 하며, 국경의 안전과 자국민 및 제3국민의 조건 없는 송환이 문제시될 때 송출국과 체류국 간의 협력이 유지되어야 한다는 것이 강조되고 있다. EU는 오랫동안 북아프리카 국가들과의 송환협정체결에 어려움을 겪어왔으나 임시적 이주의 가능성은 이제 송출국과 체류국 간 송환협정의 결론을 도출하는 데 중요한 동기를 부여할 수 있게 되었다.[18] 동시에 노동시장의 진입을 위한 회원국의 무한책임과 유입규모에 대한 자발적 할당의 비율은

---

17) 독일-프랑스 이니셔티브는 공식적인 자료를 발간하지 않았으나, 다음의 문헌에서 주요 내용을 확인할 수 있다. Council of the European Union, Doc.-No. 5539/07; Rat der EU, Migration: Schlussfolgerungen des Europäischen Rates, 14./15. Dez. 2006.

18) 현재 EU가 송환협정을 체결한 나라들은 홍콩, 마카오, 스리랑카, 알바니아뿐이다.

여전히 유지되었다(Council of the EU, Doc.-No. 5539/07).

3. 임시적 이주의 기존조건 형성을 위한 EU의 인권개선 요구사항

임시이주의 문제가 이주노동정책의 핵심사항으로 등장하자 EU에서는 이주노동자들의 기본적 인권을 보호하기 위한 일련의 요구사항들이 제기되었다. 다음에서는 국내의 이주노동자 인권개선을 위해 도움이 될 수 있는 주요한 쟁점을 중심으로 EU에서 논의되는 인권이슈를 살펴보고자 한다.

1) 노동착취와 인신매매 구조의 방지

임시적 이주의 합법화 가능성은 일정 정도 불법적 노동이주를 예방할 수 있는 잠재력을 지닌다.[19] 무엇보다 합법적인 임시적 이주는 자신들의 불안정한 지위로 인해 불법적 이주자(특히 여성과 아동과 같은 취약계층)에게 노출된 착취, 인신매매, 강제노동에 상응하는 조건의 위험을 감소할 수 있는 기회를 증대시킨다. 그러한 점에서 임시적 이주는 인권적 예방잠재력을 지닌다고 할 수 있다. 그러나 임시적 노동이주의 특정하고 합법적인 형태, 즉 노동이주의 체류 및 노동허가가 특수한 고용자와 연계되고 피고용자의 직장선택이 불허될 경우에 착취, 노예무역의 위험이 증가하며, 이러한 위험은 단기체류와 부족한 언어능력, 제한된 정보와 같은 요인에 의해 더 확장된다.

인권은 근대적 의미에서 국가에 대한 저항권뿐만 아니라 보호 및 보장의무의 의미에서 적극적인 책임을 포함한다. 인신매매에 대한 최근의 국제법 및 인신매매방지를 규정하는 '팔레모협약'[20]과 '인신매매를 금지하는 유럽

---

19) 합법적 이주와 불법적 이주 간의 상호작용에 대한 국민경제적 모델분석은 Heimbüchel and Lorz(2007) 참조.

20) 유엔국제조직범죄협약(UN Convention against Transnational Organized Crime)이 정식명칭이며, 2000년 12월 이탈리아의 팔레모에서 전격 합의가 이루어져 소위 '팔레모협약'이라고 불린다. 인신매매 방지의정서, 불법이민 방지의정서, 총기류구제 의정

협약(2005년 5월 15일 채택)'에 근거하여 계약당사국들은 예방, 효율적 구형, 피해자보호, 피해자배상의 의무를 진다. 예방의 의무로부터 국가는 인신매매를 조성하는 구조를 발견하고 법 테두리에서 이를 척결해야만 하는 근거가 도출된다.

임시적, 순환적 이주를 위한 체류권과 노동허가권은 GCIM(2005: 18)에서 권고하고 있듯 구체적 노동관계가 아니라 체류공간과 연계되어야만 하며, 직장선택의 자유도 주어야한 한다는 주장이 제기되고 있다(Follar-Otto, 2007).

2) 불법이주를 회피하기 위한 재진입 선택의 개방

일반적으로 임시적이고 순환적 이주 프로그램이 체류시간이 종료된 후 이주자에게 더 이상의 현실적 재방문 가능성을 제공하지 않고 순환적인 이주를 고수할 경우에 이주자들이 허용된 기간을 넘어 체류국에 불법적으로 머무를 위험이 존재한다. 왜냐하면 이들은 본국으로 돌아간 후 다시 잠시 체류한 국가로 돌아갈 수 없다고 생각하기 때문이다. 세계은행의 연구에 의하면 노동력 교류와 관련한 쌍무협정에 빠진 재방문 기회가 오히려 불법체류의 빌미를 제공한다고 한다고 한다(Mansoor and Quillin, 2006: 107, 109). 앞서 언급한대로 불법적 지위는 착취, 인신매매, 강제노동, 노예무역에 관계에 대한 취약성을 증대시킨다.

따라서 유럽국가는 순환적, 이동적 이주자들에게 체류기간을 넘어선 불법체류를 방지하고, 착취, 인신매매, 강제노동에 취약한 상황을 방지하기 위해 재방문 선택을 개방해야만 하는 요구에 직면하고 있다.

3) 이주자 수용국에서 이주와 권리의 조건에 대한 국가의 정보권 제공

인권협약은 국가의 행위에 제약을 가하기도 하지만, 동시에 국가에 대해 긍정적인 행위의무를 포함한다. 따라서 국가는 사람들이 자신의 권리를 실

서 3개를 두고 관련범죄에 대한 상세한 처벌과 피해자보호 등을 규정하고 있다.

제로 인지하고 관철할 수 있는 조건을 창출해야만 한다. 국가의 정보권의무는 이와 관련하여 매우 중요한 의미를 지닌다.

이주자들의 특수한 상황과 관련하여 최근의 인권협약은 국가의 보편적 정보권 제공 의무를 구체화하고 있다. 일례로 '인신매매를 금지하는 유럽각료회의협약(2005)'은 합법적 여행 및 체류 조건에 관한 구체적 정보를 확대할 것을 협약에 참여한 국가들에게 의무화하고 있다(5조 4항). 이러한 의무는 법적으로 예방의무의 배경에 근거한다. 한편, 모든 이주노동자들과 그들 가족의 권리보호를 규정하는 '이주노동자권리협약'은 UN협약에 따른 권리, 여행과 체류의 전제조건, 체류국에서의 권리와 관행 등에 대한 정보를 모든 이주자에게 제공할 것을 표준화하고 있다(33조; Spieß, 2007: 33). 이러한 정보는 당연히 이주자들이 이해할 수 있는 언어(이주자들의 국어)로 무상 제공되어야만 한다. GCIM도 임시적 이주자들의 여행 이전에 포괄적인 정보제공의 의무를 규정한 바 있다(GCIM, 2005: 18).

한편, 유럽 사회협약의 7조에서 보장되는 노동권은 적절한 임금의 권리를 포함하고 있다. 이러한 권리는 EU회원국의 노동권에서 보장되고 있지만, 임시적 이주자들에게는 빈번하게 적용되지 않고 있는 것이 현실이다. 왜냐하면 저임금 노동을 필요로 하는 다수의 고용주들이 적절한 임금을 지불하라는 것을 거부하기 때문이다. 따라서 정보권의 의무화는 이주자들의 노동권 보장에 있어서 매우 중요한 의미를 지닌다. 정보제공의 의무는 이주자들에게 이해될 수 있는 언어로 합법적 여행, 체류, 노동허가, 체류국의 노동권에 대한 정보를 제공하는 것을 포함한다. 이러한 정보는 여행 이전에 대사관이나 영사관을 통해 고지되어야만 할 것을 강조한다(Spieß, 2007: 78). 2010년에 EU 4개국(오스트리아, 독일, 프랑스, 스웨덴)은 노조와 시민사회의 지속적으로 노력으로 이주노동력이 집중되고 있는 건설부문에서 우선 영어로 이러한 기본적인 노동권을 제공한 바 있다(EU Education and Culture DG, 2010).

4) 젠더를 고려한 이주정책적 접근

지난 십수 년 동안의 이주흐름을 보면 이주의 여성화 경향이 두드러지게 나타난다. 2006년 유엔인구기금(UNFPA)이 발간한 세계인구보고서에 의하면 1억 9천만 명의 국제이주자 중 9천5백만 명이 여성이다(Weltbevölkerungsbericht, 2006). 여성들은 가족구성원으로서 이주하기보다는 압도적으로 돈벌이 즉, 이주노동의 형태로 진입을 하고 있다(ILO, 2004: 56). 남성 이주자들에 비해 여성들은 대부분 육아를 담당하고 있으며, 이주 시 고국에 있는 자신들의 모친에게 아이들을 맡겨놓기도 하고, 아이들을 체류국으로 함께 데리고 가기도 한다. 이주여성들의 대다수는 유럽에서도 규제가 거의 없는 노동시장에 진입하는데, 대부분 성산업, 가사노동, 요식업 등에서 일하고 그만큼 착취와 폭력의 위험에 노출되어 있다. 반대로 유럽국가에 진입한 남성 이주자들은 건설업과 같이 저임금, 고위험의 노동조건에서 일하고 있는 경우가 흔하다.

국제인권협약에서 명기된 차별금지조항(시민권 및 정치권 2조 2항)은 국가에 성에 근거한 직접적인 불평등대우뿐만 아니라 간접적인 차별화 규제와 조치들을 금지하고 있다. 1979년 UN총회에서 채택된 '여성차별철폐협약(Convention on the Elimination of All Forms of Discrimination Against Women: CEDAW)'은 차별적 영향을 지니는 중립적 규제와 조치들에서 여성을 보호하는 것을 구체적으로 정의하고 있다.

이러한 배경에서 유럽 인권단체들은 EU의 회원국들이 임시적·순환적 이주에서 여성과 남성의 특별한 상황을 고려하고, 나아가서 국가의 정보제공 의무를 충족시키는 과정에서 특수한 노동조건과 상이한 접근성을 고려해야만 한다고 주장한다(Follar-Otto, 2007).

5) 가족구성원의 공동이주권

임시적 이주의 시간적 전망은 상황과 조건에 따라 매우 상이하다. 단지 수개월만을 필요로 하는 계절노동으로부터 그보다 더 오랜 기간 송출국과 유입국을 왕래하는 이동노동을 거쳐 최대 5년까지의 이주노동까지 그 스펙트럼은 다양하다. 비록 유럽의 인권협약(European Convention on Human Rights) 8조가 가족생활에 대한 권리를 강조하고는 있지만, 합법적 이주자 가족의 추가적 이주에 대한 일반적 권리는 부여하지 않고 있다. 부부 및 부모-자식 관계를 고려한 가족이주의 허용 폭과 규모, 책임은 국가의 책임으로 규정되고 있는데, 일반적으로 매우 제한적으로만 그 필요성이 인정되고 있다(EGMR, 1985.5.28. 판결). 부부와 어린아이와 같은 핵심 가족구성원 이주를 일반적으로 배제하는 것은 가족생활권의 전망에서 볼 때 임시적 체류가 장기화하는 것을 배제하는 의도라고 할 수 있다.

그럼에도 불구하고 EU 회원국은 국가별로 차이가 있으나 장기체류의 경우 핵심가족 구성원의 추가이주를 점진적으로 허용하고 있다. 스웨덴의 경우 단기체류의 에는 가족 구성원의 여행가능성을 완화해주고 있으며, 아이들을 본국에 남겨둔 이주노동자 부모에게 재방문의 기회를 부여하여 부모의 역할을 수행할 수 있도록 허용하는 것이 고려되고 있다.

6) 체류기간 동안의 건강권의 유지

사회적 인권이 경제적·사회적·문화적 권리(소위 사회협약)에 대한 국제협정에 기초하고 있듯, 인권은 자국민이든, 외국인이든, 협약 당사국의 주권 아래 있는 모든 사람들에게 적용된다. 모든 사람에게 의료서비스, 사회보장, 적절한 생활수준의 보장과 교육을 위한 제반 조치 등 부가급여의 접근성에 대한 차별을 철폐해야만 하는 것은 인권의 실현을 위해 매우 중요하다.

EU에서는 그간 특정국가에 단지 중단기적으로만 머무르고 있는 임시적 이주노동자들의 의료시스템에 대한 접근과 관련된 다양한 문제들이 제기되어 왔다. EU의 일반 시민과 마찬가지로 이들은 보상체계에 대한 다양한 정보욕구를 가지고 있으나 실제로 그러한 정보 제공은 매우 제한적이며, 병원 치료에서도 여전히 언어장벽이 존재하거나 치료에 있어서 문화적으로 민감한 차이가 빈번히 문제로 지적되어 왔다. 한편, 사적으로 의료보험에 가입해야하는 임시적 이주노동자들이 보험 미가입시에는 기초적인 의료서비스 제공조차 받기 어려웠다.

UN 경제사회문화권리위원회(Commitee on Economic, Social and Cultural Rights: 이하 SECSR) 일반논평 12의 건강권 해석에 따르면 국가는 이주노동자를 포함한 특정 집단에 대한 건강권을 실질적으로 인지해야 할 의무를 지니며(CESCR General Comments 14의 37항), 의료 서비스에 대한 접근은 체류지위와 무관하게 보장되어야만 한다(ibid. 34항). 나아가서 UN 사회협정은 국가로 하여금 부가급여의 다각화, 문화적 개방성(언어전달, 문화적으로 민감하고 특수한 서비스 제공, 문화적으로 차별화된 의료개념에 대한 의료 인력의 재교육)을 통해 이주사회의 현실에 대처하고(ibid. 12항), 특히 성별로 상이한 의료요구에 대한 정보와 서비스를 제공해야만 한다고 규정한다(ibid. 20, 21항). 이에 근거하여 유럽 시민사회는 건강권과 관련하여 정보권, 이주민의 언어제공 및 문화적으로 민감한 의료서비스 제공 등을 제기하고 있다.

7) 귀국과 재이주에 따른 사회보장권의 유지

사회적 인권은 임시적 이주노동자들의 체류국가에서의 체류기간 뿐만 아니라 귀국과 재이주의 경우에도 중요한 의미를 지닌다. 이와 관련된 핵심적 사항은 체류국가 내에서 획득된 연금과 사회보장 권리에 대한 문제이다. 이주노동자들은 일반적으로 체류국의 사회보장시스템 내에 일정한 기여를 하고 있기 때문에, 이들 또한 CSCER 일반논평 9에 근거하여 사회보장 접근에 대한 차별금지를 보장받고 있다. 그럼에도 많은 경우에 이주노동자들은 임시적 체류 이후 자신들이 획득한 권리를 유지하는데 상당한 어려움을 겪고 있는 것이 현실이다.

UN과 마찬가지로 EU도 연금요구의 이전이나 상환을 임시적, 순환적 이주 프로그램을 성공적으로 정착시키기 위한 핵심사항으로 간주하고 있다(KOM(2005)390 endg.: 7-27; GCIM, ibid.: 18). 전 세계적으로 쌍무협정 혹은 다자간 협정을 통해 연금 이전이 적용되는 이주노동자들은 25%가 채 되지 않아(GCIM, ibid.: 18), ILO는 이주노동자들에 대한 행동계획(Action Plan)에서 사회보장요구의 이전에 관한 협약의 체결을 촉구하고 있다(ILO, ibid.: 24항).

8) 난민보호와 기타 국제적 보호기준의 준수

EU에서 합법적인 임시적 이주는 불법이주를 막고, 대외경계를 강화하려는 정치적 목적에서 고려되고 있다. 앞서 언급한 독일-프랑스 이니셔티브의 경우는 그 대표적 사례인데, 이들은 송출국과 체류국 간의 협약과 약속에 기초하여 임시적 이주를 허용하고자 하며, 이러한 협력을 통해 유럽은 유럽의 외부경계를 보호하는 데 주 목적이 있다.

그럼에도 합법적 임시 노동이주의 특정한 할당률이 난민권, 특히 난민처우에 대한 권리, 퇴거와 추방에 대한 국제법적 보호권에 대한 접근을 막아서는 안 된다는데 인식을 공유하고 있다. 그러한 차원에서 유럽은 국경수비의 강화가 난민의 인권을 침해하지 말아야 한다고 정의하고 있다(Bundesministerium des Innern, 2006: 4).

IV. 문화다양성에 기초한 EU의 인권정책이 국내의 이주노동자 인권개선에 미치는 함의

다문화정책의 구체화과정에서 이주노동자 인권을 개선하려는 EU의 담론과 정책은 지금까지 국내에서 별다른 주목을 받질 못하였다. 이는 한편으로 이주민 문제에 관한 정책적 관심이 주로 결혼이주여성의 문제에 초점을 맞추어졌기 때문이다. 물론 이들의 사회통합 문제는 향후 후속세대의 문제(이주가정의 자녀와 이들의 사회통합문제)와 직접적으로 연결된다는 점에서 매우 중요한 문제임에 틀림없다. 둘째, 그간의 한국의 이민자정책이 여전히 국경의 통제에 절대적인 가치가 부여되어 이주노동자들과 난민의 인권침해를 방치해왔기 때문이다.

UNESCO의 '문화다양성협약'이 국제적으로 비준된 후 글로벌 사회에서 문화다양성에 기초한 거버넌스 구축의 과제는 대단히 중요하고 시급한 과제로 인지되기 시작했고, 이를 제도화하려는 시도가 세계 주요국가에서 진행되고 있다. 국제적으로 이동하는 이주 노동자들의 인권개선은 이러한 정책의 핵심과제로 등장하고 있다. 앞서 살펴본 유럽의 사례에서처럼, (임시적) 이주노동자의 문제는 전 지구적으로 인종차별과 외국인 혐오증을 유발하는 극단적 사례에서부터 일상적인 생활에서의 인권침해까지 매우 다양하게 표출되고 있다.

그러한 시각에서 볼 때, 증가하고 있는 임시적, 순환적, 왕복적 이주에 직면하여 EU가 이러한 형태의 노동이주의 조건을 현실적으로 받아들이고 이들의 인권을 보호하기 위한 다양한 담론을 활성화하는 것은 우리에게 적시 않은 시사점을 던져주고 있다. 인권개선의 시도는 노동착취, 노예무역, 매매춘 강요 등과 같은 직접적인 위험에서부터 노동권·사회권·건강권 등의 보호와 사회이전비용의 현실화 등의 기본권 보장, 나아가서 '문화다양성협약'에서 강조된 문화생활의 참여권과 향유권과 같은 적극적 권리까지 그 영역은 다양하다.

앞서 간략하게 살펴본 EU의 8개 주요 인권담론(노동착취와 인신매매 구조의 방지, 불법이주를 회피하기 위한 재진입 선택의 개방, 이주자 수용국에서 이주와 권리의 조건에 대한 국가의 정보권 제공, 젠더를 고려한 이주정책적 접근, 가족구성원의 공동이주권, 체류기간 동안의 건강권의 유지, 귀국과 재이주에 따른 사회보장권의 유지, 난민보호와 기타 국제적 보호기준의 준수)은 문화 다원주의에 기초한 문화다양성을 사회 내에서 실현하기 위한 유의미한 노력으로 이해될 수 있다.

반면 한국의 이주노동자들이 처한 현실은 익히 알려진 바와 같이 열악하기 그지없다. 규모가 큰 제조업에 종사하는 일부 이주 노동자들을 제외하면 대부분의 노동자들은 특례고용노동자의 신분으로 인해 노동법의 보호를 전혀 받지 못하고 있다. 장시간 노동과 저임금은 물론 기본적인 노동권조차 보장받지 못하고 있는 것이다. 열악한 생산조건에서 산업재해를 당할 경우

연금을 수령할 수 있는 한국인들과 달리 이주노동자들은 제한된 범위 내에서 일시금을 받는 정도이며, 그나마 미등록이주노동자들은 정보권마저 제공되지 않아 의료서비스를 제공받지 못하거나 심지어 강제 출국되는 경우도 빈번하다. 5인 이상의 사업장의 경우 내국인과 외국인이 동일하게 고용보험에 가입하여야 함에도 불구하고 이주노동자들을 고용한 사업주들 중 상당수가 고용보험에 가입하지 않아 해고된 이주노동자들의 상당수가 실업급여를 받지 못하고 있는 실정이다. 더구나 5인 이하 사업장에 고용된 이주노동자들은 4대 보험(국민보험, 건강보험, 고용보험, 산재보험) 혜택에서 완전히 제외되고 있어, 고용허가제의 취지를 무색하게 할 정도이다. 이들의 열악한 주거환경은 더 말할 나위가 없을 지경이다.

180,758명의 불법체류자(출입국·외국인정책 통계 2013년 6월 30일 기준)은 미등록이주노동자의 신분으로 강제출국의 대상이나 이들 상당수는 사업주의 묵인아래 인력수급이 어려운 영세사업장에서 일하면서 합법적 이주노동자들보다 더 심각한 노동착취와 인권유린에 내몰리고 있다. 미등록이주노동자들에 대한 출입국 단속반의 활동도 경기변동과 영세 사업주들의 호소에 따라 가변적이어서, 결과적으로는 국가가 미등록이주노동자들의 노동력 착취와 인권침해를 묵인하는 셈이다.

간략하게 살펴보았듯 국내 이주노동자들에 대한 인권침해는 오랫동안 국제사회의 지탄을 받아왔을 만큼 매우 심각한 수준에 이르고 있다. 그동안 정부는 외국인력의 단기순환제(3~5년)를 핑계로 이주노동자들에 대한 인권침해를 방치해왔다. 그러나 결혼이주여성의 3배에 달하는 이주노동자들의 문제는 이제 한국사회의 주요 갈등요인으로 부상할 위험에 직면하고 있다. '코리언 드림'을 좇아 한국에 들어온 이주노동자들이 유럽의 경우처럼 단기순환제에 따라 귀국하기보다는 불법형태나 한국인과의 결혼 등으로 장기 체류하는 경향이 점차 증가하고 있기 때문에 법률적 규제로 이들을 관리하려는 정책적 관점은 너무나 비현실적이다. 그러한 이유로 문화다양성의 관점에 기초한 인권담론은 이제 공공선에 기초한 도덕적 보편주의의 이상을 논하는 것을 넘어 구체적인 정책의 영역으로 진화해야 한다.

EU에서 전개된 임시적 이주노동자의 인권담론은 최종적으로 제도화의 종착점에 도달하지 못하였다는 점에서 여전히 해결되어야 할 과제를 안고 있다. 그러나 이러한 담론은 (최소한 GCIM의 권고를 고려해 볼 때) 국제이주에 대한 일련의 개입적 행위를 포함하고 있으며, 구조적 측면에서 사회전반적인 인권의 개선을 시도하고 있다는 점에서 그 의의를 찾을 수 있을 것이다. 그러한 점에서 EU의 인권담론은 국내의 척박한 이주(노동)자의 인권개선에도 많은 함의를 던져준다고 할 수 있다.

이주노동자들에 대한 보편적 인권의 실현은 문화적 편견, 사회경제적 이해관계가 실타래처럼 얽혀 있어 그리 간단한 문제가 아니다. 따라서 문화다양성에 기초한 인권개선 논의는 이주노동자들의 현실을 상대화하지 말고, 타자와 나의 동등한 권리를 방어할 수 있는 문화 간 대화를 통해서만 가능하다. 이와 관련하여 "타자성을 평준화하거나 몰수하지 않으면서 타자를 포용하는" 하버마스의 '차이에 민감한 보편주의(Habermas, 1996: 58)'는 이론적 측면에서뿐만 아니라 실천적 지향에서 중요한 준거점을 제공한다. 이주노동자들의 보편적 인권개선은 그 자체로 이주정책 전환의 중요한 출발점이 될 것이며, 나아가서 이에 대한 광범위한 논의의 활성화는 사회통합의 측면에서도 매우 중요한 의미를 지니게 될 것이다.

【 참고문헌 】

김남국. 2010. "문화적 권리와 보편적 인권."『국제정치논집』 50(1). pp.261-283.

문종욱. 2012. "다문화사회와 인권법사상에 관한 연구."『법학연구』 48. pp.445-467.

박경서. 2012.『인권이란 무엇인가』. 미래지식.

박경신. 2008. "문화다양성 협약과 WTO 협정 사이의 상호 지지적인 관계정립을 위하여."『법과 사회』 34. pp.395-426.

박선희. 2009. "유네스코 문화다양성 협약과 프랑스의 국가전략."『한국정치학회보』 43(3). pp.195-217.

소병철. 2010. "관용의 조건으로서의 인권적 정의: 자유주의적 다문화주의의 한 옹호론."『민주주의와 인권』 10(3). pp.137-161.

원승룡. 2003. "다문화사회에서 인권담론 분석."『민주주의와 인권』 3(1). pp.5-35.

유네스코. 2010.『문화다양성과 문화 간 대화』. 조행복 역. 유네스코한국위원회.

이샤이, 미셸린(Ishay, Micheline R.). 2005.『세계인권사상사』. 조효제 역. 길.

임운택·이해영·박경신 외. 2011.『문화다양성 정책개발 방향에 관한 연구』. 문화체육관광부.

장은주. 2000. "문화적 차이와 인권-동아시아의 맥락에."『철학연구』 49(1). pp.155-178.

출입국·외국인정책본부. 2013.『출입국·외국인정책 통계월보』. 법무부. 2013년 06월호.

킴리카(Kymlicka, Will). 2006.『현대정치철학의 이해』. 장동진·장휘·우정열·백성욱 역. 동명사.

An-Na`im, Abduhlahi. 1992. *Human Rights in Cross-Cultural Perspectives*. Philadelphia.

Bielefeldt, Heiner. 1998. *Philosophie der Menschenrechte*. Darmstadt.

BRD Ministerium des Innen. 2006. "Deutsch-Französische Initiative für eine neue europäische Migrationspolitik." Berlin.

______. 2007. "Pressemitteilung." 2007.2.15. Berlin.

Cyrus, Nobert. 2005. *Menschenhandel und Arbeitsausbeutung in Deutschland.* ILO.

Donders, Yvonne M. 2010. "Do Cultural Diversity and Human Rights make a Good Match?" *International Social Science Journal* 61(199). pp.15-35.

Dundes Renteln, Alison. 1990. *International Human Rights. Universalism Versus Relativism.* Newbury Park.

Follmar-Otto, Petra. 2007. *Temporäre Arbeitsmigration in die Europäische Union: Menschenrechtliche Anforderungen.* Deutsche Institut für Menschenrechte.

Frisch, Max. 1965. *Vorwort.* In A. J. Seiler Siamo Italiani. Zürich. p.6.

Global Commission in International Migration. 2005. *Migration in an inter-connected world.* New Directions for Action. UN.

Habermas, Jürgen. 1996. *Die Einbeziehungen des Anderen: Studien zur poltischen Theorie.* Frankfurt am Main: Suhrkamp.

Heimbüchel, K., and O. Lorz. 2007. "Temporary Immigration Visas," http://ssrn.com/abstract=964858(검색일: 2013.8.1).

Höffe, Otfried. 1994. "Die Menschenrechte im interkultrellen Diskurs." In Walter Odersky, ed. pp.119-137 in *Die Menschenrechte. Herkunft-Geltung-Gefährdung.* Düsseldorf.

Howard, Rhoda E. 1995. *Human Rights and the Search for Communitz.* Boulder.

ILO(International Labor Organisation). 2004. International Labour Conference, Provisional Record Niety-second Session(on Sixth item on the agenda: migration workers: Report of the working group on migrant workers). Gevena.

Kant, I. Die. 1992. *Metaphysik der Sitten.* Akademie Ausgabe Bd. VI.

MacIntyre, Alisdair. 1981. *After Virtue*, 2ed. Notre Dame.

Mansson, A., and B. Qullin. 2007. *Migration and Remittances. Eastern Europe and Former Soviet Union.* World Bank.

OECD. 2003. *Main trends in International Migraion.* Paris.

Rawls, John. 1993. "The Law of Peoples." In S. Shute & S. Hurley, eds. *On Human Rights*. New York.

Spaeman, Robert. 1993. "Über den Begriff des Menschenwürde." In S. Shute and S. Hurlez, eds. *On Human Rights*. New York.

Spieß, K. 2007. *Die Wanderarbeitnehmerkonvention der Vereinten Nationen*. Deutsches Institut für Menschenrechte.

Tibi, B. 2007. *Multikulturalismus: Vision oder Illusion? Die Ideologie des Multikulturalismus. nicht die Idee der kulturellen Vielfalt ist in der Sackgasse*, http://www.migration-boell.de/web/integration/47_772.asp (검색일: 2011.11.30).

Tugendhat, E. 1993. *Vorlesungen über Ethik*. Frankfurt M.

UN Committee on Economic, Social, Cultural Rights(CESCR). 2000. *The Right to the highest attainable standard of health*. E/C.12/2000/4(General Comments). Geneva.

UN General Assembly. 2006. *Doc A/61/515: Summary of the High-level Dialogue on international Migration and Development*. 2006.10.13.

UNFPA. 2006. Weltbevölkerungsbericht 2006. *Der Weg der Hoffnung — Frauen und internationale Migration*. Stuttgart.

Vlastos, Gregory. 1962. "Justice and Equality." In R. Brandt, ed. *Social Justice*. Englewood Cliff, N. J.

Waldron, Jeremy, ed. 1987. *Nonsense Upon Stilts. Bentham. Burke and Marx on the Rights of Man*. London.

Walzer, Michael. 1994. *Thick and Thin: moral argument at home and abroad*. Notre Dame.

〈EU 관련 자료〉

EU Council of the EU. 2006. Note from the Presidency: Outcome of the informal JHA Council meeting, Dresden, 14-16. Jan. 2006. — Migration: Doc.-No.5539/07. Brussels.

EU Education and Culture DG. 2010. *Citizenship and Cuutlure — Working in another European country: Guide 2010 Working in Building and Construction or in Cleaning Sectors in 4 Countries*. Brüssel.

EU Europäischer Gerichtshof für Menschenrechte(EGMR). 1985. Urteil v.28.5.

1985.

EU Europäischer Rat. 2003. die Rechtstellung der langfristig aufenthaltsberechtigten Drittstaatsangehörigen. Richtlinie 2003/86/EG des Rates. Brüssel.

______. 2004. die Bedingungen für die Zulassung von Drittstaatsangehörigen zur Absolvierung eines Studiums oder zur Teilnahme an einem Schüleraustausch, einer unbezahltene Ausbildungsmaßnahme oder einem Freiwilligendienst. Richtlinie 2004/114/EG des Rates. Brüssel.

______. 2005. ein besonderes Zulassungsverfahren für Drittstaatsangehörige zum Zwecke der wissenschaftlichen Forschung. Richtlinie 2005/71/EG des Rates. Brüssel.

______. 2005. Europaratskonvention zur Bekämpfung des Menschenhandels vom 16. Mai. 2005. Brüssel.

______. 2006. Schlussfolgerungen des Vorsitzes. 16879/06. Brüssel.

______. 2006. Vermerk des Vorsitzes für den Ausschluss der Ständigen Vertreter(Justiz und Inneres): Migration: Schlussfolgerungen des Europäischen Rates. 14./15. Dez. 2006. Brüssel.

EU Kommission. 2005. Anmerkungen UNHCR zur Mitteilung der Europäischen Kommission: "Migration und Entwicklung: Konkrete Leitlinien." KOM(2005)390 endg. Brüssel.

______. 2005. Mitteilung: Migration und Entwicklung: Konkrete Leitlinien. KOM(2005)390 endg. Brüssel.

______. 2005. Strategischer Plan zur legalen Zuwanderung. KOM(2005) 669 endg. Brüssel.

______. 2007. Kommissionsvorschläge zu Rahmenrichtlinie und Richtlinie für Hochqualifizierte. Brüssel.

______. 2008. Kommissionsvorschläge zur Richtlinie für Saisonarbeiter/innen. Brüssel.

______. 2009. Kommissionsvorschläge zu Richtlinien für innerbetrieblich Versetzte und bezahlte Auszubildende. Brüssel.

EU. 1992. Treaty on Eurpoean Union (Amsterdam Treaty). Brussels.

______. 2008. *Weißbuch zum Interkulturellen Dialog "Gleichberechtigt in Würde zusammenleben."* Brüssel.

제3장

지역사회 불평등과 자녀교육투자:
근린사회 효과를 중심으로

김형용

I. 서론

한국사회의 아이러니 중 하나는 바로 교육이다. 사회구성원의 교육수준은 최상위이나 노동생산성은 최하위이며, 아동청소년의 학습시간은 다른 일상이 전무할 정도로 하루의 대부분을 차지하고 있으나 실제 교육현장에서는 '교육 불가능 시대'를 외치고 있고, 부모들의 자녀에 대한 관심과 투자는 무조건적 적극성을 보이지만 정작 자녀들은 불행과 불안 그리고 좌절에 신음하고 있다.[1] 이렇듯 교육의 정체성과 기능이 혼란스러운 사회이지만, 성취

---

[1] 교사들 스스로 '대한민국의 인문계 고등학교는 사실상 여관이다', '학교는 갈수록 무의미한 공간으로 전락하였다'라고 말하고 있음에도 불구하고 대부분의 교육정책은 모든 아이들이 수업에 참여한다는 가정에서 이루어진다(이계삼, 2011). 또한 UNICEF가 발표한 18세 이하 청소년 행복지수를 보면, 한국의 교육수준은 세계 1위를 기록한 반면 주관적 행복은 꼴찌를 기록하였다. 학교생활을 좋아하는 이들은 29.5%에 불과하고 자

수준에 따라 개인들을 분류하는 장치 또한 교육임을 부인할 수 없다. 신분상승 욕구가 교육지위를 통해 달성될 수 있다는 강한 믿음은 현 교육제도에 복종해야 할 의무를 제공하며, 여기서 교육이란 단지 성공을 위한 과정일 뿐 육체와 영혼의 조화로운 성장 또는 전인교육의 가능성은 없다고 여겨진다. 교양과 전문적 지식을 겸비한 민주적 시민 양성이라는 교육의 목표도 잊혀진지 이미 오래이다(박거용, 2011; 손순종, 2000).

오늘날 헌법에 명시된 교육권인 '모든 국민은 능력에 따라 균등하게 교육을 받을 권리를 가진다(제31조 1항)'라는 문구는 아무런 의미를 지니고 있지 못하다. 과거에는 교육기회의 불평등 해소가 국가적 과제였지만, 우리 사회는 이미 교육기회가 거의 균등하게 배분되었다고 해도 과언이 아니다. 이미 대학진학률은 80%에 다다랐다. 그럼에도 불구하고 여전히 우리는 교육격차를 실감하고 있으며, 대학진학률이 높아지면서 명문대학 졸업장을 둘러싼 경쟁은 더욱 치열해졌다. 산업화 이후 교육기회가 확대되면서 이른바 방어적 교육투자(Thurow, 1972)가 늘어나면서 생기는 결과이다. 양적 차원에서 교육수준이 무의미해짐에 따라 상위계층은 지배적 지위를 방어하기 위해서 차별화 전략을 취하게 되고 따라서 대학의 서열주의를 부추긴다. 어차피 직업지위를 결정하는 학력사회에서 상위 3% 정도의 학생들에게만 허용되는 소위 명문대학은 확실하게 계층을 구분하는 기준이고, 또한 교육보다는 영리적 목적으로 운영되는 이른바 대학 '회사'들의 과다한 공급도 차별화와 서열화를 부추기고 있다.

교육이 사회경제적 불평등을 매개하는 가장 중요한 변수가 되는 순간 투자는 더욱 강화된다.[2] 1997년과 2008년 두 번의 경제위기 이후 가중된 저임금 불안정 노동시장의 확대는 학력사회의 위력을 다시금 경험하게 한 계기였다. 교육격차가 지위격차와 소득격차로 이어지는 현실을 학습한 이들은

신의 삶에 대한 만족을 느끼지 못하는 이들이 절반에 달한다(박종일 외, 2010).

2) 한국사회에서 교육투자와 사회 양극화는 밀접한 관계에 있다. 삶의 경쟁이 치열하지 않고 처우의 차별이 없으며 지위격차가 벌어지지 않는다면 누가 이렇게 자녀교육투자에 목을 매겠는가?

더욱 경쟁적이고 과소비적으로 자녀교육투자에 몰두하고 있다. 부모는 맞벌이를 통해서라도 자녀를 학원에 보내야 하고 그 학원에 다닐 비용을 마련하기 위하여 더 많이 일해야 한다. 그 결과 부모와 자녀의 관계 그리고 부부의 관계가 희생되었고(최정숙, 2011; 함인희, 2012), 기러기 가족이나 홈스테이 가족과 같이 가족의 전통적 경계를 무너뜨리는 현상까지 속출하였으며(조은, 2008), 공교육에서는 스승과 제자의 관계가 희생되며(채효정, 2011), 학생들은 공동체와 함께 더불어 사는 능력을 상실하였다(황여정·김경근, 2013).[3] 풍요의 역설, 성장의 역설이 넘쳐난다.

교육 불평등 연구들은 주로 계층에 따른 교육기회와 교육성취의 격차를 다루어 왔다. 이른바 지위획득 이론에서는 아버지의 교육수준과 직업이 자녀의 교육수준에 강한 영향을 준다고 보았다(Blau and Duncan, 1967; Brooks-Gunn and Duncan, 1997). 국내 연구에서도 가족배경 요인 중 부모의 사회경제적 지위가 학업에 미치는 영향이 꾸준히 증가해 왔음을 보고하고 있다(김은정, 2007; 김위정·염유식, 2009; 남기곤, 2007; 장상수, 2000; 방하남·김기헌, 2001; 장상수·손병선, 2005). 사회경제적 지위가 사교육투자,[4] 자녀의 직업열망, 그리고 경쟁적 학습태도에 영향을 주며, 이러한 차이가 교육성취를 결정한다는 것이다.

그러나 교육 불평등의 계층적 특성은 지역사회 맥락과 교차한다. 불안감은 상대적 수준에서 증감되기 마련이며 그 상대적 공간이 바로 지역사회이다. 교육환경과 사회·제도적 조건을 둘러싼 공간적 맥락은 저마다 다르며, 특정 지역에서 아동발달, 학업성취, 그리고 지위경쟁이 더욱 과열된 형태로 나타난다. 예컨대, 비슷한 교육수요를 지닌 사람들이 우수학군을 중심으로

---

3) 국제교육협의회(IEA)의 조사결과(2009년), 우리나라 청소년의 관계지향성과 사회적 협력 점수가 세계 꼴찌였다. 우리나라 청소년들은 대학입시에 중요한 학업능력에는 투자할망정, 더불어 사는 능력에는 투자하지 않는다는 것이다(한국일보 3월 27일자).

4) 자녀교육투자 연구의 대다수를 사교육비를 분석하고 있다. 우리나라 가구 총교육비의 51%가 사교육비이며 이중 68.5%가 민간부담이기 때문에 사교육비 격차는 부모의 경제력 격차와 동일한 양상을 보인다(류정순·손경애, 1998).

모여들고 그들 간의 경쟁이 더욱 심해진다(김경근, 2000). 대도시에서의 교육열이 농어촌의 교육열과 다르듯이, 경쟁은 하나의 열린 공간에서가 아니라 비교대상이 존재하는 지역적 경계 안에서 내면화된다. 따라서 교육투자는 공간적 맥락을 포함하고 있으며, 오늘날 한국사회 교육투자의 현상을 이해하기 위해서는 지역사회 단위의 고려가 필수적이다.

이에 본 연구는 자녀교육투자가 이루어지는 공간적 맥락효과를 이웃과의 비교가 가능한 동네, 즉 근린사회를 중심으로 분석하고자 한다. 서구에서 근린사회는 공간적 관점에서 교육격차를 발생시키는 요인으로 자주 다루어져 왔다(Connell and Halpern-Felsher, 1997; Duncan and Alber, 1997; Jencks and Mayer, 1990; Sampson, Morenoff, and Gannon-Rowley, 2002).[5] 특히 아동발달 분야는 근린사회 효과가 작동하는 대표적인 분야로 연구되어 왔으며, 선행연구들은 근린사회의 1) 물리적 환경과 인구구성 2) 경제적 기회구조 3) 제도적 역량 4) 사회적 교환과 상징적 과정 측면에서 근린사회 효과가 아동의 학교생활, 학업성취, 친구관계, 가족관계에 영향을 주고 있음을 보고하고 있다. 국내 선행연구들도 교육성취도 격차와 관련하여 공간적 불평등을 다루어왔으나 주로 광역시도나 시군구별 비교에 한정되어 왔고, 사회지리학적 접근을 제외하면 거주지 근린사회의 맥락을 개인과 개인가구의 다양한 결과들과 연계하지는 못하였다. 따라서 본 연구는 자녀교육투자의 지역별 합산을 통한 실태분석 대신에, 소규모 공간단위로서 서울시 집계구/행정동 수준의 자료를 서울시복지패널 개별가구 조사항목과 병합하여 다층모형을 구성함으로써 개별 가구의 자녀교육투자에 미치는 근린사회(취약성과 상대적 격차)의 영향력을 분석하고자 한다. 구체적 연구문제는 1) 개별가구의 자녀교육투자 수준은 계층적 특성을 통제한 후에도 근린사회 영향력이 확인되는가, 그렇다면 2) 근린사회의 취약성과 상대적 격

---

5) 근린사회효과(neighborhood effect) 연구들은 특정 거주지역의 생태학적 그리고 사회경제적 구성이 주민들의 의식 및 행위에 어떠한 영향을 주는가를 살펴보았으며, 범죄학, 보건학, 사회학, 지역개발학 등에서 폭넓게 다루어지고 있다.

차가 자녀교육투자 수준과 어떠한 관계에 있는가, 3) 그리고 자녀교육투자의 결과는 근린사회별로 다르게 나타나는가이다.

II. 근린사회와 자녀교육투자

1. 근린사회 효과

근린사회 효과(neighborhood effect)란 개인이 거주하는 생태적 공간단위인 근린이 구성원들의 행위와 사고를 형성하는 경향을 말한다(Sampson, Morenoff, and Gannon-Rowley, 2002). 언뜻 보면 이동성이 항시적으로 존재하며 공간에 대한 소속감이 약화된 현대 사회에서 근린사회는 중요한 맥락이 아닐 수 있다. 그러나 현대의 사회현상 대부분은 특유한 공간적 패턴을 보여주고 있다. 예컨대, 한국사회는 계급적 성격, 성별 경험, 교육 수준, 직업지위 중 그 무엇도 선거에 있어서만큼 개인이 거주하는 '지역'보다 확실히 설명하고 있지 못하다. 이는 개인이 차지하는 지위보다 그가 살고 있는 지역의 다수의 지위가 개인의 성향과 의식에 미치는 영향력을 보여준다.[6]

이러한 지역별 동질화 경향은 합의적 환경효과(consensual environmental effect)가 도출되는 여러 가지가 다른 경로가 있음을 암시한다. 공간적 경계

---

6) 투표성향의 근린사회 효과는 주로 정치지리학(Johnston, 1979) 분야에서 연구되어 왔다. 이와 관련하여 '함께 대화를 나누는 사람들끼리 동일하게 투표한다(Miller, 1977)'라는 가설이 폭넓게 지지되고 있는데, 한국사회의 투표성향은 공간적 맥락이 특히 영향력을 발휘한다. 계층적 성격보다는 영호남의 지역색이 두드러지며, 서울의 경우도 강남의 빈곤층은 강남의 대다수인 부자들과 같은 투표성향을 보인다. 근린사회를 구성하는 다수에 따라, 중산층 지역에서 주민들은 보다 보수적이 되고, 노동계층 지역에서 더 진보적이 되기도 한다는 것이다.

내에서의 일상적 상호작용으로 말미암아 거주민들이 동일한 의식과 태도를 형성할 수도 있으며, 혹은 소수자들이 다수와 함께 살아야 하기 때문에 전략적으로 다수의 행위를 모방하는 것일 수도 있다. 또한 이미 가치관이나 사회경제적 지위 등 조건이 유사한 사람들끼리 동일한 지역에 집중되는 인구구성 효과일 수도 있으며, 권력관계 측면에서 지배집단이 이미 자신들에게 유리한 담론의 프레임을 설정해 놓았기 때문일 수도 있다(Miller, 1977). 그 밖에도 개인이 위치한 생태학적 환경체계와의 상호작용에 의해서(Bronfenbrenner, 1979), 근린사회 조직과 문화의 사회·제도적 과정에 의해서(Sampson, Morenoff and Gannon-Rowley, 2002), 빈곤과 같은 지역별 사회경제적 지위에 따른 영향(Jencks & Mayer, 1990) 등의 이유들로 사회구성원들은 특정 공간적 맥락 하에 의식과 태도를 형성한다. 전반적으로 지역별 동질화 현상은 그 지역사회의 개인적 연결망에 의해 형성된다고 볼 수 있으며, 하나의 생활세계를 공유하면서 함께 노동하며 여가시간을 보내고 집단적인 이해를 추구하면서 암묵적인 합의를 만들어 낸다.

　최근 근린사회 효과 연구들은 거주지역의 생태학적 그리고 사회경제적 구성, 그리고 주민들의 의식 및 행위를 형성하는 사회자본 및 집합적 효능감과 같은 사회적 과정을 포괄하며 연구의 적용 분야가 급속도로 증가하였다(Sampson, Morenoff and Gannon-Rowley, 2002).[7] 그중 맥락효과(contextual effect)는 지역사회 구성원의 특성과 관계없이 조직이나 지역사회와 같은 상위수준의 독립된 효과를 의미하며, 구성효과(compositional effect)란 하위분석단위인 개인의 인구사회적 특성이 합산수준에서 반영되는 것을 뜻하는데(김형용, 2010), 대다수의 근린사회 효과는 주로 구성효과에 대한 실증연구들이었다. 선행연구들은 거의 일관되게 거주안정성이 높고, 자가주택비율이 높으며, 중산층 비율이 높고, 구성원들의 사회경제적 지

---

7) 근린사회연구의 동향을 분석한 한 논문에서는 1990년대 중반 이후 매년 100편이 넘는 SCI 근린사회 효과 학술지 논문이 발표되고 있음을 보고하고 있다(Sampson, Morenoff and Gannon-Rowley, 2002).

위가 높은 지역일수록 건강, 안전, 삶의 질, 경제적 기회, 가족유지, 아동발달의 긍정적 효과가 나타난다는 것이다(Jencks & Mayer, 1990; Duncan, Brooks-Gunn and Aber, 1997; Gephart, 1997; Ellen & Turner, 1997; Atkinson et al, 2001). 상대적으로 근린사회의 맥락효과와 사회적 과정에 대한 연구들은 부족한 편이다. 네트워크나 신뢰 그리고 집합효능감 등 근린사회 스스로 형성하는 내생변수가 가족이나 개인의 다양한 결과들로 어떻게 매개되는지에 관련한 메커니즘을 다루기 위해서는 방법론적으로 보다 엄밀한 과정을 요구하기 때문이다(Sampson, 2001; Sampson, Morenoff and Gannon-Rowley, 2002).

2. 자녀교육투자의 맥락효과

가족배경은 자녀교육투자의 주요한 설명요인이다. 부모들은 자녀학업에 요구되는 교육비용과 노동시장에 참여했을 때 얻을 수 있는 소득이라는 기회비용을 감안하여 교육 선택을 하며(Breen and Goldthorpe, 1997), 이러한 선택의 효용을 최대치까지 끌어낼 수 있는 능력은 부모의 경제력이다. 또한 교육비 투자는 학생보다는 부모에 의해서 주도적으로 결정되기 때문에, 부모의 교육기대가 높을수록, 학벌주의 인식이 강할수록, 학벌경쟁의 불확실성에서 불안해소를 기대할수록 과감하게 투자하게 된다(김위정·염유식, 2009). 그러나 최근 선행연구들은 가족배경과 같은 근린사회의 인구구성효과를 통제하고서 발생하는 아동 발달의 맥락효과들에 관심을 가져왔다. 아이들은 동네 또래들과 유사한 방식으로 어울리며 사회적 기대치에 따라 행동하며, 어른들은 집합적인 지도와 감시의 망을 형성함으로써 사회적 통제력을 행사한다. 이는 아동학대, 영아사망률, 저체중출산 등과 연결되며 또한 학력, 중도탈락, 학업성취, 이후 경제적 성과 등에서 중요한 기능을 수행한다(Brooks-Gunn, Duncan and Aber, 1997; Sampson, Morenoff and Gannon-Rowley, 2002).

자녀교육투자가 부모의 기대수준 및 성적에 대한 반응성에 민감하다고 한다면, 이는 근린사회의 맥락효과인 사회제도적 과정이나 집단문화와도 관련이 깊을 수밖에 없다. Jencks and Mayer(1990)는 근린사회의 기대와 목적이 작동하는 시스템을 세 가지 모델로 정리하였다. 우선 집합적 사회화 모델(collective socialization model)에서는 부모들이 그들 자신과 자녀뿐만 아니라 주위의 기대수준을 형성하고 있음에 관심을 둔다. 동일 공간에서 자주 접할 수밖에 없는 성인들의 직업규범과 가족규범은 지역 아동들에게 허용되는 행위의 경계와 사회화의 프레임을 제공한다. 제도적 모델(institutional model)의 경우는 지역 내의 학교, 사설 학원, 직장 등 사회기관들과 개인의 상호작용 과정에서 가족들에게 특정한 행위규범이 형성된다고 본다. 전염모델(Epidemic model)에서는 아동과 부모 스스로가 이웃들 서로에게 영향을 주며 행위를 모방한다는 측면에서 자녀들의 학업관련 태도가 수렴되는 현상을 보인다. 이러한 가설들은 주로 빈곤지역 아동들의 일탈과 교육성취를 설명하기 위한 것이지만, 거주환경과 교육적 성과의 관계를 일반적인 사회공간적 맥락으로 해석해도 무리는 없다.

한 가지 주의할 지점은 공간적 불평등이 반드시 빈곤지역에만 영향을 주지는 않는다는 것이다. 상대적 박탈(relative deprivation)로 인하여 빈곤가구, 여성가구주 가구, 소수인종가구의 교육성취는 빈곤 지역보다는 부유한 지역에서 더욱 열악하게 나타나며, 사회적 비교(social comparison)에 따라 부유한 지역의 중산층 자녀도 다른 지역보다 문제행동과 좋지 않은 정신건강 수준을 보인다는 것이다(Duncan, Brroks-Gunn and Klebanov, 1994; Jencks and Mayer, 1990; Wood, 1989). 공간적 수준에서 지위획득 과정을 강조하면서, 상대적 박탈은 그들의 성패를 주위사람과 비교함으로써 더 노력하게 할 수도 있지만 경쟁에서 포기하거나 더욱 경쟁을 부추기기 때문에 사실상 모두에게 영향을 준다는 것이다. 우리 사회에서 학업성적이 높은 아이들이 오히려 성적비관으로 자살하는 이유이기도 하다. 지위상승이 기대되지 않는 청소년들은 무관심으로 이탈해 버리기도 하지만, 희소한 자원을 둘러싼 경쟁으로 인하여 부유한 지역의 청소년들도 좌절과 반항의 문화를 형성한다. 잘사는 이웃의 존재는 오히려 집합적 수준에서 삶의 질을 취약하게 만들 수도 있다는 점에서, 근린사회의 취약성은 단순히 빈곤이라기보다는 공간적 차원에서 상대적 격차의 증가와 관련이 있다. 따라서 본 연구에서 근린사회 효과는 근린사회의 취약성과 함께 상대적 격차가 자녀교육투자에 얼마나 큰 영향을 미치는지를 분석하고자 한다.

III. 연구방법

1. 자료 및 분석대상

본 연구의 공간적 분석단위는 서울시 행정동이며,[8] 행정동 수준의 합산 자료를 도출하기 위하여 집계구 분석단위의 자료를 활용하였다. 집계구란 행정동의 약 1/30 크기로 평균 인구수는 약 500백 규모에 지나지 않는 소지역이다. 집계구는 도로, 하천 등 지형지물을 경계로 하여 획정한 구역인 기초단위구를 결합하고 인구주택 사항에 동질성, 동량성을 부가하여 확정한 공간단위로, 개념적으로 근린사회(동네)에 가장 적합하다. 2010년 인구주택총조사 기준 서울시는 총 16,333개의 집계구로 구성되어 있다.

지금까지 집계구를 기반으로 한 연구는 현실적으로 불가능하였다. 통계청의 지역별 최소공표단위가 행정 읍면동이기 때문에 마이크로데이터 서비

---

8) 근린사회란 거주민들 간의 지속적인 상호작용이 발생하는 범위를 의미하기 때문에 서구에서는 주로 센서스 트랙(Census Track)과 같은 소지역 통계를 활용하여 근린사회를 구획하고 있다. 센서스 트랙은 국내 소지역 통계 중 집계구와 가장 근접하다. 그러나 본 연구는 근린사회의 취약성과 함께 상대적 격차수준 즉 불평등지수를 활용하고자하기 때문에, 한 단계 상위 공간단위를 근린사회 분석단위로 설정하였다. 즉 상대적 격차는 상위 공간단위를 구성하는 하위 공간단위의 등질성/이질성으로 측정될 수 있기 때문에, 집계구 정보를 기반으로 한 행정동이 근린사회 최소 분석단위이다.

스도 집계구 정보를 제공하고 있지 않으며 이에 최근까지 집계구를 분석단위로 연구한 사례는 없었다. 다만 김형용·최진무(2012)는 국내 취약근린지수를 개발하기 위하여 통계정보지리서비스(SGIS)의 속성정보를 활용함으로써, 집계구별 센서스 자료를 구축할 수 있었다.[9] 즉 통계정보지리서비스에서 제공하는 2010년 인구주택센서스 속성자료와 국토해양부 표준공시지가 지리정보시스템(GIS)을 이용하여 집계구별 자료에 기반한 행정동 수준의 변수들을 도출하였다.[10]

본 연구의 가구 및 가구원 수준 자료로는 서울시복지패널(SWPD)이다.[11] 대부분의 사회조사는 조사대상 가구 및 가구원의 식별이 가능한 소지역 주소정보를 제공하고 있지 않는다. 본 연구는 통계정보지리서비스의 행정동 속성자료와 ID 매칭으로만 SWPD 자료를 사용하고 소지역별 통계결과를 산출하지 않기 때문에 통계법상 비밀보장 사항에 해당되지 않으며 본 연구의 범위 내에서 통계활용의 조건으로 조사대상자의 행정동 주소정보를 확보하였다. 서울시복지패널의 가구 및 가구원 자료는 자녀 교육과 관련한 지출 및 가족관계에 관한 정보를 담고 있다. 분석대상은 전체 2,893가구 중 '현재 만 7세 이상 만 18세까지 초등학생, 중학생, 또는 고등학생 연령대의 자녀가 있는' 가구 772가구이다.

---

9) 통계청 공표단위보다 더 작은 소지역 통계자료의 수집이 가능한 이유는 공간통계자료가 단지 공간상 위치와 속성자료만 연결하고 있어 개인정보의 식별이 불가능하기 때문이다.

10) 지역사회의 경계는 행정구역으로 설정되어 있다고 보기 어렵지만, 집계구 자료가 사실상 최소한의 분석단위이기 때문에 등질성/이질성을 확인할 수 있는 분석단위로서 행정동은 적절하다고 할 수 있다. 2010년 기준 서울시 행정동의 수는 총 424개이며, 이 중 3개 동은 통계정보지리서비스의 구획에 포함되어 있지 않아 총 분석대상은 421개이다.

11) SWPD의 표본은 인구주택총조사 일반조사구에서 집락추출을 하였기 때문에, 본 연구의 근린사회 분석단위의 자료와도 부합하다. 본 연구는 분석 자료의 시기를 일치시키기 위하여 2차 조사인 2010년 자료를 사용하였다.

2. 변수의 측정

본 연구의 독립변수는 취약근린지수이며, 취약근린지수의 평균과 변이계수로 구분하여 분석하였다. 본 연구에서 취약근린이란 취약계층이 밀집한 열악한 동네를 뜻하며,[12] 인구주택총조사 항목에서 유추될 수 있는 사회계층, 가구구성, 그리고 주거환경이 반영하는 공간적 특성으로 구성하였다. 이 세 가지는 근린사회 선정과 관련하여 주로 사회지역연구(social area studies)에서 사용하였던 요인들로, 도시공간 구조를 이해하는 데 기본적인 틀이다. 취약근린지수는 총 9가지 지표로 구성되었다. 취약계층이 밀집한 동네라는 개념화에 따라 인구주택총조사의 인구가구주택[13] 관련 항목과 국토부 공시지가[14]를 포함하여 10개 지표가 선정되었으며, 요인분석 과정을 통해 최종 9가지 지표의 요인점수로 산출되었다.[15] 포함된 지표들은 서울시 16,280개 집계구 단위에서 파악되는 1) 교육수준, 2) 공시지가(2009~2011 평균 TM100m 기준), 3) 노년부양비, 4) 이혼가구율, 5) 독거가구율, 6) 임대가구비율, 7) 취약주택비율, 8) 노후주택비율, 9) 소형주택비율이다.

취약근린지수는 집계구별로 측정되었으며, 본 연구에서는 취약성을 나

---

[12] 여기서 취약근린지수는 사회박탈(social deprivation)지수와는 다른 개념이다. 사회박탈은 자원결핍으로 인한 미충족 욕구가 높은 지역을 의미하며, 따라서 포괄적인 삶의 기회와 자원이 결여된 상태로 측정된다. 따라서 소득과 고용에 보다 높은 가중치를 두어 산출되지만, 문화, 주거, 여가, 사회참여 등 다양한 영역의 지표들도 포함된다.

[13] 사실 인구주택총조사 전수부문 자료는 그리 풍부하지 않다. 집계구별 통계제공항목은 인구부문에서 성/연령, 교육정도, 종교, 혼인상태, 가구부문에서 방/거실/식당수, 난방시설, 점유형태, 세대구성, 그리고 주택부문에서 연건평, 주택유형, 건축연도만 포함되어 있을 뿐이다.

[14] 공시지가는 근린사회의 사회경제적 지위를 나타내는 유사자료로 사용하였다. 토지가격은 국토해양부의 표준공시지가 2009~2011년 평균이며, TM100미터로 측정된 수치를 GIS를 이용하여 집계구별 평균으로 변환하였다.

[15] 취약근린지수는 9가지 지표들의 값을 표준화하고 요인분석을 통하여 추출된 3가지 요인의 요인회귀식 점수(factor scores)이다. 자세한 취약근린지수의 산출식은 김형용·최진무(2012) 참고.

타내는 행정동 평균으로 그리고 행정동 내 불평등을 파악하는 변이계수(coefficient of variation: CV)로 구분하여 사용하였다. 변이계수는 지역개발 분야에서 지니계수와 함께 주로 사용되는 불평등 지표이며,[16] 상대적 격차 또는 등질성/이질성을 나타낸다. 본 연구에서 취약근린지수 평균과 변이계수는 근린사회 맥락효과 변수로서, 소규모 지역(동네)별 차이를 설명하는 요인이다.

〈그림 1〉은 상기한 방법론에 따라 김형용·최진무(2012)가 제시한 서울시 취약근린지수의 행정동별 그리고 집계구별 분포이다. 취약근린지수는 서초구, 강남구, 송파구, 양천구 순으로 가장 낮은 반면 중구, 강북구, 금천구, 중랑구, 종로구 순으로 높게 형성되어 있다. 취약근린지수를 행정동 분석단위로 살펴보면, 취약근린지수가 가장 높은 행정동은 회현동, 을지로동, 남영동, 종로1·2·3·4가동의 도심 공동화지역과, 중화2동, 등촌3동, 가리봉동 등 낙후된 다가구 주택 밀집 지역 또는 영구임대 아파트단지 밀집 지역이다. 중화2동의 경우는 전체 집계구 수가 47개인데 이 중 32개(68%)가 취약근린으로 분류되었다. 그러나 김형용·최진무(2012) 연구결과의 주요 내용은 다수의 행정동에서 취약근린지수의 이질성이 높으며 지리적 상관성 없이 취약계층 거주지역이 발견된다는 것이 주요 결과였다. 행정동 내부에서도 집계구별 취약근린지수의 격차가 확연하게 드러나며, 많게는 수 개의 이질적인 공간으로 구분될 수 있다는 것이다. 즉 사회구성원들의 거주지는 인구집단을 체계적으로 층화하는 근린의 경계가 행정동 내부에도 있으며, 취약계층의 거주지는 자치구의 빈부와는 달리 소규모로 곳곳에 산재해 있다는 것이 취약근린지수가 함의하는 바이다.

본 연구의 종속변수는 자녀교육투자이다. 이는 가구별 자녀교육비 총액(월 자녀교육비 총액)과 자녀교육비 비중(월 가계소비총액에서 교육비가 차

---

16) 변이계수는 취약근린지수의 행정동별 표준편차를 평균으로 나눈 것인데, 변수의 분산 정도를 나타내는 표준편차가 격차를 측정하기에 좋은 도구이나 분포상태는 그대로 유지한 채 중심이동만 하면 표준편차도 변동하는 약점이 있어, 행정동별 평균의 차이에 의한 영향을 받지 않고 실질적인 변이를 측정하는 지표이다(홍준현, 1999).

<그림 1> 서울시 취약근린지수의 분포(2010년)

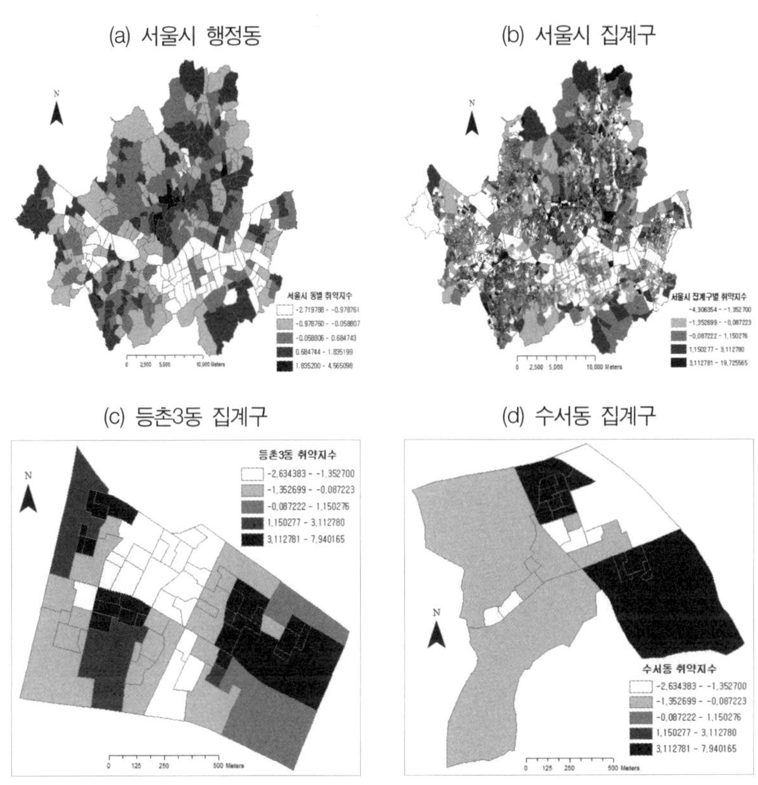

자료: 김형용·최진무, "취약근린지수의 공간적 분포," 『국토지리학회지』(2012)

지하는 비중)으로 나누어 살펴볼 수 있으며, 분석에서는 가구별 교육투자의 교육비 비중을 분석하였다. 서울시복지패널 자료는 가구생활비를 총 11개 항목으로 측정하고 있으며 이 중 자녀교육비는 초중고등학교 등록금, 납입금 등 공교육비와 학원, 과외비 등 사교육비 포함한 금액이다. 부가적으로 자녀교육투자의 결과로서 자녀 학업성적, 가족관계 만족도, 그리고 삶의 행복도를 분석하였다. 서울시복지패널 자료는 자녀의 학업성적 수준을 전반적인 학업성취 상중하로 측정하고 있다. 가족관계 만족도는 자녀와의 대화 정도(1~4), 배우자의 자녀와의 대화 정도, 그리고 3) 가족 간의 관계에 대한 만족도(1~5) 총 세 가지 항목의 합산을 통해 변수를 도출하였다. 삶의 행복도는 전반적인 만족도(1~5) 다섯 문항과 주관적 행복도(1~10점) 총 6문항의 합산이다. 문항은 '1) 전반적으로 볼 때, 나의 삶의 나의 이상에 가깝다 2) 내 삶의 상황들은 아주 좋다 3) 나는 나의 삶에 만족한다 4) 지금까지 삶에서 내가 원하는 중요한 것들을 이루어냈다 5) 만약 내 삶을 다시 살 수 있더라도, 나는 거의 아무것도 바꾸지 않을 것이다'이며 주관적 행복도는 '나는 매우 불행하다(1점)'에서 '나는 매우 행복하다(10점)'까지의 척도이다. 그리고 부모의 사회경제적 지위를 나타내는 변수로는 가구소득과 가구주 학력을 포함하였다.

3. 분석방법

본 연구는 2-수준의 행정동 정보와 1-수준인 개인 간의 다층적 모형을 분석하기 위하여 위계적선형분석(HLM)을 사용하였다(Bryk and Raudenbush, 1992). 분석모형은 단계별로 구성되었으며, 무조건부 모형과 무선-상수 모형, 교차수준 상호작용 모델을 적용하였다. 즉 연구모형을 분석하기 전에 기본적으로 설명변수 없이 2층 구조의 변량만을 추정하는 기초모형을 분석한 후, 가설검정을 위한 모형을 차례로 분석하였다.

IV. 근린사회와 자녀교육투자

1. 자녀교육투자 분석

〈표 1〉은 서울시 자치구별 취약근린지수의 분포와 함께 초중고 자녀를 둔 가구의 교육비 총액, 생활비에서 차지하는 교육비 비중, 그리고 심리적 부담정도를 보여주고 있다. 먼저, 2010년 인구주택센서스 자료를 이용한 취약근린지수의 분포를 보면 서초구, 강남구, 송파구, 양천구 순으로 취약근린지수가 낮은 것을 나타나 있고, 25개 자치구별 취약근린지수의 변이계수는 중구와 강남구가 비교적 높으며 은평구, 서대문구, 광진구, 강북구가 낮은 것으로 나타나 일정한 상관이나 패턴은 없는 것으로 보인다.

교육비 부담은 이른바 잘사는 자치구와 못사는 자치구 사이의 차이가 확연히 드러나 있다. 취약근린지수가 낮은(잘 사는) 4개구가 모두 교육비 100만 원을 넘기며 가장 높은 교육비 투자를 보이며, 월 가계소비액에 차지하는 비중도 30%를 넘기는 것을 알 수 있다. 반면 취약근린지수가 높은 중구, 강북구는 교육비 지출이 강남 3구의 절반 수준이며, 가계지출에서 차지하는 비중도 10%대에 머물고 있다. 즉 전반적으로 자치구별로 비교해 보았을 때 취약근린지수의 분포와 자녀교육비 지출은 매우 높은 상관관계(r = -721)를 보이고 있으며, 이는 가계소비총액과의 상관(r = -556)보다도 강한 것으로 나타났다. 심리적 부담률은 지역별 차이의 패턴이 드러나 있지 않다. 서울시복지패널 자료를 통한 자치구별 비교는 적은 사례수로 인하여 추정치의 신뢰구간이 넓게 퍼져 있어 해석의 한계가 있지만, 서울시 자치구별 분포를 살펴보는 데에는 무리가 없을 것으로 판단된다.

〈표 2〉는 행정동 수준의 근린사회 효과를 분석한 결과이다. 행정동별 자녀교육투자 수준을 직접 비교할 수도 있으나, 이 경우에는 각 행정동별 표본의 수가 매우 작아져 대표성 없는 왜곡된 결과를 보여주게 된다. 따라서 분석은 개별 가구의 교육투자 수준을 설명하는데 근린사회 수준의 효과를

〈표 1〉 서울시 자치구별 교육비 수준과 부담

자치구	집계구 취약근린지수			가구별 교육비 부담3				
	집계구 수	M1	CV2	n	가계 소비	교육비	비중	심리적 부담률
서초구	663	-1.30	.1629	29	319.50	103.76	32.48	1.79
강남구	861	-0.86	.2011	40	352.85	112.13	31.78	2.05
송파구	1,054	-0.73	.1826	48	347.79	111.73	32.13	1.85
양천구	783	-0.34	.1680	54	384.85	107.50	27.93	2.15
동작구	629	-0.23	.1604	30	272.30	81.60	29.97	1.80
구로구	702	-0.21	.1839	36	263.11	69.08	26.26	1.47
강서구	924	-0.09	.2247	34	290.94	68.65	23.60	2.06
마포구	614	-0.07	.1587	19	300.37	64.37	21.43	2.05
도봉구	611	-0.04	.1752	13	309.15	90.46	29.26	1.92
성북구	765	-0.02	.1726	22	253.68	55.09	21.72	1.86
강동구	739	-0.02	.1595	39	287.87	71.23	24.74	2.10
광진구	596	0.03	.1468	29	257.86	83.34	32.32	1.97
영등포구	694	0.04	.2104	28	271.79	97.86	36.01	1.29
노원구	1,001	0.05	.2155	40	325.13	76.62	23.57	2.03
성동구	500	0.17	.1912	34	317.15	83.59	26.36	2.15
서대문구	527	0.22	.1490	32	282.03	88.09	31.23	2.03
관악구	824	0.24	.1511	41	203.73	52.39	25.72	2.10
용산구	382	0.27	.1733	20	313.50	78.85	25.15	1.85
은평구	725	0.29	.1250	35	292.43	80.80	27.63	1.43
동대문구	608	0.45	.1764	23	281.04	64.39	22.91	2.39
종로구	258	0.48	.1858	22	307.41	80.55	26.20	1.73
중랑구	676	0.69	.1572	19	214.47	51.05	23.80	2.32
금천구	393	0.83	.1620	34	204.38	72.65	35.55	1.41
강북구	536	0.85	.1493	23	265.00	52.39	19.77	1.91
중구	215	0.94	.2164	23	292.65	51.70	17.67	1.83
서울시 평균	16,280	.00	.1859	772	292.89	80.55	27.50	1.90

주: 1. 취약근린지수는 김형용·최진무(2012)의 자료(2010년 인구주택총조사 기준)
    2. CV(변이계수)를 산출하기 위해서 표준화된 취약근린지수의 음의 값을 양의 값으로 전환할 필요가 있어 분포의 중심이동을 함(집계구 취약근린지수 최소값 -4.306을 양의 값으로 전환하고 이를 기준으로 분포의 중심이동)
    3. 서울시복지패널(2010) 자료이며, 초중고 자녀를 둔 772가구

〈표 2〉 서울시 자녀교육투자(자녀교육비/가계소비총액)

	Model1	Model2	Model3
상수	24.841***	24.967***	24.824
Level-2 취약근린지수			
평균		-1.771**	-1.751**
변이계수		-6.602	-5.135
Level-1			
가구소득		4.662***	4.713***
가구주 학력		.645	.628
Cross-Level			
평균*가구소득			-.857*
무선효과 U0	25.563***	13.816**	14.490**
Level-1, r	151.522	145.767	145.307

주: 1. 가구수준 N=572, 행정동 수준 N=210
　　2. 가구주의 성, 연령, 가구원 수, 취업여부는 통제하였음

확인하는 다층모형 분석을 사용하였다. 서울시복지패널가구 자료의 주소정보와 2-수준 자료를 일치시키기 위해서 421개 행정동 취약근린지수에 따라 자료를 구축하였으나, 일부 가구 자료의 주소정보가 부정확하여 최종분석대상은 210개 행정동의 572개 가구이다.

모형 1은 기초모형(unconditional means model)으로서 다층모형의 적용 가능성과 종속변수 변량에 대한 수준 간 설명력을 보여주고 있다. 상수는 전체 평균을 의미하는 것으로 전체 개별가구의 자녀교육비 비중은 가계소비의 약 24.8%이며, 분산은 2-수준이 25.56 그리고 1-수준이 151.52로 구성되어 있음을 알 수 있다. 전체 분산에서 2-수준인 근린사회의 분산이 설명하는 비중을 나타내는 ICC(intraclass correlation)는 .144으로 자녀교육비 비중의 14%가 행정동 간의 차이이며 나머지 86%가 가구별 편차인 것

으로 해석할 수 있다. 이 결과는 자녀교육비 투자를 설명하는 데 행정동별 편차가 발생되는 요인들을 살펴볼 필요를 제시한다. 일반적으로 다층모형에서 ICC가 5%를 넘으면 일정한 설명력을 가진 것으로 보고되고 있으므로 14%는 2-수준의 설명력이 높은 편으로 해석될 수 있다.

모형 2는 설명변수들을 투입한 결과이다. 본 연구에서 2-수준 요인은 취약근린지수의 평균과 변이계수이며, 개인요인은 가구소득과 가구주의 학력이다. 성별, 연령, 취업여부, 가구원 수는 통제하였다. 취약근린지수의 평균과 변이계수는 행정동 수준의 변량의 약 46%를 설명하고 있으며, 상대적으로 개인수준 변인들의 자녀교육투자에 대한 설명력은 그리 크지 않은 것으로 나타났다. 취약근린지수가 2-수준 분산의 상당 부분을 설명하고 있는 것이다. 이는 가구소득과 가구주 학력 그리고 기타 인구사회학적 요인들의 통제를 반영한 것이므로, 인구집단의 구성효과보다는 맥락효과로 해석될 수 있다. 개인수준 변수 중에 가구소득이 가장 강력한 설명요인이며, 이를 감안하고서도 취약근린지수가 낮은(잘 사는) 곳에 거주하는 것은 자녀교육투자에 강한 효과를 지니고 있다.

모형 3은 자녀교육비 투자에 관한 두 수준 간의 상호작용을 보여주는 모델이다. 행정동의 취약성과 가구소득을 기준으로 한 개별가구의 상호작용을 살펴보는 것으로, 취약한 동네에서의 경제적 지위에 따른 자녀교육비 투자의 경향을 살펴보고자 하였다. 결과는 교차수준 상호작용이 유의하며, 취약근린지수에 따른 계층별 효과는 취약근린지수가 낮은(잘 사는)에서 가구소득의 영향력이 큰 것으로 검증되었다.

위와 같은 결과는 두 가지 함의를 보여준다. 첫째, 가계소비 중에서 교육비 투자가 차지하는 비중은 부모의 학력보다도 가구의 경제력에 의존하고 있다는 점이다. 일반적으로 부모의 학력이 경제력보다 자녀의 교육성취에 더 밀접하고 교육성취는 직업지위에는 영향을 주지만 소득에는 영향을 주지 못한다는 가설이 폭넓게 지지되어 왔다. 즉 자녀의 교육성취는 부모의 학력에 비해 소득하고 그다지 관련이 없다는 것이다. 그러나 본 연구결과는 교육성취와 달리 교육투자에서만큼은 '할 수 있는 정도까지'라는 특성을 보여준다. 그 수준의 적정선이나 상한선이 있기보다는 가계소비에서 반드시 필요한 지출을 제외하고는 대부분 교육에 투자하는 분위기를 반영하는 것이다. 둘째, 자녀에 대한 교육투자는 부모의 경제력뿐만 아니라 근린사회의 분위기가 중요하다. 즉 '할 수 있는 정도까지'라는 합의가 만들어지는 공간의 상대적 분위기를 말한다. 어느 동네에 사는가에 따라 자녀 교육에 투자하는 정도가 다르며, 이는 구성원의 경제력을 통제한 후에도 부유한 곳에서 더 많은 투자가 이루어진다는 것이다.

그러나 취약근린지수의 평균과 변이계수의 설명력을 제외하고도 행정동별 변량의 많은 부분이 남아있어, 여전히 근린사회의 다른 요인들이 교육투자의 격차를 설명하고 있다는 점을 유의할 필요가 있다. 개인수준에서 통제변수인 취업상태, 가구주 성별, 연령은 유의미한 결과를 보이지 않았다.

2. 근린사회와 자녀교육투자의 효과

자녀에 대한 교육투자가 부모의 경제력과 동네의 분위기에 따라 다르다면, 그 투자한 결과는 어떻게 나타나는지 살펴보았다. 첫째, 자녀교육투자가 많을수록 자녀들의 학업성적에 긍정적인 효과가 있는지를 다층모형으로 살펴보았다. 〈표 3〉은 자녀의 학업성취 수준을 '상'으로 응답한 가구들을 분석한 것이다. 먼저 무선효과를 보면 행정동별 차이가 미미한 수준에 확인이 되었으나, 취약근린지수의 평균과 변이계수 모두 유의미한 설명을 보이지는 않았다. 모형 1과 2를 보면 자녀교육투자가 자녀 학업성적에 긍정적인 효과를 가지는 것으로 나타났지만, 모형 3과 4를 보면 이러한 효과는 부모의 사회경제적 지위에 따른 것으로 해석된다. 즉 자녀교육비 투자와 교육비 비중이 유의미한 것으로 나타났지만, 가구소득과 학력수준을 고려하면 사실상 독립적인 효과는 없어진다. 오로지 가구수준에서 소득과 가구주의 학력이 중요한 설명요인이며, 그중에서도 가구주 학력의 영향력이 지대하다. 종합하면, 자녀에 대한 교육투자는 근린사회와 가구소득가 영향력을 미치지만,

<표 3> 자녀교육투자의 효과(학업성취=상)

	Model1	Model2	Model3	Model4
상수	-.355***	-.362***	-.397***	-.395**
Level-2 취약근린지수				
평균	-.068	-.148	.100	.108
변이계수	-1.107	-1.335	-1.505	-1.449
Level-1				
자녀교육투자				
자녀교육비(만 원)	.004**		.000	
자녀교육비/소비총액		.014*		.005
가구소득			.588**	.588**
가구주 학력			.383***	.383***
무선효과 U0	.415*	.417*	.391*	.391*

주: 1. 자녀의 학업성적 '상'에 대한 HGLM 분석
   2. 가구수준 N=572, 행정동 수준 N=210
   3. 가구주 성, 연령, 가구원 수, 취업여부는 통제함

그 자녀 학업성취 결과는 매우 모호하다. 자녀교육투자가 반드시 자녀의 교육성취에 긍정적 효과를 지니고 있다고 볼 수도 없으며, 근린사회별로 교육성취가 다르지도 않고, 부모의 사회경제적 지위가 낮은 경우 열심히 투자해도 자녀들의 좋은 성적을 기대하기는 어렵다는 것이다.

둘째, 자녀교육투자의 효과를 학업성취 이외의 가족관계와 주관적 삶의 만족 영역으로 확대하여 살펴보았다. 자녀교육투자가 반드시 학업성취가 아니라, 가족 관계 및 삶의 만족 등 다양한 삶의 영역에 긍정적인 효과를 가지지 못한다면 우리 사회에서 자녀교육투자가 가지는 의미는 더욱 축소될 것이다. <표 4>는 근린사회의 특성과 교육투자가 자녀 삶에 어떠한 영향을 미치고 있는지 보여준다. 자녀의 경우, 부모에 의한 교육비 투자가 가족관계와 삶의 행복도에 그다지 긍정적인 효과를 주지 못하였다. 오히려 청소년의

<표 4> 자녀교육투자의 효과

	가족 관계 만족도		삶의 행복도	
상수	8.140***	8.140***	3.864***	3.870***
Level-2 취약근린지수				
평균	.061	.072	.035	.059
변이계수	3.445***	3.417***	3.645*	3.653*
Level-1				
자녀교육투자				
자녀교육비(만 원)	.001		-.002*	
자녀교육비/소비총액		.008		.003
가구소득	.182	.175	.321*	.242
가구주 학력	.082	.078	.044	.028
무선효과 U0	.382***	.376***	.452***	.433***
	.724	.718	.641	.664

주: 1. 청소년(15세~18세) N=227, 행정동 N=128
   2. 가구주 성, 연령, 가구원 수, 취업여부는 통제함

주관적 삶의 행복도에 과도한 교육비 투자는 부정적인 영향을 끼치는 것으로 나타났으며, 부모의 소득수준이나 학력 또한 가족관계에는 아무런 영향이 없으며 삶의 행복도에 있어서 가구소득 수준만 일정 부분 긍정적 설명이 가능한 것으로 나타났다.

주의 깊게 볼 부분은 청소년 자녀들의 경우 가족관계와 삶에 대한 만족은 동네의 변이계수와 관련성이 매우 높다는 것이다. 취약근린지수의 평균은 중요한 설명변수가 되지 않았으며, 변이계수만 유의미하다는 것은 청소년의 삶에 근린사회의 상대적 격차 또는 등질성/이질성이 어떠한 영향을 주고 있는지 살펴볼 필요를 제기한다. 더구나 변이계수가 양의 값을 가지고 있다는 것은, 우리사회 청소년들은 격차가 심한 동네보다도 서로 유사한 이들이 모여 사는 등질적인 곳에서 가족관계 만족도와 행복도가 모두 낮다는 것이다.

이러한 결과는 근린사회 수준에서의 등질적인 경쟁사회가 가지는 특성으로 해석될 수도 있고, 사회적 비교가 오히려 유사한 계층이 모여 있는 곳에서 강화된다는 것일 수도 있다. 즉 대다수 부모는 자녀가 대학에 입학하는 것만으로 만족하지 않는다. 자녀의 학업 경력 관리에 더욱 적극적이며 고등교육 지향적 전략을 추구하는 이들이 특정한 지역에 모이게 되고 이들의 분위기는 전반적인 자녀교육투자에 상승효과를 만들어 낼 뿐 아니라, 자녀에게 한정된 자원을 쟁취하기 위한 과도한 스트레스를 부여한다. 다만 가족관계 만족과 삶의 행복도에 있어 근린사회 수준에서 설명되지 않은 무선효과가 크게 남아 있으며 근린사회와 개인수준의 매개 과정에 포함된 변수들이 고려되지 않았다는 점에서, 이후 보다 심도 있는 분석이 병행되어야 구체적인 해석이 가능할 것이다.

V. 논의 및 결론

한국 교육의 현실은 양육강식과 적대적 무한경쟁 속에 개인을 사회의 위계구조 속에 편입시키는 장치 그 이상을 기대하기 힘들다. 교육에 따라 사회경제적 격차가 벌어지는 사회에서는 교육투자가 강화될 수밖에 없고 혼자 버틸 수 있는 자신감과 신념이 있지 않은 한 어쩔 수 없이 비합리적 경쟁체계에 동참한다. 따라서 자녀들은 감당할 수 없을 만큼 학습을 하고 있음에도 불구하고 항상 부족함을 느낀다. 본 연구는 경쟁사회가 내포하고 있는 근린사회의 공간적 맥락이 자 교육투자에 미치는 영향력을 살펴봄으로서, 상대적 수준에서 비합리적 교육투자가 강화되고 있음을 실증적으로 분석하고자 하였다.

앞선 결과를 요약하면 첫째, 자녀교육투자의 계층별·지역별 격차가 확인되었다. 그리고 가구소득에 따른 투자가 근린사회의 맥락과 상호작용하고 있음이 검증되었다. 즉 가구소득이 높고 취약성이 낮은 지역에 거주하는 이들이 자녀교육투자 수준이 높지만, 가구소득을 통제한 후에도 취약성이 낮은 동네에 거주하면 더 많이 투자하는 경향이 있다는 것이다. 즉 자신이 거주하는 동네가 학력과 교육의 중요성을 강조한다면, 자신의 사회경제적 지위와 상관없이 동네 사람들과 동화되어 자녀교육투자에 더욱 매진하는 특성이 있는데 이를 근린사회 맥락효과로 해석할 수 있다. 둘째, 사적 교육투자의 효과가 학업성취 면에서 뚜렷하지는 않으며 오히려 과다한 투자가 가족관계와 자녀의 행복감에 부정적 효과를 가지고 있음을 확인하였다. 또한 근린사회의 등질성이 높을수록 가족관계 만족과 주관적 삶의 행복이 낮음을 볼 수 있었다. 집계구 단위의 취약근린지수가 등질적일수록 가족관계와 행복감에 부정적인 효과가 있다는 것은 해석의 주의를 요한다. 오히려 상대적 격차가 높은 곳에서는 주어진 조건하에서 경쟁을 포기하는 이들이 많다는 반증일 수도 있다. 그러나 일반적으로 환경적 여건이 같다면 학업을 중심으로 구성된 청소년의 생활세계는 유사한 조건의 또래와 비교하는 일이 많아질 것이며, 이에 따라 한정된 성취를 둘러싼 과도한 경쟁이 자녀들의 삶에 부정적인 결과를 유도한다.

본 연구는 근린사회와 교육에 대한 서구의 논의를 한국사회의 현상에 적용하고자 하였다. 서구 선행연구들은 근린사회가 자녀교육투자 및 성취에 주요한 배경임을 일관되게 주장해 왔다. 그러나 대부분의 서구 실증연구들은 사회경제적 요인과 인구구성에 초점을 두고 빈곤한 근린사회가 아동학대, 영아사망률, 저체중출산 발생률이 높으며, 학령기 아동청소년의 경우 학력과 대학진학률이 낮으며 학업중퇴율이 높다는 방식으로 설명하고 있다. 상대적으로 근린사회 효과가 발생하는 근린사회의 맥락을 인구구성 효과와 구분하여 다룬 연구들은 흔치 않았다. 교육투자의 결정은 지역의 교육여건 및 노동시장과 밀접하게 연관되어 있으며, 부모들의 의사결정은 주어진 기회로부터 결과를 예상하면서 행동하고, 또한 선택을 할 때 관련된 정보는 주로 가족, 친구, 이웃으로부터 나온다. 이러한 이유에서 특정한 지역에서 교육투자의 규범이 형성되며, 근린사회 효과 연구들은 이러한 내생적인 과정에 보다 관심을 둘 필요가 있다.

본 연구는 자녀교육투자를 분석함으로써 한국사회의 교육이 근린사회 맥락과 밀접히 관련되어 있음을 밝혔지만, 자료의 한계상 수능점수와 같은 객관적인 학업성취를 다루지는 못하였다. 본 연구에서 분석한 행정동 단위의 근린사회는 거주민들 간의 상호작용이 활발한 근린사회로서 부적합할 수도 있다. 거주하는 행정동에 따라 자녀교육투자 수준이 영향을 받는다는 것은 일면 이해하기 어렵다. 따라서 사회조사 자료를 통한 이차분석보다는 취약 근린사회로 분류된 동네에 대한 관찰법과 인터뷰를 통한 자료수집이 향후 더욱 깊이 있는 분석을 가능하게 할 수 있을 것으로 사료된다.

정책적 함의와 관련하여, 여전히 근린사회별 교육 불평등을 해소하는 방안은 요원하다. 결과적 수준에서의 재분배가 실질적으로 어렵고 또한 고비용이기 때문에 아동청소년의 교육투자를 통해서 세대간 불평등의 해소가 중요하게 거론되고 있다. 그러나 교육투자가 과도한 사적 투자에 의존하는 한국의 상황에서는 교육기회의 평등이 주어진다고 해도, 교육투자를 통한 불평등이 가속화될 가능성이 농후하다. 더구나 전통적으로 계층이동을 가능케 하였던 대학교육이 무용지물이 되는 시대에, 보다 차별화된 교육으로 더욱 어려워진 취업의 기회까지 보장하기 위해서 가족들의 교육투자는 지속될 것이다. 교육 안전망의 강화만으로 또는 교육기회를 확대하는 제도적 장치만으로는 교육의 실질적인 격차해소가 무색한 것이다. 문제의 해결은 사회 양극화 해소이지만, 교육 불평등의 다른 차원들을 살펴보면 교육 불평등을 완화할 수 있을지도 모른다. 무엇보다 최근 학업성취의 중요요인으로 주목받는 것이 부모의 양육시간 투자이다. 양육참여의 차이는 실질적이고 보다 커지고 있다. 따라서 자녀교육투자를 위해서 양육시간을 희생하는 지금의 모습은 목적지를 모르고 달리는 집단적 비합리성으로 치부해도 되지 않을까 한다.

【 참고문헌 】

김경근. 2000. "가족 내 사회적 자본과 아동의 학업성취." 『교육사회학연구』 10(10). pp.21-40.

김신일. 2009. 『교육사회학』. 교육과학사.

김위정·염유식. 2009. "계급간 사교육비 지출 격차에 관한 연구." 『한국사회학』 43(5). pp.30-61.

김은정. 2007. "가정의 사회경제적 지위, 사교육비, 부모-자녀 관계 그리고 청소년 자녀의 학업성취 간의 관계에 관한 연구." 『한국사회학』 41(5). pp.134-162.

김형용. 2010. "지역사회 건강불평등에 대한 고찰." 『한국사회학』 44(2). pp.59-92.

김형용·최진무. 2012. "취약근린지수의 공간적 분포." 『국토지리학회지』 46(3). pp.273-285.

김혜경. 2013. "부계 가족주의의 실패?: IMF 경제위기 세대의 가족주의와 개인화." 『한국사회학』 47(2). pp.101-141.

남기곤. 2007. "사교육비 규모의 시계열적 추이 분석." 『교육재정연구』 10(1). pp.57-78.

박거용. 2011. "대학교육, 공공성의 위기: 이명박정부 고등교육정책에 대한 비판적 검토." 『교육비평』 29. pp.94-113.

박종일·박찬웅·서효정·염유식. 2010. "한국 어린이-청소년 행복지수 연구와 국제 비교." 『한국사회학』 44(2). pp.121-154.

방하남·김기헌. 2001. "변화와 세습. 한국 사회의 세대간 지위세습 및 성취구조." 『한국사회학』 35(3). pp.1-30.

손순종. 2000. "학교교육의 효과에 대한 학생들의 인식 연구: 민주적 시민성을 중심으로." 『청소년학연구』 7(2). pp.73-95.

이계삼. 2011. "오늘날 학교 현장의 '교육불가능'에 대한 사유." 오늘의 교육 편집위원회 편. 『교육불가능의 시대』. 교육공동체 벗.

장상수. 2000. "교육기회의 불평등: 가족배경이 학력성취에 미치는 영향." 『한국사회학』 34(3). pp.671-708.

장상수·손병선. 2005. "가족배경이 학업성적에 미치는 영향." 『한국사회학』 39(4). pp.198-230.

조 은. 2008. "신자유주의 세계화와 가족 정치의 지형." 『한국여성학』 24(2). pp. 5-37.

최정숙. 2011. "일-가족 역할갈등에 관한 근거이론 연구—학령기 자녀를 둔 전문직 여성을 중심으로." 『정신보건과 사회사업』 39. pp.214-247.

함인희. 2012. "사회경제적 위기와 중산층 가족의 품위하락." 『한국학연구』 43. pp.531-569.

황여정·김경근. 2013. "고등학생의 더불어 사는 능력에 영향을 미치는 요인: 사회자본의 영향을 중심으로." 『한국교육학연구』 19(1). pp.61-86.

Blau, P., and O. Duncan. 1967. *The American Occupational Structure.* New York: Wiley and Sons.

Breen, R., and J.H. Goldthorpe. 1997. "Explaining Educational Differentials." *Rationality and Society 9.* pp.275-305.

Bronfenbrenner, U. 1979. *The Ecology of Human Development: Experiments by Nature and Design.* Cambridge, MA: Harvard University Press.

Brooks-Gunn, J., G.J. Duncan, and J.L. Aber (eds.). 1997. *Neighborhood Poverty.* New York: Russell Sage Foundation.

Connell, J.P., and B.L. Halpern-Felsher. 1997. *How Neighborhood affect educational outcomes in Middle childhood and adolescence.* In Neighborhood Poverty, J. Brooks-Gunn, G.J. Duncan and J.L. Aber (eds.). New York: Russell Sage Foundation.

Duncan, G.J., and S.W. Raudenbush. 1999. "Assessing the Effects of Context in Studies of Child and Youth Development." *Educational Psychology* 34. pp.29-41.

Duncan, G.J., J. Brroks-Gunn, and P. Klebanov. 1994. "Economic Deprivation and Early Childhood Development." *Child Development* 65(2). pp.296-318.

Jencks, C., and S.E. Mayer. 1990. *The Social Consequences of Growing Up in a Poor Neighborhood.* In Lynn and McGeary (eds.). Inner City

Poverty in the United States, Washington D.C.: National Academy Press.

Massey, D.S., and N.A. Denton. 1993. *American Apartheid: Segregation and the Making of the Underclass*. Cambridge, MA: Harvard University Press.

Miller, W.L. 1977. *Electoral Dynamics*. London: Macmillan

Sampson, R.J., J.D. Morenoff, and T. Gannon-Rowley. 2002. Assessing "Neighborhood Effects: Social Process and New Directions in Research." *Annual Review of Sociology* 28. pp.443-478.

Sampson, R.J., S.W. Raudenbush, and F. Earls. 1997. "Neighborhoods and Violent Crime: A Multilevel Study of Collective Efficacy." *Science* 277. pp.918-924.

Thurow, L.C. 1972. "Education and Economic Inequality." *The Public Interest* 28. pp.66-81.

Wilson, W.J. 1987. *The Truly Disadvantaged*. Chicago: University of Chicago Press.

Wood, J.V. 1989. "Theory and Research Concerning Social Comparisons and Personal Attributes." *Psychological Bulletin* 106(2). pp.231-248.

제4장

문화복지정책에서 문화권 기반 사회정책으로

심창학

I. 사회정책의 문화적 접근 연구 경향 및 문화복지 연구의 중요성

사회정책연구에서 나타나는 문화에 대한 관심은 두 가지로 구분될 수 있다(W. van Oorschot, 2007: 132-136). 첫째, 사회정책이 문화에 미치는 영향에 관한 것으로, 이는 사회정책의 도덕적·행태적 결과에 대한 경험적 연구를 바탕으로 하고 있다. 구체적으로 특정 사회정책의 실시가 수급자 더 나아가서 국민의 행동에 어떠한 영향을 미치고 있는가에 주목하고 있다. 이에 대해서 특정 사회정책의 실시가 구축효과(crowding-out effect)는 있을지언정 도덕적 해이 등 수급자의 행태 변화까지 초래하는 것은 아니라는 연구 결과부터(W. Arts, L. Halman, W. van Oorschot, 2003), 복지정책의 실시로 인한 수급자의 도덕적 해이를 지적하면서 국가 중심의 복지에서 공동체 중심 복지로의 이행을 주장하는 연구까지(A. Barlow, D. Duncan,

2000; A. Deacon, 2002) 매우 다양하다.

두 번째 연구 경향은 문화가 사회정책의 형성 더 나아가서 복지국가 발달에 미치는 영향에 관한 것이다. 첫 번째 연구 경향과는 반대로 문화가 독립변수라면 사회정책 혹은 복지국가는 종속변수라 할 수 있다. 이 역시 분석단위인 문화의 위치 지움에 따라 매우 다양한 연구 결과를 보이고 있다(cf. 조남경, 2013). 구체적으로 특정 국가의 지배적인 문화적·이념적 전통이 정책 결정을 제한시키는 배경적 힘이 되는 것으로 판단한다(M. Hornsby-Smith, 1999; 주재현, 2004; 박병현, 2005). 예컨대, 유럽 대륙 국가의 조합주의적 복지 레짐은 해당 국가에서 나타나는 위계주의의 반영이라는 것이다. 이러한 연구 결과는 '복지의 문화적 토대'에 대해서 많은 소중한 정보를 제공하고 있다는 점에서 그 의미가 매우 크다. 그럼에도 불구하고 이는 Jo(2011)의 지적과 같이 지극히 추상적인 수준의 분석으로서 현실세계의 복잡성을 제대로 반영하지 못하고 있을 뿐만 아니라 문화의 구체적인 역할이 무엇인가에 대해서는 명확한 답을 제시하지 못하고 있다.

또한 이러한 분석은 사후적 설명의 한계도 지니고 있다(N. K. Jo, 2011: 6). 독립변수로서 문화의 역할에 대한 두 번째 분석 수준은 미시적 차원으로서 복지태도의 경험적 조사에 초점을 두고 있다. 여기서는 이론적·현실적 측면에서 정책 결정에 미치는 국민의 여론, 복지 태도의 역할을 강조한다. 예컨대, 복지국가 위기론에도 불구하고 복지국가가 지속될 수 있는 것은 복지에 대한 광범위한 지지가 유럽 전역에 자리 잡고 있기 때문이다(W. van Oorschot, 2007: 134). 이러한 조사 및 연구는 복지 가치, 이념, 문화적 요인의 효과가 계급적 이해관계보다 더 중요하게 작용하고 있음을 보여주고 있다는 점에서 시사하는 바가 크다고 할 수 있다. 하지만 이 역시 민주주의 이론을 너무 단순하게 적용시키고 있다는 비판을 면할 수는 없을 것이다(N. K. Jo, 2011: 6-7). 구체적으로 복지 태도는 특정 사회정책을 낳게 하는 요인 중의 하나에 불과할 뿐 양자 간의 인과적 관계를 보여주는 사례는 거의 없다는 점에 주목할 필요가 있다. 주지하다시피 사회정책의 결정 및 이의 구체적인 내용은 복지태도뿐만 아니라 정책 결정자의 복지 인식, 맥락적 요인 더 나아가 환경적인 사회·경제적 조건에 좌우되는 복합적 성격을 띠고 있기 때문이다. 이의 대안으로서 Jo(2011)는 중범위 수준에서 복지문화 접근방법(welfare culture approach)을 통해 기존 두 가지 수준의 연구경향이 지니고 있는 한계에 대한 극복을 시도하고 있다.

한편, 본 연구는 사회복지 혹은 사회정책 분야의 지배적인 연구 경향과는 달리 문화 요인의 정책적·실천적 측면에 초점을 두고자 한다. 즉 사회구성원의 문화적 권리에 바탕을 둔 사회정책[1]은 무엇인가가 근본적인 연구 질문이다. 이를 위해서는 두 가지 부분에 대한 확인이 있어야 할 것이다. 첫째, 문화권 기반 사회정책이 기존의 문화정책 더 나아가서 최근 학계에서 회자되고 있는 문화복지정책과 어떠한 공통점과 차이점을 지니고 있는가에 관한 것이다.

둘째, 문화적 권리는 무엇인가에 관한 것이다. 이를 위해 본 연구는 분석도구로서 문화복지(cultural welfare)와 관련된 이론적 토대 및 쟁점 분석을 통해 그 답을 찾고자 한다. 사실 문화복지는 학문적 용어라기보다는 정책 용어로 탄생된 것으로 지극히 한국적인 용어이다. 따라서 문화복지의 개념에 대해서는 학계에서조차 제대로 정립되지 못한 개념 이전의 개념 혹은 예비 개념(pre-concept)이라 할 수 있다. 그럼에도 불구하고 본 연구가 문화복지 용어에 관심을 가지는 이유는 정책 용어로 등장했음에도 불구하고 학계에서 일반적으로 사용되고 있기 때문이다. 이보다 더 중요한 점은 문화복지와 관련된 정책 및 프로그램들이 상당수 시행 중임에 주목할 필요가 있으며, 본 연구는 이를 문화복지정책으로 명명하고자 한다. 한편, 본 연구에서 사용하는 문화권 기반 사회정책은 문화복지정책에 대한 비판적 관점에서 비롯된 것이다. 즉, 사회구성원의 문화적 욕구 충족에 대한 문화복지정책의 일정 정도 기여에도 불구하고 여전히 개선의 여지가 많으며 본 연구는 이를 문화복지와 관련된 쟁점 소개를 통해서 확인하고자 한다.

---

1) 본 연구가 의미하는 사회정책은 사회구성원의 복지에 영향을 미치는 국가정책으로서 사회복지(사회적 보호), 교육, 주거, 교육 등을 포함하고 있다.

한편, 문화적 권리는 1948년의 인권선언과 1966년에 UN에서 채택된 경제적·사회적·문화적 권리에 대한 국제 규약 등을 통해 인권의 하나로 간주된 권리이다. 그럼에도 불구하고 문화적 권리의 실체 및 이의 실질적 적용 여부에 대해서는 국가마다, 시대마다 편차가 있는 것이 사실이다. 혹자는 국민의 기본권 중에서 추상적인 성격의 사회권보다 더 추상적이며, 이에 대한 국가의 의무는 선언적인 성격에 불과한 것으로 보고 있다. 그럼에도 불구하고 복지 영역의 변화와 관련하여 문화는 삶의 질에 있어 중요한 요소로 간주되고 있음에 주목할 필요가 있다. 특히 프랑스처럼 외국에서는 이미 오래전부터 문화가 사회서비스 영역의 하나로 간주되고 있으며, 이러한 경향은 최근 한국에서도 나타나고 있다.[2] 뿐만 아니라 사회 구성원의 경제적, 사회적 지위에 따른 문화격차 현상을 고려할 이러한 권리적 접근은 매우 중요한 사안으로 판단된다. 따라서 문화복지의 쟁점 및 성격 분석을 통해 문화복지정책이 가지고 있는 권리적 부분의 한계를 지적하고 대안을 모색하고자 하는 것이 본 연구의 기본관점이다.

문화권 기반 사회정책의 정체성에 관한 탐색적 연구로서 본 연구가 제기하는 구체적 연구 질문은 다음과 같다.

첫째, 문화복지의 이론적 토대는 무엇인가.

둘째, 문화복지와 관련된 쟁점은 무엇인가.

셋째, 문화복지의 쟁점 차원에서 한국문화복지정책은 어떠한 특징 및 한계를 지니고 있는가.

넷째, 대안으로서 문화권 기반 사회정책의 관점 및 정책 방향은 무엇인가.

---

2) 프랑스에서 문화 영역이 사회서비스의 하나로 간주되기 시작한 것은 1946년의 헌법전문을 통해 국민의 문화에 대한 권리를 교육권과 마찬가지로 국가가 보장하는 하나의 공공서비스로 천명하면서부터이다. 이를 계기로 문화공공서비스(service public cultural) 개념이 구체화되기 시작했던 것이다(J. Chevallier, 2012; 목수정, 2007: 98).

II. 문화복지의 이론적 토대

1. 잉글하트의 탈물질주의 가치의 개념과 세대간 가치 변화 이론

선진 산업 사회의 가치 변화 및 이의 원인에 관심을 가지고 잉글하트의 주도로 시작된 세계가치조사는 탈물질주의에 대한 국제적 관심을 모으는 데 크게 기여하고 있음은 주지의 사실이다. 문화복지의 이론적 토대와 관련하여 잉글하트의 탈물질주의 개념이 가지고 있는 의미는 다음과 같다.

첫째, 탈물질주의 개념과 문화적 요소와의 깊은 관련성을 들 수 있다. 탈물질주의 개념은 현대 문화 이해의 도구적 성격을 지닌 개념으로서 물질주의와의 관계에서 그 의미를 이해할 수 있다. 사회학적으로 물질주의는 안전, 질서, 식욕 등의 물질적 욕구 충족과 관련된 가치 체계라면 탈물질주의는 탈물질적 욕구 즉 유대감, 자기존중, 지적 혹은 미적 만족감 차원에서의 욕구 충족과 관련된 가치 체계이다. 한편 이러한 탈물질주의 개념은 다음의 〈표 1〉에서처럼 세대간 가치 변화를 분석하기 위해 잉글하트가 제시한 두 가지 가치 즉, 물질주의와 탈물질주의 가치의 측정 문항에서 구체적인 성격이 나타난다.[3)

〈표 1〉 물질주의/탈물질주의 가치의 측정문항

문항 세트	물질주의	탈물질주의
I	A. 높은 경제성장 B. 강한 군사력	C. 직장과 지역사회에서 보다 강한 발언권 D. 도시와 농촌의 환경 미화
II	E. 국가의 질서 유지 G. 물가상승억제	F. 주요정부결정에 보다 강한 발언권 H. 표현의 자유 보호
III	I. 경제 안정 L. 범죄와의 전쟁	J. 보다 인간적인 사회로의 진보 K. 돈보다 생각이 중시되는 사회로의 진보

자료: Inglehart(1970; 1980); 박재홍(2012), p.100의 〈표 4-1〉에서 재인용

위의 〈표 1〉의 내용 중 표현의 자유 보호, 보다 인간적인 사회로의 진보, 돈 보다 생각이 중시되는 사회로의 진보 등의 항목은 문화적 욕구가 탈물질주의의 핵심에 자리 잡고 있음을 보여주고 있다.

둘째, 더 나아가 잉글하트의 세계가치조사는 세대간 가치 변화 분석의 결과, 탈물질주의에 대한 관심이 점점 증대하고 있다는 것을 보여주고 있다. 물론 물질주의 가치에서 탈물질주의로의 이행이 불가역적이거나 단선적인 형태로 진행되는 것은 아니다. 하지만 물질주의 가치에 대한 관심은 줄어드는 반면, 혼합형 혹은 탈물질주의에 대한 관심은 점점 커지고 있음이 전반적인 추세라는 것이다(R. F. Inglehart, 2008: 134-138). 한편, 1990년부터 2012년까지 한국의 조사 결과를 분석한 김욱(2012)은 한국사회가 본격적인 탈물질주의 사회로 접어들었다고 할 수는 없으나 과거에 비해 물질주의적 성향이 줄고 있음은 분명하다고 결론짓고 있다. 문화적 요소가 탈물질주의 가치의 핵심에 있는 점을 고려할 때, 이러한 추세는 문화적 욕구에 대한 사회정책의 관심이 필요함을 보여주고 있다.[4]

셋째, 잉글하트의 세대간 가치 변화 이론은 두 가지 가설에 바탕을 두고 있는 데 결핍 가설과 사회화 가설이 바로 그것이다(R. F. Inglehart, 1971: 991; 2008: 131). 이 중 결핍 가설은 가장 압력이 높은 욕구 다시 말해서 희소성이 큰 욕구에 높은 가치를 부여하고 있음을 전제로 하고 있으며, 이러한 가치 부여의 순서는 매슬로우의 욕구 5단계설에 바탕을 두고 있음에 유의할 필요가 있다. 매슬로우(Maslow, 1943)에 따르면, 인간의 기본 욕구는 생리적 욕구, 안전 욕구, 사랑 욕구, 존중 욕구, 자아실현 욕구로 구성되어 있으며, 가장 낮은 수준의 욕구(예: 생리적 욕구)가 충족되어야 비로소 높은

---

3) 한편, 탈물질주의의 선도적인 연구로 인정받고 있는 초기 논문(1971년)에서는 탈물질주의 가치 용어 대신 후기 부르주아 가치(post-bourgeois values)라는 용어가 사용되었다(R. F. Inglehart, 1971).

4) 문화적 욕구 충족에의 관심은 정부 주도의 문화향수 실태 조사에서도 나타난다. 예컨대 예술행사 관람 의향률과 실제 관람률의 차이를 의미하는 욕구 미충족률을 살펴보면, 월 평균 가구소득이 400만 원 이상은 6.8%인 데 반해 100만 원 미만은 17.7%를 보이고 있다(2010년 기준, 이혜승, 2011: 92).

수준의 순서로 욕구가 활성화되는 경향이 있다고 주장한다. 이를 근거로 잉글하트는 앞에서 언급한 생존가치와 가치표현가치로 치환한다. 여기서 생존가치는 빈곤이나 전쟁 등으로 생존이 위협받는 상황에서 경제성장이나 치안유지 등을 중시하는 가치이며, 자기표현 가치는 경제적 문제가 어느 정도해결된 상황에서 정치참여, 다양성 존중, 환경보호, 삶의 질을 중시하는 가치를 말한다(R. F. Inglehart, 2008: 140; 박재홍, 2012: 92-93). 주지하다시피 욕구는 사회정책의 입안 및 실시와 관련하여 가장 중요한 개념 중의 하나이다. 이 중 문화적 욕구는 결핍 가설 중 자기표현 가치에 속한다는 점에서 바로 잉글하트의 탈물질주의 가치와 관련된 논의는 문화복지의 이론적토대가 되는 것이다.

2. 존 롤즈의 정의론

문화적 욕구 충족은 특정 집단에만 적용되는 것은 아니라는 점을 고려할때, 문화권 기반 사회정책은 보편적 성격을 지니고 있다. 하지만 사회적 취약 집단에 대해서는 특별한 관심을 두어야 한다는 것이 본 연구의 기본관점이다. 본 연구는 이의 근거를 존 롤즈의 정의론에서 찾고자 한다. 주지하다시피 롤즈의 정의론은 제1원칙인 자유의 평등한 분배 원칙과 제2원칙인 불평등 원칙으로 이루어져 있다(J. Rawls, 1971; 2005). 존 롤즈는 제1원칙의우선성을 천명하면서도 사회 경제적 기본 가치의 분배와 관련된 제2의 원칙도 중요함을 강조하고 있다. 제2의 원칙은 공정한 기회 균등의 원칙과 차등의 원칙으로 구성되어 있다. 공정한 기회 균등 원칙은 서열상 차등의 원칙에 우선 적용되는 것으로 동일한 수준의 재능과 능력이 있고 유사한 동기를가졌다면 사회 모든 계층의 사람들은 최초의 지위와 관계없이 동일한 성공의 전망을 가져야 한다는 것을 의미한다. 공정한 기회 균등의 원칙이 적용된 후에 차등의 원칙이 적용된다. 최소 수혜자에게 최대 이익의 보장을 의미하는 최소 극대화의 원칙(maximin rule)으로도 불리는 차등의 원칙은 복지국가의 이념을 형성하는 데 기여했다고 볼 수 있다. 존 롤즈에게 제2의 원칙이 중요한 이유는 이를 구성하고 있는 두 가지 원칙이 실현될 때, 비로소 사회 경제적 불평등이 용인될 수 있다고 보고 있기 때문이다. 자유주의적 평등주의의 관점에서 존 롤즈는 자유의 중요성을 부정하지는 않는다. 하지만 제2의 원칙의 적용을 통해 평등 역시 무시해서는 안 된다는 관점을 지니고 있는 것이다.

이는 문화복지가 문화격차라는 불평등적 성격의 약화에도 관심을 보여야 함을 시사하고 있다. 달리 말하면 문화복지는 보편성과 특수성을 동시에 고려해야 할 것이며, 이는 결국 사회정의의 실현에 도움을 줄 것이다.

III. 문화복지 쟁점

앞에서 본 연구는 문화복지의 이론적 토대인 잉글하트의 탈물질주의 가치 개념 및 세대간 가치 변화 이론을 통해서 문화적 욕구 충족에 대한 사회구성원의 관심 증대의 의미를 살펴보았다. 한편, 존 롤즈의 정의론은 문화복지의 수혜 대상과 관련하여 고려되어야 할 사항이 무엇인지에 대한 이론적 시사점을 제공하고 있다. 이를 바탕으로 본 장에서는 문화복지를 둘러싸고 제기되는 쟁점들의 구체적 내용을 살펴볼 것이다.[5] 여기서 살펴보고자 하는 문화복지 쟁점으로는 문화복지에 대한 인식, 문화복지의 실현방법, 문화복지의 적용대상, 마지막으로 문화복지의 토대를 들 수 있다. 이는 문화복지의 개념 정립에 필요한 요소일 뿐만 아니라 한국의 문화복지정책의 대안으

---

5) 여기서 소개되는 문화복지 쟁점은 국내 및 외국의 선행 연구들을 바탕으로 연구자가 임의로 도출한 것임을 밝혀둔다. 대표적인 선행연구로서는 서순복(2007); 현택수 외 (2008); 용호성(2012); 서우석·양효석(2013); Y. Evrard(1997); J. Ife(2006); L. Minnaert(2011) 등이 있음.

로서 본 연구가 제시하고자 하는 문화권 기반 사회정책의 성격을 가늠하는 데 도움을 줄 것이다.

1. 문화 영역 혹은 복지 영역?: 문화복지 인식

문화복지 용어는 서구에서는 찾아보기 어려운 한국적 용어이다. 서구에서는 문화복지에 대한 개념이 명시화되지 않았어도 더 많은 다수를 포용하고자 하는 문화복지의 관심은 태동기부터 문화정책의 근본적인 지향점이었다(서우석·김정은, 2010; 서우석·양효석, 2013: 167에서 재인용). 한국에서 사용되고 있는 문화복지는 학술적으로 정립된 개념이라기보다 1980년대 이후 등장한 역대 정부의 정책을 설명하기 위한 정책적 용어의 성격이 더 강하다. 이러한 문화복지에 대한 인식은 크게 두 가지로 구분될 수 있다.

첫째, 문화복지를 사회복지의 한 영역으로 보는 관점이다(현택수, 2006; 현택수 외, 2008; 최종혁 외, 2009). 이러한 관점은 사회복지 자체의 영역 확대와 깊은 관련성을 지니고 있다. 구체적으로 전통적인(혹은 협의의) 사회복지가 경제적 취약계층을 대상으로 최소한의 생활을 유지할 수 있는 정도를 지원하는 잔여적 성격이라면, 현대사회의 사회복지는 보편성을 특징으로 하고 있다. 즉, 경제적 취약계층이 아닌 전체국민이 이의 적용대상이다. 뿐만 아니라 사회복지의 영역 역시 주거복지, 교육복지 등 다양한 사회서비스를 포함하고 있으며 이의 연장선상에서 문화복지 역시 사회복지의 한 영역으로 보는 것은 당연하다는 관점이다.

둘째, 문화복지를 문화의 하위 영역의 하나로 보는 관점이다(양혜원 외, 2012). 이는 주로 문화예술 분야에서 볼 수 있는 관점으로서 문화복지를 문화정책의 연장선상에서 파악하고자 한다. 따라서 여기서의 문화복지는 국가·지방자치단체 및 민간에 의해 지원되고 보장되는 문화적 지원활동을 통한 국민의 삶의 질 제고를 강조하는 첫 번째 입장(현택수, 2006; 2008)에 비해 환경 개선을 통한 문화적 약자 더 나아가서 전국민의 문화 감수성 함양에 방점을 두고 있다(이종인, 1987; 정갑영, 2007; 양혜원 외, 2012: 12에서 재인용). 문화복지의 실현을 통한 국민의 삶의 질 제고라는 공통의 목표에도 불구하고 양자의 차이점을 군이 구분하자면 문화복지를 사회복지의 한 영역으로 보는 입장은 문화적 지원 활동 등 문화복지의 서비스 성격을 강조하는 반면, 후자의 입장은 시설 및 환경 개선 등 문화향유를 위한 인프라 구축 혹은 이와 관련된 정부의 규제, 관리 그리고 계획에 상대적으로 관심을 보이고 있는 것이다.

한편, 상호 중첩성 그리고 차이의 모호성에도 불구하고 입장 차이가 지니고 있는 현실적 의미는 존재하고 있으며, 존재할 것으로 보인다. 예컨대, 최종혁 외(2009)의 연구에 따르면 휴먼서비스 실천가 중 문화영역의 실천가들은 문화복지를 문화의 하위 영역으로 보는 반면, 복지 영역의 실천가들은 복지가 상위개념이며 문화복지는 이에 포함되는 것으로 간주하는 경향이 많다.

뿐만 아니라 추론컨대 이러한 차이는 문화복지의 행정부 주관부처뿐만 아니라 운영 주관 기구, 실질적 운영 기구 등 전달체계 더 나아가서 문화복지 재원의 차이를 가져올 것으로 보인다. 예컨대 국가 정책임에도 불구하고 문화복지를 문화 영역의 하나로 보는 관점에서는 문화를 하나의 상품으로 간주함과 동시에 이를 위한 재정 충당 역시 상업화의 경향이 강하게 나타날 것이다. 즉 국가 조세가 아닌 다른 방식을 통한 재원 확보 경향과 동시에 공급에서 수요까지의 재정 흐름 역시 상업화 궤도(commercial circulation)의 틀 내에서 나타날 가능성이 높다. 반면 복지 영역의 하나로서 문화복지에 대한 자리 매김을 시도하는 경우는 문화 역시 공공재의 하나로서 국가 조세를 통한 재원 확보의 성격이 강하게 나타날 것이다. 후술하겠지만 문화권 기반 사회정책은 바로 문화복지를 복지의 한 영역으로 간주함과 동시에 문화복지의 사회서비스적 성격을 강조하고 있다.

2. 문화의 민주화 혹은 문화 민주주의: 문화복지의 실현방법

본래 두 가지 개념은 1970년대를 기점으로 유럽에서 문화정책의 이중성 논쟁과 함께 등장한 것이다. 당시 유럽은 1960년대에 이미 문화정책은 포괄적인 정치 영역의 하나임과 복지국가의 일부로 자리 잡았다. 당시 유럽 국가의 문화정책은 문화 민주화에 바탕을 두고 있다면 문화 민주주의 개념은 이에 대한 비판에서 나온 개념으로 구체적으로는 1976년 유럽 문화성 장관회의를 통해서 공식적으로 거론되어 현재는 문화 민주화 개념과 함께 유럽 문화정책에서 양대 전략의 하나로 자리잡고 있다(J. Langsted, 1990: 54-55). 한편, 국내에서는 최근 문화 바우처 사업 등 문화복지정책의 실현방법을 논하면서 이들 개념에 대한 관심을 표출하는 등 그 영역이 확대되고 있다(용호성, 2012: 111-112).

두 개념에서의 기본적인 관심은 어떤 방식을 통해 국민의 문화적 권리를 실현시킬 수 있는가에 있다. 이와 관련하여 두 개념은 문화에 대한 기본관점에서부터 문화의 생산 주체에 이르기까지 상호차별성을 보이고 있는데 이의 자세한 내용은 다음의 〈표 2〉와 같다.

〈표 2〉에서처럼 문화의 민주화 개념은 기본적으로 엘리트 중심의 고급문화를 대중에게 확산한다는 지향점을 갖고 있다. 따라서 전문가 중심의 문화 창조 및 이의 확산이 문화의 민주화가 가지고 있는 핵심 개념이다. 이 경우, 일반 국민은 문화 생산의 주체라기보다 단순한 고급문화 전파의 수동적 객체 혹은 단순 수용자에 지나지 않는다. 문화의 민주화 개념은 기존 유럽의 문화정책 기조로서 1970년대부터 많은 비판의 대상이 되었으며 이의 대안으로 등장한 개념이 바로 문화 민주주의 개념이다. 이는 기본적으로 특정 사회에서 하나의 통일된 문화는 없다는 데에서 시작한다(문화의 다양성). 그리고 일반 국민 역시 단순한 고급문화의 수용자가 아니라 문화 생산의 주체이며, 이들의 생산 과정에의 참여가 보장되어야 함을 강조하고 있다. 이러한 민주주의 개념은 창의성의 표현, 삶의 질과 관련된 문제에서의 자기 결정권 존중, 이와 관련된 지속적인 교육, 지역사회개발, 범사회적 의사결정

<표 2> 문화의 민주화와 문화 민주주의 상호비교

문화의 민주화 (democratization of culture)	문화 민주주의 (cultural democracy)
단일문화	문화의 다양성
제도	비공식 집단
기성화된 기회	역동적 활성화
틀 창조	활동 창조
전문가 중심	아마추어 중심
미학적 질	사회적 질
보존	변화
전통	개발, 역동성
향상	개별 활동
생산물	과정

자료: J. Langsted(1990), p.58

에서의 자유로운 의견 개진 및 참여 능력 등을 위한 제반여건을 개선하는 새로운 방법으로 일컬어진다(Pine, 1993: 126; 서순복, 2007: 31에서 재인용).6)

이렇게 볼 때, 문화적 균등성이라는 공통점에도 불구하고 문화복지의 실현방법으로서 두 개념이 가지고 있는 정책적 의미의 차이는 분명하다. 구체적으로 문화의 민주화 관점에서의 문화복지는 사회적 약자 혹은 일반 국민들을 대상으로 평소에 접하기 힘든 문화 프로그램 향유의 기회 제공에 많은 관심을 보일 것이다. 반면, 문화 민주주의는 문화의 다양성의 관점에서 문화

---

6) 한편, Y. Evrard는 두 개념의 철학적 근원의 차이를 강조하면서 문화의 민주화는 보편주의, 객관주의, 실증주의에 바탕을 두고 있는 반면, 문화 민주주의는 문화적 상대주의, 주관주의, 해석주의에서 그 근원을 찾을 수 있는 것으로 보고 있다(Y. Evrard, 1997).

복지 적용 대상자 고유의 문화 창출 및 이를 위한 능력개발 프로그램의 실시에 초점을 둘 것이다.

3. 보편성 혹은 선별성: 문화복지의 적용대상

현실적 적용의 측면에서 한계가 있음에도 불구하고 꾸준히 언급되는 개념이 특정 정책의 보편성과 선별성에 관한 것이다. 구분의 기준 및 이의 현실적 의미에 대해서는 여러 가지 견해가 있을 수 있으나,[7] 가장 중요한 문제는 특정 정책 혹은 프로그램의 취지에 부합되는 원칙(보편성 혹은 선별성)이 무엇인가 하는 것이다. 이러한 관점에서 유럽 사회여행(social tourism) 프로그램의 네 가지 하위 모델을 제시하고 있는 아래 〈표 3〉은 나름대로 중요한 시사점을 보여주고 있다.

위의 〈표 3〉에서 보이는 네 가지 모델 구분은 사회 여행[8]의 프로그램을

〈표 3〉 사회 여행 프로그램 모델

		적용대상	
		사회 여행 이용자 (선별성)	사회 여행 이용자와 여타 이용자(보편성)
산물(서비스)	표준 산물	참여모델	포용모델
	특별한 공여	적응모델	자극모델

자료: L. Minnaert(2011), p.4

---

7) 예컨대, 보편성과 선별성의 구분 기준과 관련하여 윤희숙·고영선(2011)은 자격조건과 급여배분기준 등 두 가지를 제시하고 있다.

8) BITS(Bureau international du tourisme social, 국제사회여행사무국)에 의하면 사회 여행(social tourism)은 경제적·사회적 취약집단 혹은 이를 원하는 사람들의 여행 및 관광 참여 보장 및 이의 결과로 나타나는 관계 및 현상을 의미한다(L. Minnaert, 2011: 2). 한국에서 장애인 집단 등 일부 집단을 대상으로 실시 중인 여행 바우처와 유사한 것이다.

적용 대상과 사회 여행 서비스 형태에 바탕을 하고 있다. 먼저 포용모델(inclusion model)과 자극모델(stimulation model)은 적용대상이 보편적이라는 점에서 공통점을 보이고 있다. 반면, 프랑스의 휴가 바우처 제도처럼 제공되는 서비스가 적용 대상의 성격과 무관하게 표준화된 형태를 띠고 있는 포용모델과는 달리 자극모델에서 나타나는 서비스 형태는 집단별 차이를 보이고 있다. 특히 이 모델은 잠재적 이용자의 확인을 통해 성수기와 비수기 사이 혹은 비수기의 방문 저하로 계절성 실업 및 소득 부족 문제를 겪고 있는 관광지에 대한 경제적 기회 제공을 목적으로 하고 있다. 이는 사회 여행이 단순히 대상자의 문화 및 레저 기회 제공의 성격에 국한된 것이 아님을 보여주고 있는 대목이다. 한편, 참여모델(participation model)과 적응모델(adaptation model)은 적용 대상의 선별성 즉 관련 프로그램이 자격에 부합되는 사람(사회 여행 이용자)에게만 열려 있는 공통점을 지니고 있다. 반면, 참여모델은 벨기에의 휴가 참여 센터와 같이 표준화된 서비스가 제공되지만 적응모델의 프로그램은 영국의 Break 프로그램처럼 4개의 휴가센터를 통해 장애아동을 위한 특별 돌봄 서비스가 제공된다.[9]

〈표 3〉이 보여주고 있는 바와 같이 이론적으로나 현실적으로 보편성과 선별성을 동시에 고려해야 하는 것이 문화복지의 본질이다. 보편성 관점의 고려를 통해 일반 국민의 문화적 요구를 최대한 충족시키는 정책이 필요할 것이다. 하지만 사회적 취약 집단 등 문화격차의 관점에서 소외되어 있는 집단에 대해서는 별도의 정책적 관심이 있어야 한다. 이는 특히 본 연구의 이론적 바탕이 되고 있는 론 롤즈의 정의론과 부합되는 것이기도 하다.[10]

---

9) 이상 내용은 L. Minnaert(2011: 4-7)에 바탕을 둔 것임.

10) 문화복지의 적용대상과 문화복지 인식 간에 일정한 법칙이 존재하는 것은 아니다. 그럼에도 불구하고 보편성과 선별성이 바로 문화복지의 속성임과 동시에 사회복지의 고전적인 논쟁거리임을 고려한다면 문화복지와 복지 사이에 나타나는 선택적 친화력은 매우 강하다고 할 수 있다.

4. 선별성 내부 논쟁: 경제적 소외층 혹은 문화적 소외층

적용 대상의 선정에 있어서 전통적인 사회복지는 경제적 측면을 중시하고 있다.[11] 이는 문화 바우처 사업 등의 한국 사례뿐만 아니라 사회 여행(social tourism) 프로그램이 실시되고 있는 외국 사례(e.g. L. Minnaert, 2011)에서처럼 소득을 기준으로 적용 대상을 결정하는 관행이 존재하는 문화복지에서 나타나는 현상이기도 하다. 하지만 문화복지는 경제적 소외층뿐만 아니라 문화적 소외층에도 상응하는 관심을 가져야 할 것이다. 이의 이유는 다음과 같다. 첫째, 욕구 5단계설에서도 강조되듯이 문화적 측면에의 관심은 경제적 욕구가 충족된 이후에 나타나는 경향을 보이고 있다. 달리 말하면 문화적 욕구층은 경제적 욕구층보다 훨씬 광범위할 수 있다는 것이다. 둘째, 경제적 소외층과 문화적 소외층에 대한 조사 결과는 문화복지가 지향해야 될 대상이 누구인가에 대해 중요한 시사점을 던져주고 있다. 한 예로 서우석·양효석(2013)의 분석에 따르면, 가구소득을 기준으로 할 때, 현행 문화 바우처 사업의 적용에서 제외되어 있는 차차상위가구(최저생계비 120~180% 미만인 가구)의 문화적 박탈감이 가장 큰 것으로 나타났다. 셋째, 경제적 기준 이외의 기준 적용을 통한 적용 대상의 선정은 사회복지의 외연 확대뿐만 아니라 내적 심화에도 도움을 줄 것이다. 즉 문화 영역 복지로의 통합을 통한 외연 확대 못지않게 적용 대상 기준에서 다양성은 사회복지의 내적 충실에 중요한 토대로 판단된다.

5. 욕구 혹은 권리: 문화복지의 토대

욕구는 사회복지의 핵심개념임과 동시에 수급자격 여부를 결정짓는 기준

---

11) 일례로 사회복지통합관리망을 통한 복지 사업 108개 중에서 최저생계비가 적용 대상 및 급여 수준의 기준인 사업이 76개에 달함.

으로 간주되는 중요한 개념임에 분명하다. 이론적 토대에서 언급한 바와 같이 문화권 기반 사회정책 역시 욕구의 중요성을 부정하지 않는다. 하지만 짐 아이프(J. Ife, 2006)의 견해와 같이 욕구기반 접근방법은 다음 몇 가지 한계를 지니고 있다. 첫째, 욕구 여부를 결정하는 주체가 누구인가에 관한 것이다. 많은 경우 이용가능대상자의 의도와는 무관하게 전문가, 정책결정자 등 외부인의 개입이 중요하게 작용한다. 둘째, 뿐만 아니라 이는 결국 외부인의 가치에 따라 욕구의 확인 및 서비스 처방이 달라진다는 것을 의미한다. 특히 문화적 욕구처럼 확인하기 어려운 경우 이용가능대상자의 입장은 상대적으로 무시될 가능성이 많은 것이다.

한편 권리차원에서의 문화복지 즉 문화적 권리에 대한 관심은 국내보다는 UN 등 국제기구의 주도에 의해서 진행되어 왔음이 지적되어야 할 것이다. 이와 관련된 연구(김기곤, 2011; 김남국, 2010; 현택수 외, 2008; D. Irina, 2011)의 견해를 종합하면 문화적 권리에 대한 국제기구의 관심은 세 시기로 구분이 가능하다. 첫 번째 시기는 1940년대 말부터 1980년대까지로서 문화적 권리 중 향유권(접근권)과 참여권에 많은 관심을 보여주고 있다. 대표적으로 1948년에 제정된 세계인권선언의 제22조와 제24조를 들 수 있다. 여기서는 휴식과 여가의 권리를 강조하면서 문화적 권리가 노동과 상대적으로 대비되는 것임을 보여주고 있다. 구체적으로 문화적 권리의 실현은 노동 시간과 밀접한 관련성을 지니고 있음을 의미하는 대목이다. 그리고 제27조 1항과 2항은 문화적 권리를 직접적으로 언급한 유일한 조항으로서 접근권, 참여권 그리고 이익의 보호를 받을 권리가 문화적 권리의 주요 구성요소임을 보여주고 있다. 이에 1966년, 유엔총회에서 채택된 경제적·사회적·문화적 권리에 관한 국제 규약(ICESCR)의 제15조는 이상의 권리 실현에 필요한 제반조치의 실행에 대한 당사국의 관심과 과학적 연구 및 창조적 활동에 필수불가결한 자유 존중을 강조하고 있다.

두 번째 시기는 1990년대로서 문화가 인간 발전의 수단이 아니라 그 자체임을 강조하고 있다. 이러한 관점은 1980년대부터 논의가 시작되어 1991년에 발간된 UNDP의 인간발전보고서에 의해 정립된 것으로 문화가 인간의 창조성과 정신작용의 영역이라는 점에서 문화적 발전은 곧 인간발전을 의미하고 있다. 이를 바탕으로 1998년 개최된 발전을 위한 국제문화정책회의에서 채택된 발전을 위한 문화정책 행동계획은 문화생활에의 접근과 참여는 모든 공동체 내의 개인이 가지고 있는 기본적인 권리이므로 정부는 세계인권선언 제27조의 취지에 따라 이러한 권리를 최대한 실현하기 위한 전제조건을 조성할 의무가 있음을 강조하고 있다(김기곤, 2011: 212).

세 번째 시기는 2000년대부터 이 시기는 문화다양성에 대한 강조를 특징으로 하고 있다. 이를 대변하는 대표적인 국제 문서가 바로 2001년에 채택된 유네스코 세계 문화다양성 선언이다. 특히 본 선언의 제5조는 문화다양성을 존중하는 문화적 권리에 대해 세계인권선언 제27조와 ICESCR의 제13조와 제15조에 근거하여 '모든 사람들이 스스로 선택한 언어로 자신의 작품을 창조하고 배포할 자유와 문화다양성을 존중하는 교육과 훈련을 받을 권리 그리고 자신이 선택한 문화적 생활에 참여하고 실천할 수 있는 권리'라고 구체적으로 정의하고 있다(김남국, 2010: 275).

문화적 권리에 대한 국제기구의 관심 동향은 다음 몇 가지 점에서 문화복지의 토대를 확인하는 데 도움을 주고 있다. 첫째, 선언적 형태의 국제 문서임에도 불구하고 국제기구의 동향은 문화권의 구성 요소에 대한 확인을 용이하게 한다. 구체적으로 접근권(향유권)과 참여권에서 발전권으로의 관심 동향은 바로 이러한 점들이 문화적 권리와 관련된 국내법의 제정 시 반드시 고려되어야 할 요소임을 방증하고 있다. 둘째, 문화권은 인권의 하나로서 인권에서 중요시되는 참여 보장은 욕구 기반 접근방법의 한계를 극복할 수 있을 뿐만 아니라 다양한 문화복지 프로그램의 개발에 일조할 것이다. 셋째, 문화복지에 대한 권리 기반 접근방법은 실천 방법의 하나인 문화 민주주의와도 맥을 같이하고 있음을 보여주고 있다.[12]

---

12) 이러한 관점에서 문화권의 영역을 자유권, 평등권, 참여권, 환경권으로의 유형화를 시도한 김기곤(2011)의 연구는 시사하는 바가 크다고 할 수 있다.

IV. 문화복지 쟁점을 통해서 본
한국문화복지정책의 특징과 한계

1. 문화복지에 대한 인식

본 연구에서 말하는 문화복지정책은 한국의 역대 정부 혹은 현 정부에서 실시되고 있는 문화복지와 관련된 정책 및 구체적인 프로그램을 의미한다. 여기서는 먼저 한국의 문화복지정책에서 나타나는 문화복지의 인식에 대해 살펴보기로 한다.

주지하다시피 한국에서 문화복지에 대한 관심은 정치권에서 먼저 나타났다. 예컨대, 1980년대부터 출범한 역대 정권은 예외 없이 문화복지를 국가 정책기조의 하나로 간주하고 있음을 들 수 있다. '새문화정책'을 발표하면서 문화적 복지라는 용어를 사용한 전두환 정부, 문화부의 공식출범과 함께 문화복지국가를 기본방향으로 설정한 노태우 정부, 문화복지원년(1996년)을 선포한 김영삼 정부, 창의적인 문화복지국가를 정책목표로 선정한 김대중 정부, 문화향수 및 참여기회를 확대를 통한 복지 구현을 강조한 노무현 정부 그리고 문화복지정책의 6대 추진 방향을 설정한 이명박 정부가 이러한 경향을 대변한다.[13]

한편, 문화복지의 인식과 관련하여 역대 정부의 관점은 상대적인 측면과 전반적인 경향 두 가지로 구분될 수 있을 것 같다. 먼저, 역대 정부별 상대적인 관점에서 살펴보면 양분현상을 보이고 있다. 첫 번째 관점은 문화복지를 문화의 한 영역으로 간주하는 것이다. 전두환 정부부터 김대중 정부까지 이르는 역대 정부가 취하고 있는 관점이다. 이러한 관점은 문화복지정책을 문화정책의 한 유형으로 보고 있다. 예컨대 문화적 복지의 구현은 전두환 정부가 제시한 80년대 새문화정책 3대 목표의 하나로 자리 잡고 있다(서보

---

13) 역대 정부의 문화복지에 대한 관심에 대해서는 서보람 외(2011)를 참조.

람 외, 2011: 104). 한편, 이러한 관점은 노무현 정부의 출범과 함께 변화하는 양상을 보이고 있다. 노무현 정부는 참여정부 5개년 계획을 통해 사회복지의 하위영역으로서 문화복지를 언급하면서 사회적 취약계층을 문화복지정책의 대상으로 특정화했다. 이때 도입된 대표적인 사업으로 문화 바우처 사업을 들 수 있다.[14] 한편 이명박 정부는 일, 교육과 함께 능동적 복지에서 3대 축의 하나인 여가의 내용을 문화복지정책과 연결시키고 있다는 점으로부터 능동적 복지와 문화복지의 연계를 시도하고 있음을 확인할 수 있다.

그럼에도 불구하고 문화복지의 인식에 대한 전반적인 경향은 여전히 문화복지를 문화 영역의 하나로 보고 있는 것이다. 노무현 정부 이후 일정 정도 변화가 감지됨에도 불구하고 이러한 변화가 문화복지에 대한 정책 기조의 변화로까지는 연결되지는 못했다. 이러한 판단의 근거로서는 첫째, 문화복지를 관장하는 중앙행정부처가 문화 관련부처이며, 문화복지 전달체계 역시 문화예술분야의 기관 혹은 단체임을 들 수 있다. 본 연구의 조사에 의하면 문화체육관광부의 문화여가정책과에서 문화복지와 관련된 전체사업의 방향 수립 및 평가를 담당하고 있다. 그리고 문화복지정책의 한 축인 문화나눔사업의 경우 한국문화예술위원회의 문화예술나눔부가 사업 시행의 전담기관의 부서이며 이를 바탕으로 각 지역의 문화예술단체, 지역주관처(광역 및 지자체), 문예회관과 박물관 및 미술관 등이 수혜자와의 실질적 접촉기구로서 활동하고 있다(김휘정, 2012: 17).[15] 반면, 보건복지부 시행 사업 중 문화복지와 관련된 사업은 극히 소수에 불과하며, 이 역시 문화체육관광부 주관 사업에 대한 협력 형태를 띠고 있다.[16] 둘째, 문화복지사업의

---

14) 2005년 시범사업을 통해 이듬해부터 국가 정책으로 실시된 문화 바우처 사업은 문화나눔사업의 하나로서 저소득층의 문화향수 기회를 제공하기 위해 문화예술관람비용을 지원하고 있으며, 특히 노인과 장애인에게는 보조 인력의 지원을 통해 필요한 서비스를 제공하고 있다(이혜승, 2011: 95).

15) 본 연구는 현행 문화복지정책을 성격상 문화나눔사업, 문화예술교육활성화사업, 기타 소외계층문화향유사업으로 구분하고자 한다. 각 사업군의 세부사업에 대해서는 〈표 4〉를 참조.

16) 보건복지부 홈페이지 사이트(http://www.mw.go.kr)의 가나다 순 정책 배너에 등재

재정충당과 관련하여 국고가 차지하는 비중은 55% 정도이며, 나머지 예산은 복권기금을 통해 충당되고 있음에 유의할 필요가 있다. 특히 문화나눔사업의 경우 예산 전액이 복권기금을 통해 충당되고 있다. 본래 문화나눔사업은 소외계층의 문화향수권 신장과 문화 양극화 해소의 목적으로 실시된 것이다. 그럼에도 불구하고 재정 흐름을 살펴보면 복권사업을 통한 기금 확보 → 바우처 → 민간 문화 프로그램 제공자로의 유입이라는 상업화 궤도의 틀 내에서 이루어지고 있는 것이다.

이렇게 볼 때, 한국의 문화복지정책은 문화복지가 복지 영역이 아니라 문화 영역의 하나로 보는 경향이 강하다고 할 수 있다.

2. 문화복지의 실현방법

현재 한국에서 실시 중인 문화복지정책에서 나타나는 문화복지 실현방법에 대한 확인은 세부사업의 내용에 대한 정확한 이해를 전제로 하고 있다. 이에 대한 국내 연구는 문화 바우처 사업 등 특정 사업에 초점을 두고 있거나(용호성, 2012), 문화복지 실현방법의 정책적 함의에 관심을 두고 있을 뿐(서순복, 2007), 문화복지정책의 전반적 경향을 다룬 연구 결과는 부재하다. 이에 본 연구는 주관적 판단이 가지는 한계에도 불구하고 2012년 기준, 문화체육관광부의 주관하에 시행 중인 23개 세부사업의 특징과 이를 바탕으로 전반적 경향을 도출하고자 한다. 다음의 〈표 4〉는 문화복지정책의 세부사업에 나타나는 지배적인 문화복지 실현방법을 나타낸 것이다.

앞에서 언급한 바와 같이 문화의 민주화는 사회구성원을 대상으로 기존의 고급문화 혹은 지배적 문화의 향유에 초점을 두고 있다. 이에 반해 문화

되어 있는 503개 사업 중 문화복지 사업은 장애인문화 바우처 등 지원사업, 고령자의 여가문화 프로그램 개발 및 보급사업, 문화 바우처 사업, 지방문화원 어르신 문화 프로그램 개발 및 보급 사업 등 4개에 불과하며, 이 역시 주관 행정 부처는 문화체육관광부이다(2013년 5월 13일 검색).

〈표 4〉 문화복지정책 세부사업의 문화복지 실현방법

대사업	중사업	세부사업	문화의 민주화/ 문화 민주주의*	예산/재원 (2012년, 단위: 억 원)		
				세부사업	중사업	대사업
문화 나눔	문화 바우처	문화 바우처	문	343	343	574/ 복권 기금
	창작나눔	장애인문화예술역량강화	민	10	22	
		생활문화공동체지원	민	12		
	문학나눔	우수문학도서보급	문/민	40	40	
	공연나눔	소외계층문화순회	문	93	161	
		지방문예회관 특별프로그램지원	문	48		
		사랑티켓	문	20		
	전시나눔	공공박물관, 미술관 기획전지원	문/민	8	8	
문화 예술 교육 활성화	학교문화 예술교육 활성화	예술꽃씨앗학교	민	25	372	567/ 국고
		지역문화예술지원 센터운영	민/문	24		
		학교예술강사	민/문	323		
	사회문화 예술 교육활성화	사회문화예술교육 강사지원	민/문	121	195	
		꿈의오케스트라	민	36		
		문화예술 명예교사	민	9		
		지역사회 문화예술교육 활성화	문/민	29		
기타 소외 계층 문화 향유 사업	기타 장애인 문화복지 사업	장애인용 대체자료 제작 보급	민	15.58	22.78	65.03/ 국고
		장애인 대상 도서대출 서비스	문/민	2		
		한글영화 한글자막 및 화면해설상영	문/민	2.2		

	찾아가는 영화관 사업	문	3	
기타 노인 문화복지 사업	책 읽어주는 문화봉사단	문/민	2.62	38.15
	어르신 문화프로그램	문/민	34.53	
	노인층 대활자본 제작 보급	문/민	1	
기타 다문화 소수민 문화복지 사업	이주청소년 문화감성증진	문/민	0.41	4.1
	종교계 소외계층 문화향유	문/민	3.69	

* 읽기: 1) 문: 문화의 민주화 지배형; 문/민 → 문화 민주주의보다 문화의 민주화의 성격이 더 강함
(혼합형)
　　　 2) 민/문: 문화의 민주화보다 문화 민주주의 성격이 더 강함(혼합형)
　　　 3) 민: 문화 민주주의 지배형
자료: 사업목록은 문화체육관광부 홈페이지(http://www.mcst.go.kr/main.jsp) 검색과 김휘정
(2012), pp.19-28의 내용에 바탕을 둔 것임

민주주의는 문화의 향유보다는 사회 구성원 고유문화의 창조 혹은 이를 위
한 역량 제고에 관심을 지니고 있다.

24개 분석 대상 세부사업 중 문화의 민주화 지배형의 사업은 5개인 반면,
문화 민주주의 지배형은 6개이다. 이는 사업의 상당수는 혼합형의 성격을
지니고 있음을 의미한다. 혼합형까지 포함하여 양분하면 문화의 민주화의
성격이 강하게 나타나는 사업은 15개로서 9개인 문화 민주주의 성격의 사업
에 비해 비중이 높게 나타난다.

한편, 사업별 예산을 기준으로 살펴보면 전체 예산인 약 1,206억 원 중
문화의 민주화 지배형이 507억 원으로 가장 많고, 그 뒤를 문화 민주주의/
문화의 민주화 형태(468억 원), 문화의 민주화/문화 민주주의 형태(123.45
억 원)의 순인 데 반해 문화 민주주의 지배형은 107.58억 원으로 가장 적다.
사업 수는 적음에도 불구하고 문화의 민주화 지배형 사업 예산이 많은 것은
문화 바우처 사업에 기인한 것이다.

결국 문화복지의 실현방법의 측면에서 볼 때, 현행 한국문화복지정책은
문화 민주주의보다는 문화의 민주화 성격이 강하게 나타난다고 할 수 있다.

이는 정부의 의식 여부와 무관하게 한국의 문화복지정책의 전반적인 경향은 문화의 다양성 관점보다는 사회 구성원을 대상으로 지배문화 혹은 고급문화를 향유할 수 있는 기회의 제공에 초점을 맞추고 있다는 것을 의미한다. 한국문화복지정책의 대표적인 사업임과 동시에 소외계층의 문화향수권의 실현이라는 목적하에 노무현 정부 때 도입된 문화 바우처 사업 역시 문화 민주주의와는 거리가 먼 성격의 사업인 것이다.

3. 문화복지의 적용대상

앞에서 언급한 바와 같이 적용대상의 보편성과 선별성 논쟁은 사업의 성격에 따라 달라질 수 있다. 특히 규범적인 차원에서 특정 정책의 바람직성을 평가하기에는 많은 무리가 따른다. 특히 이론적 토대에서 이미 언급한 바와 같이 문화복지는 보편성과 선별성을 동시에 추구하는 것이 바람직하다. 따라서 적용대상을 기준으로 한국문화복지정책의 성격을 확인하는 작업은 이에 대한 규범적인 판단보다는 전반적인 경향을 파악하는 데 목적을 두고 있는 것이다. 이러한 점을 고려하면서 한국문화복지정책의 세부사업의 성격을 살펴보면 〈표 5〉와 같다.

〈표 5〉에서의 보편성은 해당 사업의 적용 대상이 일반 국민 혹은 인구학적 기준(연령)만 충족되는 사람이면 누구나 이용 가능한 경우를 의미한다. 반면, 선별성은 적용대상이 경제적(수급자) 혹은 사회적 기준(장애인) 등 수급 요건이 충족된 사람에게 한정되어 있다.

24개 분석 대상 세부사업 중 보편적 세부사업의 수는 14개로 선별적 혹은 선별성이 강한 혼합형 성격의 총 세부사업(총 10개 사업)보다 많은 것으로 나타난다. 상대적으로 보편적 경향이 강한 특징은 예산 규모의 비교에서도 그대로 드러난다. 구체적으로 14개 보편성 세부사업의 총 예산은 약 670억 원으로 이는 전체 예산의 55%를 차지하고 있다.

이렇게 볼 때, 적용 대상의 성격과 관련하여 한국의 문화복지정책은 보편

<표 5> 적용대상의 성격에 따른 한국문화복지정책 세부사업 개관

대사업	중사업	세부사업	적용대상	적용대상 유형	보편성/ 선별성	예산/재원 (2012년, 단위: 억 원)		
						세부 사업	중 사업	대 사업
문화 나눔	문화 바우처	문화 바우처	기초생활수급자, 차상위계층	경제적 소외층	선별성	343	343	574/ 복권 기금
	창작 나눔	장애인문화 예술역량강화	장애인	사회적 소외층	선별성	10	22	
		생활문화 공동체지원	임대아파트단지/ 농, 산, 어촌 지역	경제적, 지리적 소외층	보편성	12		
	문학 나눔	우수문학 도서보급	오지, 벽지 등 소외시설	지리적 소외층	보편성	40	40	
	공연 나눔	소외계층 문화순회	임대주택단지 거주민, 복지시설, 농, 산, 어촌주민	경제적, 사회적, 지리적 소외층	보편성	93	161	
		지방문예회관 특별프로그램 지원	수도권 제외 지방문예회관	지역반	보편성	48		
		사랑티켓	24세 이하/ 65세 이상	일반	보편성	20		
	전시 나눔	공공박물관, 미술관 기획전지원	공사립대학박물관, 미술관	지역 일반	보편성	8	8	
문화 예술 교육 활성화	학교 문화 예술 교육 활성화	예술꽃 씨앗학교	농, 산, 어촌 지역 소규모 초등학교	지리적 소외층	보편성	25	372	567/ 국고
		지역문화 예술지원 센터운영		지역 일반	보편성	24		
		학교예술강사	전국초중고학생	일반	보편성	323		
	사회 문화	사회문화 예술교육	아동, 노인, 장애인 등 복지시설	사회적 소외층	선별성	121	195	

		강사지원						
	예술교육활성화	꿈의 오케스트라	지역아동센터/아동 청소년	사회적 소외층/일반	선별성/보편성	36		
		문화예술 명예교사	군, 재소자 포함/시민, 학생	사회적 소외층/일반	보편성	9		
		지역사회 문화예술교육 활성화		지역일반	보편성	29		
기타 소외 계층 문화 향유 사업	기타 장애인 문화 복지 사업	장애인용 대체자료제작 보급	장애인	사회적 소외층	선별성	15.58	22.78	65.03/ 국고
		장애인 대상 도서대출 서비스	장애인	사회적 소외층	선별성	2		
		한글영화 한글자막 및 화면해설상영	장애인	사회적 소외층	선별성	2.2		
		찾아가는 영화관 사업	장애인/사회적 소외계층대상	사회적 소외층	선별성/보편성	3		
	기타 노인 문화 복지 사업	책 읽어주는 문화봉사단	노인	사회적 소외층	보편성	2.62	38.15	
		어르신 문화프로그램	노인	사회적 소외층	보편성	34.53		
		노인층 대활자본 제작 보급	노인	사회적 소외층	보편성	1		
	기타 다문화 소수민 문화 복지 사업	이주청소년 문화감성증진	다문화 소수민	사회적 소외층	선별성	0.41	4.1	
		종교계 소외계층 문화향유	다문화 소수민	사회적 소외층	선별성	3.69		

자료: 문화체육관광부 홈페이지(http://www.mcst.go.kr/main.jsp) 검색과 김휘정(2012), pp.19-28의 내용을 바탕으로 사업 목록 작성

성의 경향이 상대적으로 더 강하다고 할 수 있다. 이와 관련하여 고려해야 할 몇 가지 사안을 지적하면 다음과 같다.

첫째, 대표적인 선별성 사업인 문화 바우처 사업만 제외하면 문화복지정책의 이름으로 실시되는 대부분 사업은 보편성을 띠고 있다고 해도 과언이 아니다. 보편적 사업의 필요성에 대해서는 누구나 공감하는 바임에도 불구하고 세부사업의 내용을 살펴보면 한국의 문화복지정책은 문화정책의 연장선상에서 실시되고 있는 것으로 판단되며 이는 정책 도입의 역사성에 기인한 것으로 보인다.

둘째, 이의 연장선상에서 문화소외계층을 위한 사업에 대한 관심의 상대적 결여가 지적되어야 할 것이다. 문화 바우처 사업과 사회문화 예술교육 강사지원사업을 제외하면 선별성 사업에의 편성 예산이 매우 열악함을 알 수 있다. 이는 사업의 다양성 결여뿐만 아니라 수급 자격의 엄격성에 기인한 것으로 문화적 박탈감 혹은 문화격차 측면에서 반드시 제고되어야 할 부분으로 판단된다.

4. 문화복지의 토대

현행 문화복지정책의 세부사업이 욕구와 권리 중 어디에 바탕을 두고 있는지 확인하는 것은 매우 어려운 사안임에 분명하다. 왜냐하면 문화복지는 물론이거니와 대부분의 사회복지프로그램은 욕구의 확인에 바탕을 둔 수급 자격이 법 조항을 통해 명시되기 때문이다. 그리고 권리법력설에 따르면 당사자의 의지 혹은 욕구를 분명하게 표현하지 않더라도 법 조항의 명시만으로도 법정 권리가 있음이 인정되고 있음에 유의할 필요가 있다.

따라서 문화복지의 토대를 확인하는 첫 번째 부분은 세부사업의 적용 대상이 법정 권리에 바탕을 두고 있는지에 관한 것이다. 이의 대표적 사업으로서는 문화 바우처 사업을 들 수 있다. 문화예술진흥법과 시행령의 관련조항[17]은 국민기초생활보장 수급자, 차상위계층, 한부모 가족 지원법에 따른 보호대상자 등을 이용권 지급의 적용 대상으로 규정하고 있다.[18] 반면, 그 밖의 대부분 세부사업은 명확한 법적 규정 없이 행정부의 재량으로 실시되고 있는 실정이다.[19] 이는 달리 말하면 한국문화복지정책의 이름으로 실시되는 대부분 세부사업의 적용 대상은 법정 권리 보다는 행정부의 재량에 따라 문화적 욕구를 느끼는 사람들의 규모가 정해짐을 의미한다. 이는 결국 본질과 현상의 전치 현상 즉 법정 권리에 바탕을 두고 있거나 문화적 욕구를 가지고 있음이 인정되기 때문에 문화복지의 수혜대상이 아니라 문화복지의 수혜대상이기 때문에 문화적 욕구를 지니고 있는 사람으로 간주되는 결과를 초래하고 있다.

이어서 법정 권리 자체의 타당성을 살펴보아야 할 것이다. 구체적으로 법정 적용 대상자가 문화복지가 지향하고 있는 대상자를 실질적으로 포함하고 있는지, 더 나아가서 이러한 조치가 문화적 박탈감의 해소에 어느 정도 기여하고 있는지에 관한 것이다. 문화 바우처 사업에서처럼 선별적 사업에서 적용 대상의 여부는 경제적 기준에 바탕을 두고 있다. 하지만 중요한 점은 이러한 기준이 문화적 박탈감을 느끼고 있는 사람들을 충분히 포함하지 못하고 있다는 점이다. 예컨대 최근의 한 연구에 따르면 문화적 박탈감은 차차상위가구(최저 생계비 120~180% 미만인 가구)에서 가장 강하게 나타난다(서우석·양효석, 2013).

이렇게 볼 때, 한국의 문화복지정책은 법정 권리 혹은 정확한 욕구 측정보다는 행정부의 재량과 활용 가능한 물적 자원에 그 토대를 두고 있다.

---

17) 문화예술진흥법 제15조의 4; 동법 시행령 제23조의 2.

18) 문화 바우처의 실질 이용자수는 약 47만 명.

19) 현행 문화복지사업의 개별법은 없는 상태에서 단지 관련법의 일부 법 조항에 근거하고 있다. 예컨대 문화예술진흥법 제15조의 3과 4 그리고 복권 및 복권 기금법 제23조 3항 6호가 바로 그것이다.

V. 문화복지정책에서 문화권 기반 사회정책으로

지금까지 본 연구는 문화복지 개념의 이론적 토대 및 쟁점 분석을 통해 한국문화복지정책의 특징과 한계를 살펴보았다. 이를 바탕으로 여기서는 문화복지와 관련된 대안적 정책으로 문화권 기반 사회정책을 제시하는 것으로 결론에 대신하고자 한다. 다음의 〈표 6〉은 문화복지와 관련된 쟁점을 기준으로 한국문화복지정책의 대안으로 제시하고자 하는 문화권 기반 사회정책의 성격을 나타낸 것이다.

이를 바탕으로 문화권 기반 사회정책이 하나의 국가정책으로 실시되는 데 필요한 고려사항을 정리하면 다음과 같다.

첫째, 문화복지가 문화의 영역이라는 기존의 인식에서 탈피하여 복지 영역의 하나로 보는 관점의 도입이 필요하다. 이는 단순히 부처이기주의의 문제가 아니라 문화복지의 역할 및 이의 실현방법과 관련된 문제이다. 문화복지는 삶의 질 제고를 목표로 하고 있는 바 이는 사회복지가 지향하고 있는 목표와 일치한다. 한편 이러한 목표는 단순한 문화 감수성의 향유가 아니라 문화 역시 사회서비스의 하나로서 이에 필요한 서비스가 제공될 때 보다 더 강한 현실가능성을 담보할 수 있을 것이다. 이러한 맥락에서 문화를 사

〈표 6〉 비교관점에서 본 문화권 기반 사회정책의 특징

	문화복지정책	문화권 기반 사회정책
문화복지 인식	문화 영역의 하나/ 인프라구축	복지 영역의 하나/ 사회서비스의 한 유형
문화복지 실현방법	문화의 민주화 〉문화 민주주의	문화의 민주화 〈 문화 민주주의
문화복지 적용 대상	보편성 〉 선별성	보편성과 선별성 동시 강조
문화복지의 토대	행정부의 재량 혹은 욕구	법정 권리 혹은 개별법

회서비스 영역의 하나로 간주하고 있는 현행 사회보장기본법은 좋은 단초를 제공하고 있다.[20] 이의 연장선상에서 문화복지의 관장부처로서의 보건복지부 위상 강화가 필요하다. 이미 언급한 바와 같이 현재 보건복지부의 문화복지에 대한 관심은 거의 없다고 해도 과언이 아니다. 하지만 이에 대한 근본적인 변화 없이 문화복지에 대한 인식 변화를 기대하는 것은 불가능한 사안이다. 적어도 사회적 취약계층을 대상으로 하는 선별적 문화복지사업을 전담하는 방향으로의 정부 조직 차원의 변화가 있어야 할 것이다.

둘째, 문화의 민주화와 문화 민주주의는 문화복지 실현방법의 양대 축이라 할 수 있다. 그럼에도 불구하고 현행 한국문화복지정책은 문화 민주화 개념에 상대적으로 경도되어있다. 지배문화 혹은 고급문화의 대중화를 통한 문화 접근 보장이라는 목적에도 불구하고 문화의 민주화 개념은 이론적으로나 현실적으로나 문화복지 실현방법의 하나일 뿐 그 자체가 될 수 없음은 이미 일반화된 명제이다. 이에 문화권 기반 사회정책은 문화의 민주주의에 초점을 두고 있는 것이다. 이는 두 가지 점에 근거하고 있다. 문화권 역시 인권 구체적으로 국민의 기본권 중의 하나로서 이는 문화 접근권 못지않게 생산과정에의 참여권 역시 중요하게 고려되어야 한다는 것이다. 뿐만 아니라 다문화 사회라는 용어를 굳이 언급하지 않더라도 한 사회에는 인종 간, 사회계층 간 더 나아가서 개인에 따라 다를 수 있는 다양한 문화적 요소가 존재하고 있다. 이러한 관점에서 최근의 '나도 화가' 코너, '소외된 사람들과 함께 한 나눔의 미술전', '참여관객제도'는 매우 의미 있는 행사라 할 수 있다. 관건은 문화 민주주의와 관련된 행사가 일시적, 한시적 성격이 아니라 하나의 국가 정책 혹은 구체적 사업으로서의 제도화 여부일 것이다.

셋째, 문화권 기반 사회정책은 적용 대상의 보편성 못지않게 선별성에 많

---

20) 사회보장기본법 제3조의 4("사회서비스"란 국가·지방자치단체 및 민간부문의 도움이 필요한 모든 국민에게 복지, 보건의료, 교육, 고용, 주거, **문화**, 환경 등의 분야에서 인간다운 생활을 보장하고 상담, 재활, 돌봄, 정보의 제공, **관련 시설의 이용, 역량 개발, 사회참여 지원** 등을 통하여 국민의 삶의 질이 향상되도록 지원하는 제도를 말한다).

은 관심을 보이고 있다. 이는 이론적으로는 존 롤즈의 차등의 원칙(최소 극대화의 원칙), 현실적으로는 문화격차, 문화적 박탈감에 바탕을 두고 있는 것이다. 이러한 관점에서 보편적 사업의 비중이 상대적으로 높은 현행 한국 문화복지정책은 많은 문제점을 안고 있다. 실질적으로 문화 바우처 사업을 제외하는 경우 취약계층을 위한 문화복지사업은 없다고 해도 과언이 아니다. 현재 부분적으로 실시되고 있는 사회복지시설을 매개로 하는 사회여행(social tourism) 프로그램의 확대 등 선별적 성격의 사업 다양화가 필요하다.

넷째, 문화 바우처 사업을 제외한 현행 문화복지사업 대부분은 법정 권리는 물론이거니와 욕구의 확인조차도 제대로 이루어지지 않은 상태에서 실시되고 있는 것이 현재의 실정이다. 이는 보건복지부를 비롯한 사회복지계의 경우, 문화복지를 상대적으로 중요하지 않은 혹은 시급성이 덜한 분야로 보는 한편, 문화예술 영역에서는 문화 영역의 하나로서 문화복지와 관련된 사업의 실시 여부를 행정부의 재량에 속하는 사안으로 고려하는 관점이 복합적으로 작용한데서 기인하는 것 같다. 게다가 문화적 권리는 법적 측면에서 사회권은 물론이거니와 일조권이나 조망권보다 더 낮은 차원의 보장만이 가능한 권리(현택수 외, 2008: 169)라는 인식이 있는 것 또한 사실이다. 이상의 점은 법정 권리를 강조하는 문화권 기반 사회정책과 충돌되는 부분이기도 하다. 그럼에도 불구하고 본 연구가 법정 권리의 필요성을 강조하는 것은 다음과 같은 이유에서이다.

첫째, 문화적 권리가 인권 혹은 국민 기본권 중의 하나라는 점은 국제기구선언뿐만 아니라 개별국가의 헌법을 통해 이미 오래전부터 명시되어 있는 사안이다. 뿐만 아니라 문화가 사회복지에서 강조되고 있는 기본생활수준 혹은 삶의 질 구성 요소의 하나라는 점은 아무도 부인하지 못할 것이다. 둘째, 이러한 문화복지의 중요성에도 불구하고 현행 문화복지사업의 대부분은 한시적인, 불안정한 성격을 지니고 있다. 이는 바로 개별법의 부재에 기인한 것이다. 문화권 기반 사회정책이 문화복지의 토대로서 법정 권리 혹은 적어도 개별법을 강조하는 것은 바로 이러한 맥락에서이다.

  이와 같이 문화권 기반 사회정책은 현행 문화복지정책의 성격과 공통점
이 있는 반면, 일정 정도의 차이점도 지니고 있다. 분명한 점은 문화복지가
권리 차원에서 그 정체성을 확립하는 데 있어서 현행 문화복지정책은 많은
한계를 지니고 있다는 점이다. 탐색적 성격의 본 연구는 대안으로서 문화권
기반 사회정책에서 해법을 찾고자 했으며 이와 관련된 후속연구는 계속되어
야 할 것이다.

【 참고문헌 】

김기곤. 2011. "한국사회의 문화권 구성과 제도화."『민주주의와 인권』 11(2). pp.207-238.

김남국. 2010. "문화적 권리와 보편적 인권: 세계인권선언에서 문화다양성 협약까지."『국제정치논총』 50(1). pp.261-284.

김 욱. 2012. "탈물질주의와 한국의 정치변동." 강수택·박재홍 엮음.『한국의 사회변동과 탈물질주의』. 도서출판 오름. pp.127-155.

김휘정. 2012.『문화복지의 동향과 문화복지사업의 개선방안』. 국회입법조사처.

목수정. 2007. "문화민주화, 문화다양성, 지역분권."『문화예술』 2007 겨울. pp.96-107.

박병현. 2005. "복지국가발달의 문화적 분석."『한국사회복지학』 57(3). pp.277-304.

박재홍. 2012. "한국의 세대변화와 탈물질주의: 코호트 분석." 강수택·박재홍 엮음.『한국의 사회변동과 탈물질주의』. 도서출판 오름. pp.91-125.

서보람 외. 2011. "문화복지정책 발달사 연구."『한국행정사학회』 제29호. pp.95-124.

서순복. 2007. "문화의 민주화와 문화민주주의의 정책적 함의."『한국지방자치연구』 8(3). pp.23-44.

서우석·양효석. 2013. "문화적 박탈감을 통해 살펴본 문화복지 대상 범위 연구."『문화정책논총』 27(1). pp.165-197.

양혜원 외. 2012.『문화복지정책의 사회·경제적 가치 추정과 정책방향』. 한국문화관광연구원.

용호성. 2012. "문화 바우처 정책의 쟁점과 방향."『문화정책논총』 26(1). pp.99-124.

윤희석·고영선.『복지정책 조준의 개념과 필요성』. 한국개발연구원.

이혜승. 2011. "문화복지사업의 추진실태분석 － 문화나눔사업을 중심으로."『감사논집』 제17호. pp.87-109.

조남경. 2013. "사회복지의 문화적 토대, 복지태도 그리고 문화적 문맥: 사회복지정

책연구에 있어 세 가지 문화적 접근의 현황과 과제.”『비판사회정책』 제39
호. pp.235-259.
주재현. 2004. “사회복지와 문화: 복지국가 유형론에 대한 문화이론적 해석.”『한국
정책학회보』 13(3). pp.279-296.
최종혁 외. 2009. “문화복지개념정립을 위한 질적연구 — 휴먼서비스 실천가들의 인
식을 중심으로.”『사회복지연구』 40(2). pp.145-182.
현택수. 2006. “문화복지와 문화복지정책의 개념에 관한 연구.”『사회복지정책』 26.
pp.101-122.
현택수 외. 2008. “문화복지의 법적 권리화에 대한 탐색적 연구.”『한국사회복지학』
60(4). pp.157-173.

Arts, W., L. Halman, W. van Oorschot. 2003. “The welfare state: villain or hero
of the piece?” in W. Arts et al. (eds.). *The Cultural Diversity of European
Unity.* Brill. pp.275-310.
Barlow, A., S. Duncan. 2000. “The rationality mistake: New Labour's communi-
tarianism and ‘supporting families’.” In P. Taylor-Gooby (ed.). *Risk,
trust and welfare.* Macmillan Press. pp.71-92.
Chevallier, J. 2012. *Le service public.* puf.
Deacon, A. 2002. *Perspectives on welfare.* Buckingham: Open university Press.
Evrard, Y. 1997. “Democratizing culture or cultural democracy?” *The Journal
of Arts and Management and Law* 27(3). pp.167-175.
Hornsby-Smith, M. 1999. “The Catholic Church and social policy in Europe.”
In P. Chamberlayne et al. (eds.). *Welfare and culture in Europe.
Toward a New Paradigm in Social Policy.* London and Philadelphia:
Jessica Kingsley Publishers. pp.172-189.
Ife, J. 2006. “Human rights and Human services — opportunities and challenges.”
국가인권위원회 편.『Jim Ife 초청 사회복지분야 인권관점 도입확산을 위한
워크숍』. 국가인권위원회. pp.23-43.
Inglehart, R. F. 1971. “The silent revolution in Europe: International change
of post-industrial societies.” *The American Political Science Review*
65(4). pp.991-1017.
______. 2008. “Changing Values among Western Publics from 1970 to 2006.”
West European Politics 31(1-2). pp.130-146.

Irina, D. 2011. "A culture of human rights and the rights to culture." *Journal of communication and culture* 1(2). pp.30-48.

Jo, Nam K. 2011. "Between the cultural foundations of welfare and welfare attitudes: The possibility of an in-between level conception of culture for the cultural analysis of welfare." *Journal of European Social Policy* 21(1). pp.5-19.

Langsted, J. 1990. "Double strategies in a Modern Cultural Policy." *The Journal of Arts and Management and Law* 19(4). pp.53-71.

Maslow, A.H. 1943. "A theory of Human Motivation." *Psychological Review* 50(4). pp.370-396.

Minnaert, L. 2011."Social tourism and its social policy value for vulnerable families." *9th annual ESPAnet Conference working paper* 8-10 september 2011. pp.1-22.

Rawls, J. 1971(2005). 『정의론(A theory of justice)』. 황경식 역. 이학사.

van Oorschot, W. 2007. "Culture and social policy: a developing field of study." *International Journal of Social Welfare* 16. pp.129-139.

문화예술진흥법/문화예술진흥법 시행령.
사회보장기본법.

제2부

환경의식의 변화와 녹색 사회정책

제5장

환경의식의 코호트별 변화추이와
국가 간 비교

박재흥

I. 문제제기

미국 환경사회학의 개척자 캐턴과 던랩(Catton & Dunlap, 1978: 42)은, 기능주의로부터 마르크스주의에 이르기까지 사회학의 다양한 이론적 관점들이 서로 큰 차이를 갖는 것처럼 보이지만 기실 이들 간의 차이점은 과장된 반면 공통점이 간과되어왔다고 지적한 바 있다. 그들은 인간과 환경 간의 관계에 관해 대부분의 사회학자들이 공유하는 전형적 세계관을 "인간예외주의 패러다임(Human Exceptionalism Paradigm: HEP)"이라 명명하는데, 그 내용인즉 인간은 문화를 공유하고 전승한다는 점에서 지구상에서 독보적인 존재인데 바로 그러한 능력이 어떠한 어려움도 극복하고 무한한 진보의 가능성을 보장해준다고 본다(Catton & Dunlap, 1978: 42-43). 이러한 관점에 대한 대안적 세계관으로 그들이 제시한 관점이 바로 "신환경주의 패러다임(New Environmental Paradigm: NEP)"[1]인데, 이 관점에서는 인간이 자연생태계의 일부이며 이들 역시 생태계의 법칙에 종속된다는 점이 강조된다. 이러한 관점에서 보면, 우리에게 익숙한 가정, 즉 인간이 만물의 영장이며 지구 혹은 자연환경은 인간을 위해 존재할 뿐이고 그것은 우리에게 유익한 범위 내에서만 의미를 갖는다는 가정은 유아론적(唯我論的) 변형에 불과하다.

한국에서도 이러한 환경주의적 인식이 어느 정도 자리를 잡아가고 있지만 그러한 인식이 싹튼 지는 그리 오래되지 않았다. 성장주의 이데올로기가 한국사회를 확고하게 지배했던 1970년대까지만 해도 도로나 댐 건설, 공단 조성, 자연자원 채취 등은 발전과 성장의 상징으로, 국토개발 이전 상태는 "가난과 저발전"을 의미하는 것으로 인식했다고 한다(조명래, 2001: 145). 대부분 국민들이 자연환경의 파괴, 그리고 그것이 초래할 후폭풍에 대해서 잘 몰랐거니와 설혹 환경오염으로 인한 개발의 역기능을 어렴풋이 알았다 하더라도 그에 대한 문제제기 자체가 체제 저항으로 간주되어 철저하게 억압되었다. 그러나 1980년대에 접어들어 선구적인 환경운동가들이 환경운동 조직을 결성하여 피해 보상운동을 지속적으로 전개함으로써 국민적 관심을 폭넓게 불러일으켰으며, 나아가서 90년대에는 오존층 파괴, 지구온난화 등 전 지구적 환경쟁점을 부각시키면서 공단 주변 주민뿐 아니라 지구촌 모든 시민들이 직접적 이해 당사자라는 인식을 갖게 하는 데 크게 기여했다(구도완, 1995 참조).

이 논문의 주요 목적은 환경의식의 변화추이를 코호트별로 검토하는 데 있다. 우선 환경의식의 성장을 환경운동 전개과정과 관련시켜 짧게 개관한 후, 환경의식 개념과 측정의 문제에 대해 살펴볼 것이다. 다음으로, 한국인의 환경의식 수준을 서구 공업국 및 극동 아시아 국가들과 비교할 것이며 마지막으로 환경의식의 변화추이를 코호트별로 나누어 분석해 볼 것이다.

---

1) 이 개념은 1980년대 이래 오존층 파괴, 기후변화, 종 다양성 감소 등 전 지구적 환경문제가 등장함에 따라 신생태주의 패러다임(New Ecological Paradigm) 개념으로 확장된다(Dunlap et al., 2000).

이 연구에서 사용할 자료는 세계가치조사(World Value Surveys: WVS) 자료와 국내 통계청 사회조사 자료이며, 자료분석은 사회과학통계패키지(SPSS)를 활용하여 교차분석, 기술통계 분석, 회귀분석 등을 실시할 것이다.

II. 환경의식의 개념과 측정의 문제

1. 환경운동의 전개와 환경의식의 성장

한국 현대사에서 1960~70년대는 한편으로는 연평균 경제성장률 10%를 넘나드는 고도 경제성장의 시기였으며 다른 한편으로는 권위주의적 폭압과 불균형 발전의 모순이 잉태되던 시기였다. 1970년대 유신체제하에서의 군부독재 타도 운동과 1980년 광주항쟁 이래 민주화 운동은 압축적 경제성장 과정에서 누적되어 온 모순의 표출로 볼 수 있는데, 환경운동은 1980년대 후반 이래 그러한 모순에 항거한 사회운동의 중요한 한 흐름으로 정착되었다. 환경의식은 환경운동의 전개과정 속에서 성장·발전해 왔기 때문에 환경운동의 전개과정을 개관하면서 환경의식을 함께 논의하는 게 적절할 것이다.

한국 환경운동 역사의 시대구분에 관한 대표적 연구로는 조명래(2001)의 연구와 구도완(1995, 2000a, 2000b; 환경사회학회, 2004: 제8장)의 연구가 있다. 우선, 조명래(2001)는 1960년대 이래 산업화의 단계를 1) 경공업 산업화(60년대 초~70년대 중반), 2) 중화학 산업화(70년대 중반~80년대 중반), 3) 유연적 산업화(80년대 중반~90년대 중반), 4) 글로벌 산업화(90년대 중반~현재) 등 총 네 단계로 구분하면서, 산업화 방식이 생태환경에 영향을 미치기 때문에 환경운동 역시 산업화 방식에 조응할 것이라 가정하였다. 그러한 가정 하에 한국 환경운동과 환경의식의 성장·발전사를 각 산업화 방식에 따라 네 단계로 구분하였는데 그의 연구결과를 간략하게 정리해 보면 다음과 같다.

첫째, 국토개발 사업으로 대기·수질 오염 피해를 입은 농어민의 저항이 시작되었으나 조직적 환경운동으로까지는 발전하지 못했던 70년대 중반까지의 시기가 환경운동 '잠재기'이다. 이 시기에는 국토개발을 당연시하였기에 환경의 중요성에 대한 인식이 거의 없었다고 평가한다. 둘째, 중화학 공단 조성 등으로 대규모의 자연환경 파괴가 이루어지면서 한국공해문제연구소(1982년) 등의 환경운동단체가 결성되고 이 단체들이 피해보상 운동, 체제저항 운동을 조직화하기 시작한 80년대 중반까지의 시기가 환경운동 '발아기'이다. 80년대 중반 '온산병'은 환경오염에 대한 경각심을 불러일으켜서 환경의식을 한 단계 고양시킨 주요 계기로 파악한다. 셋째, 특히 1991년 낙동강 페놀사건을 계기로 환경오염 사후의 피해보상 못지않게 사전적인 예방과 환경보전을 더욱 중시하게 되고 운동의 조직화와 세력화가 이루어진 90년대 중반까지의 시기가 환경운동 '활약기'이다. 이 시기는 환경오염 문제를 모든 국민의 일상적 경험의 문제로 보기 시작했다는 점에서 환경의식이 한 단계 업그레이드되는 시기로 평가된다. 마지막으로 전 지구적 환경문제가 등장하고 환경운동이 제도화되면서 인간과 자연의 공존이라는 새로운 세계관이 싹트는 90년대 중반 이후의 시기가 환경운동 '확산기'이다. 이 단계에 이르러서는 어느 누구도 환경의 중요성을 부정하지 못하는 시대가 되었다고 평가한다(조명래, 2001).

조명래의 연구는 환경운동과 환경의식의 성장·발전사를 전체적으로 조감해 준다는 점에서 중요한 의미를 갖지만 산업화 단계와 환경운동 특성이 서로 어떻게 연결되는지에 관한 설명이 다소 부족한 점이 아쉽다. 한편, 한국 환경운동을 꾸준히 탐구해 온 구도완(2000a; 환경사회학회, 2004)은 환경운동의 역사를 1) 1960~70년대 환경운동 전사(前史)의 시기, 2) 1980년대 반공해운동의 시기, 3) 90년대 이래 새로운 환경운동의 시기, 세 단계로 구분하였는데 시대구분의 근거와 특성을 비교적 명료하게 지적하였다.[2]

환경운동 전사의 시기 설정은 조명래(2001)의 문제의식과 거의 같은 것으로 보인다. 즉, 이 시기에 공단 주변 오염문제가 발생하여 피해자 보상운동이 나타나기 시작했으나 환경오염에 관한 문제제기 자체가 폭압적 군부독재 체제하에서 억압되었기 때문에 환경운동을 조직적으로 전개하기에는 어려움이 있었다. 그러한 점에서 환경운동 출현 이전의 시기이다. 그러나 1980년대에는 '한국공해문제연구소'라는 선구적 환경운동 조직이 결성되었고(1982년), 1987년 광주항쟁 이후에는 환경운동이 시민운동을 대표하는 부문 운동으로 크게 활성화되었다는 점에서 그 이전 시기와 확연하게 구별된다.[3] 그렇지만 80년대 환경운동은 공단 주변 오염 피해자의 피해보상에 초점을 맞춘 반공해운동의 성격을 기본적으로 가지며 경제성장의 중요성 자체까지 부정하지는 않았다고 평가된다(구도완, 1995: 366).

구도완의 중요한 기여는 1980년대와 90년대 환경운동을 일정한 분석틀을 가지고 명료하게 대비했다는 점에 있다. 그에 따르면 1990년대 이래, 운동 참여자가 피억압 민중에서 일반 시민으로 다원화되었고, 이념면에서 생태주의 이념이 도입되었으며, 쟁점과 활동 면에서는 반공해운동의 한계에서 벗어나 전 지구적 쟁점으로 관심과 활동이 다양화되었고, 또한 공개 회원모집과 모금활동을 통해 운영경비를 자체적으로 조달하는 소위 대중조직으로의 전환이 이루어졌다 한다(구도완, 1995; 환경사회학회, 2004). 구도완(1995)은 환경의식에 관해서 특별히 언급하고 있지는 않지만, 1980년대 공단 주변지역 피해보상운동을 통하여 환경문제에 대한 전 국민적 경각심을 유도했으며 90년대에는 비교적 국지적이고 가시적인 오염 문제뿐 아니라 지구온난화, 종 다양성 감소 등과 같은 전 지구적 쟁점을 부각시킴으로써 환경문제를 중요한 사회적 의제로 만들었다는 점에 주목한다.

---

2) 구도완(1995)은 90년대의 한 논문에서 한국 환경운동사를 환경운동 전사의 시기, 반공해운동의 시기, 모색기, 확산기로 구분한 바 있는데, 그 이후 논문들에서는 세 시기로 단순화시켜 대비하였다.

3) 80년대 후반 다양한 성격의 시민사회단체들이 우후죽순처럼 속출했지만 그중에서도 설립 단체 수의 견지에서 환경단체는 수위를 점한다. 이에 대해서는 강수택·박재홍 (2011: 11)을 참조할 것.

2. 환경의식의 개념과 측정

지금까지 환경의식이라는 용어를 구체적인 개념정의 없이 사용해 왔는데 그 개념의 뜻을 우선 간략하게 정리한 후 측정의 문제를 검토해 볼 것이다.[4] 환경의식은 종종 환경에 대한 관심(environmental concern)과 같은 의미로 사용되는데, 이스터와 반 더 미르(Ester & van der Meer, 1982: 72; Dunlap & Jones, 2002: 485에서 재인용)는 환경 관심을 "어느 개인이 환경 문제를 인식하고 그것의 해결에 기꺼이 기여하고자 하는 정도"라고 단순명쾌하게 규정한 바 있다. 일반적으로 의식이라는 개념 자체가 특정한 행동을 지향하는 생각이나 가치, 마음상태 등을 의미하므로, 환경의식(environmental consciousness)이란 자연환경에 대한 일정한 지식과 세계관을 바탕으로 하여 친환경적 행동으로 나아가기 위한 마음의 준비상태를 가리키는 개념으로 이해해도 큰 무리가 없을 것이다. 환경의식을 "환경에 대한 이해, 인식, 평가의 인지적 구성물"로서 특정한 반응양식의 에너지를 함축한다고 본 조명래(2001)의 견해, "개인의 친환경적 행동에의 참여 성향과 관련된 심리적 요인들"이라고 본 산체즈와 라푸엔테(Sanchez & Lafuente, 2010: 732)의 개념정의도 기본적으로 이러한 개념규정과 크게 다르지 않다.

환경의식에 관한 고전적 연구로는 당연히 던랩과 그의 동료들에 의해 개발된 신환경주의 혹은 신생태주의 패러다임을 들 수 있다. 던랩 등은 1970년대 말, 인간예외주의·인간중심주의(anthropocentrism) 패러다임을 사회학의 지배적 세계관이라고 비판하면서 그에 대한 대안으로서 신환경주의 패러다임(NEP)을 제시한 바 있다. 그러나 1980년대 이래 오존층 파괴, 지구 온난화, 종 다양성 상실, 기후변동 등 전 지구적인 생태위기(ecocrisis) 징후들이 속출하면서 오염 방지와 자원보존 등에 국한되었던 환경적 관심이 보다 근원적인 생태적 관심으로 심화·확대되었다. 던랩 등은 이러한 변화상

---

4) 환경의식의 발생을 설명하는 이론적 관점에 대해서는 한국환경사회학회(2004: 240-248)를 참조할 것.

을 반영하고 그 밖의 몇 가지 방법론적 문제점을 보완하여 애초에 12개 문항으로 구성된 신환경주의 패러다임 척도를 15개 문항으로 구성된 신생태주의 패러다임(New Ecological Paradigm: NEP) 척도로 수정·보완하였다. 기존의 척도에서는 자연의 균형 파괴, 성장의 한계, 인간중심주의 세 측면이 포함되었는데 수정된 척도에서는 인간면제주의,[5] 생태위기의 두 측면이 추가되었다(Dunlap et al., 2000).

환경 관심(혹은 환경의식)의 개념과 측정에 관한 문헌들을 폭넓게 검토한 던랩과 존스(Dunlap & Jones, 2002)에 의하면, 환경 관심을 단일의 구성물(single construct)로 볼 것인지 아니면 다차원적(multidimensional) 개념으로 볼 것인지 여부를 둘러싼 쟁점이 존재한다고 한다. 던랩 등의 신생태주의 척도는 여러 문항들로 구성되었지만 생태주의 세계관 여부 한 가지를 측정하는 단일 척도의 대표적 예이다. 그러나 환경의식에 관한 대부분의 경험적 연구들은 환경의식을 태도의 일종으로 간주하여 그것을 몇 가지 차원으로 구분하고 각 차원에 상응하는 복수의 척도를 구성하였다. 태도는 사회심리학 분야의 주요 개념인데, 이 개념은 일반적으로 인지적·감정적·행동적 요소로 구성되는 것으로 이해된다. 인지적 요소는 태도대상에 대한 지식과 신념 등을, 감정적 요소는 대상에 대한 호오(好惡) 감정 등의 평가적인 요소를 행동적 요소는 대상에 대한 행동성향을 의미한다(이동원·박옥희, 2000: 180).

태도이론의 견지에서 환경의식 다차원 척도를 만든 대표적 예는 맬로니와 워드(Malney & Ward, 1973; Dunlap & Jones, 2002: 494-95에서 재인용)의 '생태학적 태도 및 지식 측정 척도'인데, 이 척도는 지식(K)·감정(A)·언어적 헌신(Verbal Commitment: VC)·실제적 헌신(Actual Commitment: AC) 하위척도로 구성된다. 여기에서 지식 척도는 환경의식의 인지적 차원,

---

5) 인간면제주의(human exemptionalism)란, 인간은 다른 생명체와는 달리 자연의 제약을 받기보다는 자연을 통제하며 따라서 자연의 법칙으로부터 자유롭다는 관점을 의미한다(Dunlap et al., 2000: 432-433 참조).

감정 척도는 감정적 차원, 언어적 헌신 및 실제적 헌신 척도는 행동적 차원을 의미하는 것으로 보인다. 던랩과 존스(Dunlap & Jones, 2002: 490-91) 역시 환경의식의 네 차원을 제시했는데, 1) 인지적 차원은 환경문제의 성격, 추정된 원인, 가능한 해결책 등에 관한 신념과 지식을, 2) 감정적 차원은 환경 쟁점에 관한 호오 감정 등의 정서적이고 평가적인 측면을, 3) 의도적(conative) 차원은 친환경적 행동을 기꺼이 수행하거나 지지할 마음의 준비나 헌신을, 4) 행동적 차원은 친환경적인 실제 행위(혹은 보고된 행위)를 의미한다. 이들이 제시한 차원들은 맬로니와 워드가 제시한 차원과 기본적으로 동일하다. 두 연구에서 공히 환경의식의 행동적 차원을 행동성향(disposition)과 실제 행동으로 세분했다는 점이 주목할 만하다.

이 점에 대해서는 추가적인 논의가 필요하다. 태도 개념은 행동으로 나타나기 이전의 심리적 준비상태를 나타내는 개념인데, 이러한 태도 개념에 실제 행동을 포함시키는 게 온당한가라는 쟁점이다. 바꾸어 말하면 환경의식이 환경행동을 포함하는 것으로 개념화할 수 있는지에 관한 쟁점이다. 간단하게 정리하기 어려운 복잡한 쟁점이다. 한 가지 해결책은 개념적 논의 수준과 실제 조사절차 수준에서의 논의를 분리하는 것이다. 개념적 수준에서 볼 때, 환경의식은 환경행동 이전 단계의 개념이므로 양자는 명확하게 구분된다. 일정한 조건이 갖춰질 때(예컨대 대중매체의 역할, 정치적 기회구조 등) 환경의식이 친환경적 행동으로 발현된다고 정리할 수 있다. 그러나 실제 조사에 있어서는 행동성향(태도의 한 차원)과 실제 행동의 구분이 모호해진다. 왜냐하면, 일반적으로 서베이 조사에서는 실제 행동 역시 언어적으로 표현된 행동을 의미하기 때문이다. 던랩과 존스가 행동을 환경 관심의 한 차원으로 포함시킨 것도 그러한 고민의 일단을 반영한 것으로 추측된다.

그렇다면 국내 환경의식 연구자들이 경험적 연구에서 사용한 환경의식 측정도구가 무엇인지 살펴보기로 하자. 환경문제에 관한 선구적 연구자의 한 분으로 꼽히는 양종회(1992)는 환경의식을 환경문제에 대한 관심과 환경주의 가치라는 두 수준으로 나누어 분석하였다. 관심 수준은 환경문제의 심각성과 상대적 중요도 문항으로써, 환경주의 가치는 신환경주의 패러다임

(NEP) 척도와 관련되는 환경보전-경제성장 간 상대적 중요성 문항과 과학기술 발달에 의한 환경문제 해결 가능성 문항으로써 측정했다. 수정된 신생태주의 패러다임(NEP) 척도의 일부를 그대로 사용한 연구도 있다. 박종민(박종민 외, 2005) 등은 신생태주의 패러다임 척도의 세 측면(성장한계 인식, 반 인간중심주의, 생태위기)을 NEP 척도의 하위차원으로 보고, 각 차원에서 2개 문항씩을 선정하여 하위척도를 만든 다음 이들 각각을 종속변수로 삼아 다중회귀분석을 실시했다. 한편, 국민의식조사 자료를 활용하여 환경의식의 변화를 추적한 구도완(1999)은 환경오염의 심각도와 오염도의 변화, 정부 환경정책에 대한 평가, 환경주의 가치(환경보전-경제성장 간 상대적 중요성 등), 환경 행동주의(연료 개선을 위한 유류가격 인상에 대한 의견, 환경운동 단체 지지도와 참여의사 등) 등의 문항으로 환경의식을 측정하였다. 마지막으로 한상진(2002)은 환경의식을 환경 관심도, 음식물 쓰레기 분리배출 의사, 환경정당 결성 지지도 문항으로써 측정하였고, 김두식(2005)은 환경오염 방지를 위한 세금인상 동의 여부와 환경보호-경제성장 간 상대적 중요도 평가의 두 문항으로 측정하였다.

위에서 살펴 본 환경의식에 관한 몇몇 경험적 연구들 중에서 환경의식을 다문항 누적 척도로 만들어 체계적으로 분석한 연구는 박종민(박종민 외, 2005)의 연구가 유일하다. 그 이유는 박종민의 연구에서는 연구자들이 조사표 작성 과정에 참여했을 것으로 추정되지만, 그 밖의 연구에서는 이미 수집된 환경처의 국민의식조사 자료나 세계가치관조사 자료 등을 활용하였으므로 주어진 환경의식 관련 문항 외에는 다른 선택의 여지가 없었기 때문이다.

이 연구에서도 이러한 한계를 그대로 갖는다. 이 논문에서는 주로 세계가치조사(WVS) 자료를 활용했고 그 자료에서 부족한 부분을 통계청의 사회조사 자료로 보완하였다. 환경의식 수준을 가늠하기 위해 사용한 문항은 다음 세 종류로 나눠진다. 첫째, 환경주의 가치를 측정하는 문항들이다. '인간은 자연과 공존해야 한다', '환경보호가 경제성장이나 고용보다 중요하다'는 의견에 대해 동의 여부를 묻는 문항을 이용하였다. 던랩 연구진의 신생태주의 패러다임(NEP) 척도의 견지에서 보면, 전자는 '반 인간중심주의,' 후자는

'성장의 한계' 범주와 관련된다.[6] 둘째로, 환경보호를 위한 비용 부담 의사를 묻는 문항들을 선정하였다.[7] '환경오염 방지를 위해 기부를 하겠다', '환경오염 방지를 위한 세금인상에 동의한다', '정부가 환경오염 방지를 위해 노력해야지 국민에게 세금 부담을 지워서는 안 된다'는 세 문항에 대한 찬반 여부를 물어보았다. 셋째로, 환경행동과 관련된 문항들을 사용하였다. 환경단체의 가입 여부, 환경보호를 위한 일상적 실천(녹색제품 구입, 재활용품 분리배출, 물 절약 등)을 묻는 문항들로 구성되었다. 환경행동 문항의 국제비교를 위해서는 제3차 세계가치조사(1994~1999년 실시) 자료를 사용하였고, 여러 시점에서의 시계열 분석을 위해서는 통계청의 사회조사 자료 (1997~2012년)를 활용했다.

---

6) 태도 차원의 견지에서 볼 때, 신환경주의 패러다임 척도가 인지적 차원인지 감정적 차원인지 여부에 대해서는 의견이 엇갈린다. 그 척도를 만든 던랩 자신은 그 척도가 환경 관심의 인지적 차원을 반영한다고 보았으나(Dunlap & Jones, 2002: 509), 산체즈와 라푸엔테(Sanchez & Lafuente, 2010: 734)는 그 척도를 환경의식의 감정적 차원으로 간주하였다. 친환경적 세계관을 측정하는 NEP 척도가 환경문제에 대한 지식이나 신념을 반영한다는 점에서는 인지적 차원으로 보이지만, 다른 한편 친환경적 인식에 대한 호오의 평가라는 측면도 있기 때문에 감정적 차원으로 볼 수 있는 여지가 생기는 것 같다.

7) 환경비용 부담 의사는 환경의식 수준을 가늠하는 중요한 한 차원으로 간주하여 마땅하다. 환경을 보호하고 보전하기 위해서는 어느 정도의 경제적 손실과 불편함을 감내해야 하기 때문이다(조명래, 2001: 152 참조). 산체즈와 라푸엔테(Sanchez & Lafuente, 2010: 736) 역시 비용 부담 의사를 환경의식의 성향적(dispositional) 차원으로 중요하게 고려했다.

III. 자료 분석 결과

1. 환경의식 수준의 국가 간 비교

이 절에서는 한국인의 환경의식이 다른 몇몇 국가들과 비교할 때 어떠한 수준에 있는지 비교 분석하고자 하는데, 그에 앞서 환경의식 수준과 경제발전 및 탈물질주의 가치 간의 관계에 대하여 짧게 언급하는 것이 필요하다. 우선, 환경문제 발생은 산업화 혹은 경제발전 수준과 밀접한 관련을 맺는다. 산업화 과정에서 오염 물질이 대량 배출되고 산업 폐기물이 발생하며 자원이 무차별하게 채취·남용되기 때문이다. 자연생태계에 인간이 과도하게 개입하여 균형을 깨뜨림으로써 국지적으로는 공단 주변의 대기와 물이 오염되고 궁극적으로는 전 지구적인 생태위기가 초래되는 것이다. 환경문제의 발생이 환경의식과 환경운동을 성장·발전시키는 주요 계기가 된다는 점은 멀지 않은 과거의 역사가 확실하게 증명한다.

미국에서는 해충구제약(DDT)의 환경오염 피해를 고발한 1962년 레이첼 카슨(Rachel Carson)의 책이 미국 환경운동을 촉발시킨 결정적 계기가 되었고, 한국에서도 1985년 온산 지역의 중금속 오염에 의한 일명 '온산병'이 환경문제에 대한 국민의 관심을 환기시키는 중요한 계기가 되었다 한다(한국환경사회학회, 2004: 272; 조명래, 2001: 146-147 참조). 우리나라의 환경운동은 미국을 비롯한 서구 여러 나라들에 비하여 20여 년 이상 뒤늦게 시작되었고 그에 따라 환경의식의 성장 역시 다소 지체되었다. 산업화가 늦게 시작된 탓도 있겠고 집회·결사의 자유를 비롯한 기본권이 억압된 탓도 있을 것이다. 환경의식 수준은 산업화에 따른 환경문제 발생, 정치적 기회구조, 환경운동과 대중매체의 역할과 같은 다양한 요인들에 의해 영향을 받기 때문에 국가별로 다르게 나타날 것으로 생각된다.

다른 한편, 환경의식 수준은 탈물질주의 가치와도 일정하게 관련을 맺고 있는 것으로 보인다. 탈물질주의 가설을 만들고 세계가치조사(WVS)를 주도해온 잉글하트는, 경제가 발전함에 따라 경제성장이나 국가안보를 중시하는 생존가치로부터 환경보호, 정치참여, 다양성 인정 등을 강조하는 자기표현적 가치로의 전환이 일어나며(잉글하트·웰젤, 2011(2005): 174; Inglehart, 2008: 139-140), 한 국가 내에서도 탈물질주의 가치와 환경의식 간에는 높

〈표 1〉 환경의식, 탈물질주의 가치, 1인당 국민소득에 관한 국제비교: 2005~2007년*

항목	한국	대만	일본	프랑스	독일	이탈리아	네덜란드	영국	미국
1) 인간은 자연과 공존해야(동의 %)	91.3	–	98.1	–	95.5	–	–	–	87.3
2) 환경보호가 성장·고용보다 중요(동의 %)	40.9	52.2	60.9	56.3	42.1	65.9	50.7	62.5	54.3
3) 환경보호 위해 기부 (매우찬성 %)**	12.9	14.1	8.0	–	5.5	9.5	–	–	8.1
4) 환경보호 위해 세금 인상(매우찬성 %)**	5.2	7.4	5.8	–	3.9	7.8	–	–	8.4
5) 정부 노력이 국민에게 세금부과보다 더 중요(매우찬성 %)**	22.4	11.7	17.7	–	40.4	53.6	–	–	25.8
6) 환경보호단체 적극적·소극적 회원 % (적극적 회원 %)	8.2 (1.8)	5.1 (2.2)	4.7 (2.4)	14.4 (6.2)	5.0 (1.8)	7.8 (1.4)	15.6 (3.5)	16.6 (6.1)	16.6 (5.4)
7) 친환경행동 실천개수 (최고점: 5개)***	2.85	–	1.95	–	2.90	–	–	–	2.59
8) 탈물질주의자 %	3.9	1.8	10.7	25.9	21.1	19.5	18.6	18.2	12.4
9) 탈물질주의자 %-물질주의자 %(% p)	-29.9	-60.8	-20.4	6.5	4.5	-2.9	0.5	0.2	-26.0
10) 1인당국민소득($)	17,531	16,449	37,013	35,575	33,893	30,454	39,347	38,516	42,977

* 자료: 세계가치조사(WVS) 제5차 조사(2005~2007년) 자료에 의거하여 작성함. 단, 1)과 7) 두 항목은 제3차 조사(1994~99년) 자료에 의거하여 작성했고, 10)은 국가통계포털(http://kosis.kr/) 자료를 활용했음
** 4점 척도(매우찬성-찬성-반대-매우반대)를 사용하여 측정
*** 아래 제시한 친환경 행동 총 5개 항목 중 지난 1년간 실천한 총 개수: ① 친환경 가정용품 사용, ② 쓰레기 재활용, ③ 물 절약, ④ 환경보호 위한 집회 참여나 서명, ⑤ 환경단체에 기부

은 상관관계가 있음을 경험적으로 보여 주었다(Inglehart, 1997: 241-243). 국내 연구자들도 세계가치조사 자료와 온라인 설문조사 자료 분석을 통하여 이들 간에 유의미한 관계가 있음을 확인하였다(김두식, 2005; 박재묵·이정림, 2010).

〈표 1〉에는 한국을 비롯한 9개국의 환경의식 수준을 탈물질주의 가치 및 경제발전 수준과 견주어 볼 수 있는 자료가 제시되어 있다. 우선 탈물질주의자의 비율을 보면 한국은 대만과 함께 그 비율이 4% 미만의 낮은 수준이고 일본과 미국이 10%를 조금 넘는 중간 수준, 다른 서구권 국가들은 20% 전후의 높은 수준임이 드러난다. 그러나 탈물질주의자 비율에서 물질주의자 비율을 뺀 비율 격차의 견지에서 보면 대만이 크게 낮은 수준이고 한국·미국·일본이 –20%p대의 비슷한 수준이며, 다른 서구권 국가들은 탈물질주의자와 물질주의자의 규모가 거의 비슷함을 보여준다. 이 자료는, 한국이 지난 1960년대 이래 초고속 압축 성장을 이루었지만 다른 선진 공업국가들에 비해서 탈물질주의 가치가 아직 충분히 확산되지 않았음을 보여 준다.[8] 1인당 국민소득(GNI)을 보면, 한국은 대만과 함께 1만 6, 7천 불 수준으로 3~4만 불 대의 일본 및 서구권 국가들에 비하여 크게 낮은 편이다. 이러한 결과는 경제발전이 코호트 교체에 따라 물질주의 가치에서 탈물질주의 가치로의 점진적 변화를 낳는다는 잉글하트의 가설을 간접적으로 지지한다.

다음으로, 몇 가지 환경관련 지표를 통하여 국가 간 환경의식 수준을 비교 분석해 보기로 하자. 우선 첫 번째 문항은 인간이 자연과 공존해야 하는지 혹은 자연을 지배해야 하는지 라는 생태학적 세계관에 관한 문항이다. 이 문항을 포함시킨 4개국의 조사결과는 거의 비슷하게 나왔다. 네 나라에서 공히 9할 내외의 응답자들이 자연과 인간 간의 공존에 동의하여 반 인간중심주의가 시민들 간에 폭넓게 확산되었음을 보여준다. 자연재해 피해를

---

8) 한국의 탈물질주의자 비율은 1990년 조사에서 9.7%로 나타났으나 외환위기 이래 심리적으로 위축되어 2005년 조사에서 크게 떨어졌는데 이러한 탈물질주의자 비율 축소에는 특히 1955년 이후 출생 코호트가 크게 기여했다(박재홍·강수택, 2012: 86). 그러나 WVS 2010년 조사에서는 6.5%로 나타나 다시 회복세를 보인다.

자주 겪는 일본의 경우에는 거의 모든 응답자들이 이에 동의했음이 주목된다. 환경보호가 경제성장이나 고용창출보다 중요하다고 응답한 비율은 한국과 독일이 4할을 조금 넘는 수준이고 다른 나라들은 5, 6할 수준으로 나타났다. 이 지표는 조사 당시의 체감 경기에 예민하게 반응할 가능성이 높다. 한국의 경우 외환위기 이전인 1996년 조사에서는 이 비율이 77.5%에 달했으나 2001년(59.2%), 2005년(40.9%) 조사에서 점차 축소되었다.

문항 3), 4), 5)는 환경비용에 관한 문항이다. 앞서 지적했듯이 환경보호를 위해서는 어느 정도의 경제적 손실과 불편함을 감수하지 않을 수 없다. 환경친화적 실천을 할 개연성은 비용 부담 의사를 확실하게 가져야 높을 것으로 생각되어, 각 문항에 대하여 '매우 찬성'하는 응답자 비율을 가지고 각국 통계를 비교해 보았다. 전반적으로 볼 때 한국의 환경비용 부담 의사는 서구권 국가들 못지않은 수준이었다. 환경보호를 위해 필요하면 기부를 하겠다는 의견에 매우 찬성한 비율은 13% 수준으로 대만 다음으로 높았고 환경보호를 위한 세금인상에 동의한다는 의견에 매우 찬성한 비율은 상대적으로 다소 낮은 편이었으나 국가별로 큰 차이가 나지는 않았다. 세금 부과보다는 정부의 노력이 더 필요하다는 문항에 대해서는 아시아 국가들의 비율이 오히려 더 낮게 나타나서 서구권 국가들보다 상대적으로 높은 환경의식 수준을 보여주었다. 요컨대, 소득수준이 높은 서구권 국가들에 비하여 한국을 비롯한 아시아권 국가들은 결코 약하지 않은 환경비용 부담 의사를 갖고 있었다.

위의 문항들이 환경행동성향을 보여주는 지표임에 비하여 문항 6)과 7)은 보다 직접적인 환경행동을 보여주는 문항들이다. 우선, 환경보호단체 회원비율 면에서 보면 영국, 미국, 네덜란드, 프랑스가 가장 높은 수준이었고 한국과 이탈리아가 바로 그 다음 수준, 나머지 국가들이 가장 낮은 수준을 보였다. 적극적 회원 비율의 견지에서 보면, 프랑스, 영국, 미국이 6% 전후의 높은 수준이었고 나머지 국가들은 1~3% 대 수준이었다. 마지막으로 녹색제품 사용이나 물 절약 등 총 다섯 가지 친환경 행동들을 열거하고 그들 중에서 몇 가지를 실천하는지 평균점수를 계산해 보았다. 이 문항은 4개국가의 조사에서만 포함되었는데, 독일과 한국이 비슷하게 높았고 그 다음으로 미국과 일본 순으로 나타났다.

지금까지의 국가 간 비교 결과를 정리해 본다면, 한국은 일본 및 서구권 국가들에 비하여 1인당 국민소득이 크게 떨어지고 탈물질주의자 비율도 꽤 낮은 수준에 있음에도 불구하고 환경의식 수준, 구체적으로 말하면 생태학적 세계관, 환경비용 부담 의사, 환경행동 면에서 서구 국가들에 비하여 결코 뒤지지 않는다는 점을 확인할 수 있었다.[9] 구도완(1995: 355)은 1992년 리우환경회의를 계기로 하여 환경운동이 보다 대중화되었고 환경문제를 한국사회의 주요 의제로 부각시키는 성과가 있었다고 평가하면서, 그간의 한국 환경운동이 친환경적 실천 면에서 다소 미흡하기는 하지만 전반적으로 볼 때 비교적 성공적이었다고 주장한 바 있다(한국환경사회학회, 287-289). 위에서 본 바와 같이 한국인의 상대적으로 높은 환경의식은 이러한 그간의 성과가 반영된 것으로 볼 수 있을 것이다.

2. 환경의식의 코호트별 변화추이

앞 절에서는 한국인의 환경의식을 서구 및 아시아권 8개국과 비교해 보았다. 그러나 국가 간 비교가 이루어진 시점이 주로 세계가치조사 제5차 조사가 실시된 2005~2007년 한 시점으로 한정되었었다(2개 문항은 90년대 중후반). 이 절에서는 세계가치조사 시계열 자료의 분석을 통하여 한국 응답자들의 환경의식이 1990년대 이래 어떻게 변화해 왔는지 그 변화추이를 살펴볼 것이다. 환경의식의 변화추이는 출생 코호트별로 나누어 분석할 것이다.[10] 우리는 최근의 연구에서 탈물질주의 가치의 변화추이가 코호트별로

---

9) 환경의식의 변화추이를 1987~2010년 기간 동안의 시계열 자료를 갖고 분석한 한 연구에 따르면, 환경문제에 관심을 갖는 비율과 환경문제를 심각하게 여기는 비율이 2000년까지 증가하다가 그 이후 완만하게 감소하는 추세를 보였다(Yang, 2012: 12-14). 한국 조사시점이 환경의식 하향 국면이라는 점도 고려해야 한다.

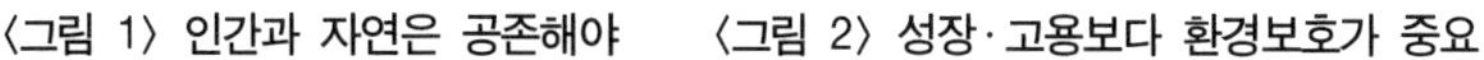

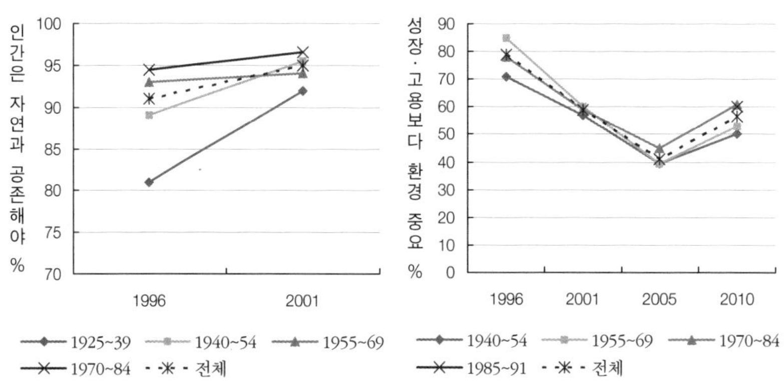

뚜렷하게 구분된다는 점을 확인한 바 있는데(박재흥·강수택, 2012 참조), 환경의식의 변화추이 역시 코호트별로 다른 유형을 보일지 경험적으로 확인해 볼 필요가 있다. 앞 절에서와 마찬가지로 환경의식은 친환경적 세계관, 환경비용 부담 의사, 친환경행동 등 3개 영역으로 나누어 순차적으로 짚어볼 것이다.

〈그림 1〉과 〈그림 2〉는 환경주의 세계관에 대한 태도가 코호트별로 어떻게 다르며 그간에 어떻게 변해 왔는지를 보여주는 그림이다. 인간이 자연을 지배하는 게 아니라 양자가 공존해야 한다는 인식은 반 인간중심주의를 대표하는 세계관이다. 이 문항은 제3차 및 제4차 세계가치조사에 포함되었는데11) 〈그림 1〉에 코호트별 변화추이가 제시되어 있다. 이 의견에 동의하는

---

10) 코호트는 1925~39년, 1940~54년, 1955~69년, 1970~84년, 1985~91년 코호트로 나누어 분석할 것이다. 그런데 1990년대 조사에서는 젊은 층 그리고 최근 시점에서는 고령층의 표본 규모가 크게 적은 경우(100명 이하)가 있었는데, 그 경우 표집오차가 커지는 문제가 발생하므로 그 코호트를 분석에서 제외하였다.

11) 제1차 세계가치조사는 1981~84년(한국: 1982), 2차 조사는 1989~93년(1990), 제3차는 1994~99년(1996), 제4차는 1999~2004년(2001), 제5차는 2005~08년(2005), 제6차는 2010~13년(2010)에 실시되었는데 그림 가로 축의 조사연도는 한국 조사연도로 표기하였다. 이후의 그림에서도 동일하다.

비율은 전체적으로 볼 때 5년 기간 중 4%p 정도 늘어나 2005년 95.4%로 나타났다. 인간과 자연의 공존이라는 세계관은 이제 한국사회에서 거부할 수 없는 대세가 된 것이다. 코호트별로 나누어 보면, 1925~39년 코호트와 1940~54년 코호트는 인간-자연 공존관에 대한 동의 비율이 1996~2001년 기간 중 크게 증가했다(각각 11.1%p와 6.7%p). 이에 비하여 1955년 이후 출생 코호트에서는 그 증가분이 1~2%p 수준에 그쳤다. 그 결과 1996년 조사에서만 하더라도 인간-자연 공존관에 대한 동의 비율이 1925~39년 코호트와 1970~84년 코호트간에 13.5%p 만큼의 차이가 벌여졌었으나 5년 후의 조사에서는 그 격차가 4.4%p로 크게 축소되었다. 이러한 수렴 추세에 크게 기여한 코호트는 물론 1955년 이전 출생 코호트이다. 이들 코호트가 인간이 자연을 지배해야 한다는 전통적 관점에서 인간-자연 공존관으로 세계관을 바꿈에 따라 공존관이 출생시기에 큰 상관없이 하나의 대세로 굳어진 것이다.

한편, 경제성장이나 고용창출보다 환경보호가 더 중요하다는 의견에 동의하는 비율의 전체적인 변화추이를 보면, 1996년 78.8%에서 2005년 40.8%로 거의 절반 수준으로 반 토막이 났다가 2010년에는 56.4%로 2001년 수준을 거의 회복한 상태이다. 코호트별로 나누어 보면, 환경보호를 중시하는 비율은 상대적으로 고령층인 1940~54년 코호트에서 거의 대부분 가장 낮게 나타났고, 그 비율이 가장 높은 코호트는 1996년, 2001년 조사에서는 1955~69년 코호트에서 그리고 그 이후 조사에서는 1970년 이후 출생 코호트에서 가장 높게 나타났다. 코호트별 차이는 1996년, 2010년 조사에서 10%p 이상 벌여졌고 2001년 조사에서는 수렴되는 경향을 보였다. 앞에서도 지적했듯이 이 항목은 체감경기에 예민하게 반응할 가능성이 높다. 2001년과 2005년 조사에서의 가파른 하락 추세는 1997년 외환위기를 겪은 후 고용이 크게 불안정해진 상황 변화를 적나라하게 반영한다.

〈그림 3〉과 〈그림 4〉에는 환경비용 부담 의사에 관한 두 문항의 코호트별 변화추이가 제시되어 있다. 우선, 환경보호 기부 의사의 전체적인 변화추세를 보면, 1990년 36% 수준에서 2001년, 2005년 13% 전후 수준으로 크게 떨어졌다. 앞에서 언급했듯이 환경에 대한 관심은 경제상황이 어려워

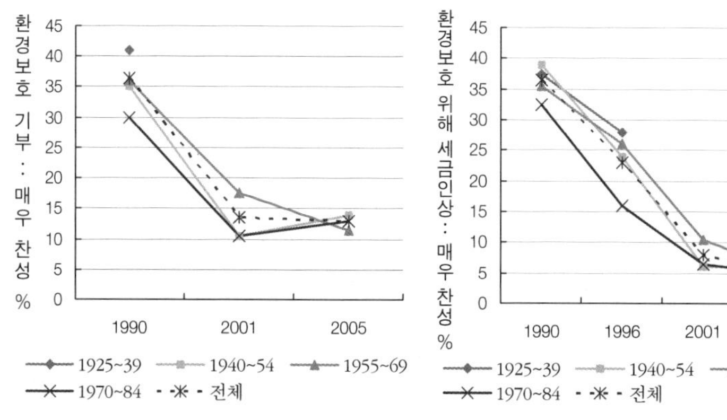

질 때 위축될 가능성이 높아진다. 생존 위기를 느끼는 상황에서는 먹고사는 문제를 가장 중시하게 되고 그 밖의 사안은 사치로 여겨지기 때문이다. 기부 의사의 급락 추세도 그러한 견지에서 해석할 수 있다. 코호트별로 나누어 보면, 환경보호를 위한 기부 의사가 저연령층 특히 1970~84년 코호트에서 대체로 낮게 나타나는 경향을 알 수 있다.[12] 세계관 면에서는 젊은 층이 고령층에 비하여 상대적으로 더욱 친환경적인 특성을 보인 바 있는데, 환경비용 부담 의사 면에서는 소극적 입장을 보인 것이다. 환경비용 부담을 지기에는 젊은 층 자신이 스스로 경제적으로 불안정하다고 느끼기 때문에 이러한 결과가 빚어진 것으로 추정할 수 있다.

환경보호를 위한 세금인상에 찬성하는지를 물은 문항에서도 환경비용 부담 의사의 위축, 그리고 젊은 층의 소극적 입장이 보다 확실하고 뚜렷하게 확인된다. 전체적으로 볼 때 매우 찬성하는 비율이 1990~2005년 기간 중 36.5%에서 5.2%로 매우 큰 폭으로 떨어졌는데, 이러한 급락 경향은 급락 폭이 다소 작기는 하지만 1997년 외환위기 이전부터 나타났다는 점이 주목

---

12) 1990년 조사에서 1970~84년 코호트의 기부 의사가 특히 낮게 나타난 것은, 이들이 만 20세 이하로 기부를 하기에는 나이가 너무 어리기 때문으로 보아야 할 것이다.

된다. 필자들은 최근의 탈물질주의 추세 연구에서, 1990~2005년 기간 중 탈물질주의 가치가 한국에서나 전 세계적으로 점차 위축되는 경향이 있음을 확인한 바 있다(박재홍·강수택, 2012 참조). 이러한 유사성은 양자가 공히 생존가치가 아닌 자기표현 가치를 반영한다는 점에서 이해할 수 있다. 또한, 세금인상을 묻는 이 문항에서도 젊은 층의 소극적 입장을 다시 확인할 수 있다. 코호트별 차이는 1996년 조사에서 극대화되며 2005년 조사에서는 5% 내외의 아주 낮은 수준에서 수렴되는 양상을 보였다.

〈그림 5〉에는 환경보호단체 회원 비율이 코호트별로 제시되어 있다. 전체적으로 볼 때, 1996년 25.1%에서 2005년 8.4%로 급락했다가 2010년에는 9.2%로 소폭 증가했다. 이 그림에는 제시되어 있지 않지만, 1982년 실시된 제1차 조사에서는 회원 비율이 2.7%였는데[13] 그 비율이 1996년 크게 상승한 것이다. 1982년은 환경운동이 조직화되기 이전 시점이지만 87년 6월 항쟁 이후 환경운동이 활성화되기 시작했고 1992년 리우환경회의를 계

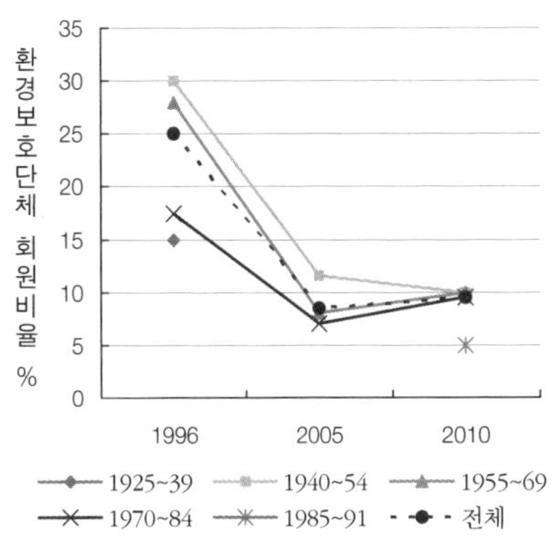

〈그림 5〉 환경보호단체 회원 비율

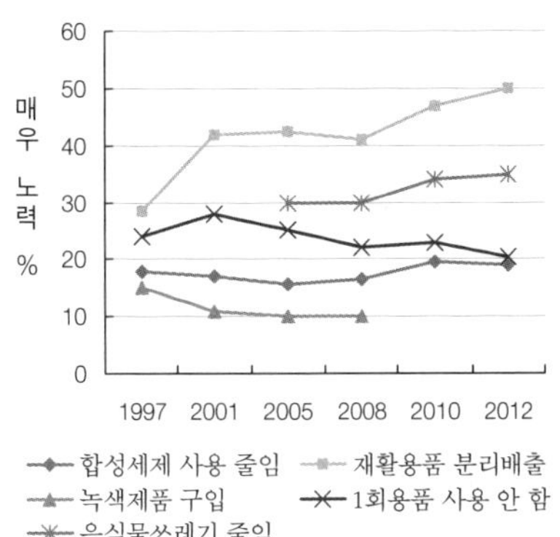

〈그림 6〉 환경오염 방지 노력

자료: 통계청, 각 연도 사회조사, 국가통계포털(http://kosis.kr)

---

13) 1982년 조사에는 연령 변수가 포함되어 있지 않아서 코호트별 분석을 할 수 없었다.

기로 환경운동이 더더욱 대중화되었다고 평가할 수 있는데(구도완, 1995), 96년의 높은 비율은 이러한 상황 변화가 반영된 것이다. 그러나 90년대 말 외환위기와 2000년대 전반 경기 침체로 회원 비율이 급락하게 된 것으로 볼 수 있다. 코호트별로 나누어 보면, 1996년 조사의 경우 1925~39년 코호트에서 회원 비율이 가장 낮게 나타난 것은 당시에 그들 대부분이 6, 70대 연령층이었다는 점에서 이해할 수 있다. 그런데 그 밖의 나머지 코호트들의 경우에는 출생시기가 빠를수록 즉 고령자일수록 회원 비율이 높게 나타났다. 이러한 추세는 환경비용 부담 의사를 묻는 문항에서도 발견된 바 있다.

즉, 1970년 이전 출생 코호트가 그 이후 코호트에 비하여 보다 적극적인 비용 부담 의사를 밝혔다. 젊은 세대가 친환경적 세계관을 가진 것은 분명하지만 환경비용 부담이나 회원 활동 면에서는 일정한 거리를 두고 있음을 알 수 있다. 2010년 현재 25세 이하인 1985~91년 코호트를 논외로 할 때, 1996년 12%p 이상 벌어졌었던 회원 비율의 코호트별 차이는 2010년 조사에서 거의 완벽하게 수렴된다. 즉, 과거에는 환경보호단체 회원 비율이 젊은 층에서 낮고 산업화·민주화운동 세대인 1940~69년 코호트에서 높게 나타났으나 2010년 시점에서는 이러한 출생시기별 차이가 거의 사라졌다는 의미이다.

〈그림 6〉에는 통계청의 시계열 자료 분석결과가 제시되어 있다. 친환경 행동들을 열거하고 각 항목에 대한 노력 정도를 4점 척도(매우 노력, 약간 노력, 별로 노력 안 함, 전혀 노력 안 함)로 물어본 자료인데, 한 시점에서만 조사한 세계가치조사를 보완하기 위해 제시하였다.[14] 전반적으로 보면 재활용품 분리배출과 음식물 쓰레기 줄이기 참여도가 특히 높았으나[15] 친환

---

14) 〈표 1〉에서 보았듯이 친환경 행동 실천 개수는 1996년 조사에서만 물어 보았다. 총 5개 항목 중 실천 개수를 코호트별로 제시하면, 1925~39년 코호트 2.46개, 1940~54년 코호트 2.93개, 1955~69년 코호트 2.98개, 1970~84년 코호트 2.67개로서, 친환경적 실천이 1940년대에서 60년대에 출생한 코호트 즉 산업화·민주화운동 세대에서 높게 나타나고 있음이 드러난다.

15) 쓰레기 분리수거는 형식적인 면에서 어느 정도 정착단계에 접어든 것으로 보이지만 내용 면에서 볼 때 아직 개선해야 할 점이 많다. 2013년 2월 서울 광진구에서는 소각

경·에너지절약형 등 녹색제품 사용이나 1회용품 사용자제 노력은 아직 낮게 나타났다. 1997~2012년간 환경오염 방지 노력 변화추이를 보면, 노력하는 비율이 높은 재활용품 분리배출과 음식물 쓰레기 줄이기 참여는 꾸준하게 증가 추세에 있지만, 1회용품 사용자제 노력이나 녹색제품 구입 노력은 오히려 감소하는 추세에 있다. 주로 쓰레기 분리수거에 국한된 시민들의 관심을 보다 다변화시키기 위해 환경운동 단체나 정부가 보다 섬세한 노력을 기울이고 적극적으로 홍보할 필요가 있음을 시사하는 대목이다.

지금까지 환경의식의 몇 가지 측면을 코호트별로 나누어 시계열 분석을 하였는데, 주로 코호트 변수와 환경의식 변수 간의 이원 교차분석 방법을 사용했다. 그런데 두 변수 간의 교차분석은 제3의 관련 변수들을 통제하지 않았다는 점에서 보완할 필요가 있다. 더구나 이러한 제3의 변수들이 단순히 통제변수라기보다 코호트/연령과 더불어 환경의식에 영향을 미치는 독립변수일 가능성도 있다. 이 연구에서는 이러한 점들을 확인하기 위하여 다중회귀분석을 실시했다.

우선, 환경비용 부담 의사를 측정하는 세 문항으로 통합 지수를 만들어서 종속변수로 삼았다.[16) 또한 기존의 경험적 연구에서 환경의식에 영향을 미칠 가능성이 높다고 보고된 변수들을 독립변수로 삼았다(양종회, 1992; 한국환경사회학회, 2004: 249-258; 박종민 외, 2005 참조). 우선 사회인구학적 변수인 연령, 성별, 거주지를 독립변수에 포함시켰다. 연령은 만 연령으로서 코호트 변수의 대리 지표의 의미를 가지며, 성별과 거주지는 가변수(dummy variable)를 만들어 사용했다. 사회경제적 변수로는 교육 수준과 주관적으로 평가된 소득수준을 포함시켰다. 마지막으로 탈물질주의 가치와

장이나 매립지로 가기 직전의 쓰레기종량제 봉투 내용물을 무작위 조사하였다. 그 결과 봉투 내에 넣지 말아야 하는 재활용 쓰레기가 일반 주택가에서는 평균 62%, 아파트에서는 48%나 포함되었다. 병과 캔의 분리배출은 정착되었지만 작은 비닐이나 종이의 분리배출에 대한 인식은 아직 미흡하다고 한다(조선닷컴, 2013.4.22).

16) 세 문항 각각은 4점 척도로 구성되어 있기 때문에 통합 지수의 범위는 최저 3점에서 최고 12점까지이다. '세금 부과보다 정부가 노력해야 한다'는 문항의 선택지 순서는 다른 문항과 달라서 재부호화(recoding)했다.

이념성향 변수를 포함시켰다. 이들 독립변수들은 여러 연구자들이 환경의식에 잠재적으로 영향을 미칠 수 있는 독립변수로 간주해 왔던 변수들이다. 기존의 연구들은 대체로 연령이 젊고 여성이고 도시에 거주하며, 고학력이고 소득수준이 높으며, 탈물질주의 가치를 갖고 진보적 이념성향을 가질수록 환경의식이 강할 것으로 예측하고 있다(양종회, 1992: 93-97; 한국환경사회학회, 2004: 249-258 참조). 이들 독립변수 군에서 추가적 논의가 필요한 변수는 연령 변수이다. 앞의 교차분석에서 확인했듯이 젊은이들은 환경주의적 세계관을 갖고 있었지만 친환경 비용 감수나 환경단체 가입에는 유보적 입장을 보였다. 이러한 결과는 친환경적 관심보다는 재정부담 능력과 의사 여부가 환경비용 부담 의사에 크게 영향을 미칠 가능성이 있음을 시사한다.

〈표 2〉에 회귀분석 결과가 제시되어 있다. 모형 1은 모든 독립변수들을 회귀 등식에 포함시킨 모형이고, 모형 2는 일정한 통계적 기준(F값의 유의도 수준)을 통과한 독립변수를 종속변수와의 관계를 설명하는 데 기여한 정도(R^2 변화량)에 따라 단계적으로 모형에 하나씩 추가하는 단계형 회귀분석 모형이다. 모형 1은 모든 독립변수들의 기여도를 확인할 수 있음에 비하여, 모형 2는 종속변수를 적정하게 예측할 수 있는 최소한의 독립변수를 추려낸다는 경제적 효용성의 의미가 있다.

모형 1을 보면, 총 7개의 독립변수 중에서 네 변수만이 통계적으로 유의미하게 나타났는데, 종속변수에 대한 설명력이 높은 순서(베타 값 크기의 순서)에 따라 배열하면 교육수준, 연령, 소득수준, 탈물질주의 가치의 순으로 나타났다. 교육수준이 높고 나이가 많으며 소득수준이 높고 탈물질주의 가치를 가질수록 환경비용 부담 의사가 높게 나타난 것이다. 나이가 많을수록 비용 부담 의사가 높게 나타난 까닭은, 재정부담 능력이나 의사 면에서 볼 때 고령 응답자가 젊은 층보다 높기 때문으로 해석할 수 있다. 젊은 층이 친환경적 세계관을 가지고 있기는 하지만 청년 실업과 고용 불안에 보다 더 노출되어 있기 때문에 환경비용 부담에 대해서는 부담을 갖는 것으로 해석할 수 있다. 다음으로 모형 2를 보면, 모형 1에서 종속변수와 통계적으

〈표 2〉 환경비용 부담 의사에 대한 다중회귀분석: 2005년

독립변수	모형 1: 일반 다중회귀분석		모형 2: 단계형 다중회귀분석	
	회귀계수 (표준오차)	표준화계수-베타	회귀계수 (표준오차)	표준화계수-베타
(상수)	5.452 (.374)		5.364 (.359)	
연령	.013 (.004)	.120**	.013 (.004)	.114**
성별(남자=1)	.080 (.090)	.026		
교육수준	.117 (.030)	.144**	.120 (.030)	.147**
소득수준	.104 (.026)	.119**	.103 (.026)	.117**
거주지(도시=1)	-.065 (.089)	-.021		
탈물질주의 가치	.112 (.046)	.071*	.113 (.046)	.072*
이념성향(보수)	-.020 (.023)	-.026		
F(유의도)	7.373** (.000)		12.398** (.000)	
R^2(수정된 R^2)	.042 (.036)		.040 (.037)	

유의도 수준: * P<.05, ** P<.01

주: 1) 성별: dummy variable (남자=1, 여자=0)

2) 교육수준: 무학(1) ~ 대학교(9)

3) 소득수준: 저소득(1) ~ 고소득(10)

4) 거주지: dummy variable (대도시=1, 농촌·중소도시=0)

5) 탈물질주의 가치: 물질주의적(0) ~ 탈물질주의적(5)

6) 이념성향: 진보적(1) ~ 보수적(10)

로 유의미한 관계를 갖는 것으로 확인된 네 변수만이 회귀 등식에 포함되었다. 독립변수의 상대적 중요도의 견지에서 볼 때, 교육수준이 가장 높고 다음으로 소득수준, 연령, 탈물질주의 가치 순으로 나타났다.

총 네 개의 변수가 종속변수와 유의미한 관계에 있음이 확인되기는 했지만 이 두 모형의 전반적 설명력은 매우 낮게 나타났다. 결정계수, 즉 R^2 값에서 알 수 있듯이, 모형 1에서 7개의 독립변수가 종속변수의 총 변량 가운데 단지 4.2%만을 설명하고 있으며 모형 2에서는 4개의 독립변수가 4.0%

를 설명하는 데 그치고 있음을 알 수 있다. 두 모형 간의 결정계수 증가분이 0.2%p로 매우 낮게 나타난 결과는, 모형 1에 비하여 모형 2가 경제적이고 적정한 모형임을 시사해 준다. 환경의식과 관련이 있을법한 독립변수들을 거의 망라했음에도 불구하고 결정계수가 낮게 나타난 이유는 무엇일까? 이러한 결과에 적극적 의미를 부여한다면, 환경운동이 대중화되고 중요한 사회적 의제가 됨에 따라(구도완, 1995) 환경에 대한 관심이 특정한 계층이나 집단을 넘어서 전 국민으로 폭넓게 확산되었기 때문으로 해석할 수 있다(양종회, 2012: 24).[17]

IV. 요약과 논의

이제 마지막으로 지금까지의 자료 분석 결과를 요약정리하고 연구결과의 함의를 간략하게 논의하면서 이 글을 마치고자 한다. 우선 자료 분석 결과를 요약하면 다음과 같다.

첫째, 한국은 일본이나 서구 선진공업국들에 비하여 1인당 국민소득 수준이 크게 떨어지고 탈물질주의 가치 역시 광범위하게 확산되지 않았음에도 불구하고 환경의식 수준이 비교 대상국들에 비하여 크게 뒤지지 않았다. 한국인의 환경의식이 하향 추세에 있던 시점에서 국가 간 비교가 이루어졌다는 점을 감안하면 우리의 환경의식 수준을 보다 긍정적으로 평가할 수 있다.

둘째, 인간과 자연이 공존해야 한다는 반 인간중심주의적 세계관에 대한 동의 비율이 1996년 조사에서는 젊은 코호트에서 특히 높게 나타났으나 2001년 조사에서는 코호트별 차이가 크게 줄어들었다. 1955년 이전 출생코

---

17) 양종회(2012: 24)는 환경의식에 대한 회귀분석을 한 결과 결정계수 값이 낮게 나타났는데 이러한 결과가 환경의식의 폭넓은 확산에서 비롯될 수 있다고 해석한 바 있다.

호트의 다수가 인간의 자연 지배관에서 공존관으로 생각을 바꿨기 때문이다. 그에 따라 인간과 자연의 공존이라는 세계관은 이제 한국사회에서 거부할 수 없는 대세로 굳어졌다. 한편, 경제성장이나 고용 창출보다 환경보호가 더 중요하다는 의견에 동의한 비율은 외환위기 이후 불경기와 고용 불안정 상황을 반영하여 1996~2005년 기간 중 큰 폭으로 하락했으나 2010년에는 절반 이상이 동의하여 2001년 수준으로 거의 회복되었다. 대체로 젊은 코호트가 환경보호를 중시하는 경향이 강했는데, 이러한 경향이 외환위기 이후 약화되었다가 2010년 조사에서는 다시 회복되었다.

셋째, 환경비용 부담 의사는 1990~2005년 기간 중 급격하게 감소하였다. 환경보호를 위한 기부에 매우 찬성하는 비율은 동일 기간 중 36%에서 13%로, 환경보호를 위한 세금인상에 매우 찬성하는 비율은 37%에서 5% 수준으로 크게 떨어졌다. 외환위기와 신자유주의적 세계화가 초래한 고용 위기 및 경기 침체가 환경비용 부담 의사에도 부정적 영향을 미친 것이다. 코호트별로 보면 상대적으로 젊은 1970~84년 출생코호트에서 환경비용 부담 의사가 특히 낮게 나타났다. 젊은 층이 생태주의적인 세계관을 강하게 가지고 있기는 하지만 고용 불안정 상황에 직면하여 환경비용 부담에 대해서 부담을 느끼는 것으로 해석된다.

넷째, 환경행동 즉 친환경적 실천 여부는 환경보호단체 가입과 친환경적 실천 노력 정도 등을 가지고 평가하였다. 우선, 환경보호단체 회원 비율은 1996~2005년 기간 중 크게 떨어졌다가 2010년에는 소폭 증가했다. 코호트별로 보면 대체로 1970년 이후 출생한 젊은 층의 회원 비율이 상대적으로 낮게 나타났다. 젊은 층이 친환경적 세계관을 갖는 것은 분명해 보이지만 환경비용 부담이나 환경단체 가입에는 소극적임을 알 수 있다. 1997~2012년 기간 중 친환경적 실천 노력의 변화추이를 보면, 재활용품 분리배출과 음식물 쓰레기 줄이기 참여도는 꾸준하게 증가하는 추세이지만 1회용품 사용자제 노력이나 녹색제품 구입 노력은 오히려 감소 추세에 있다. 이러한 결과는 주로 쓰레기 분리수거에 국한된 시민들의 관심을 보다 다변화시킬 필요성이 있음을 시사해 준다.

다섯째, 환경비용 부담 의사에 대한 다중회귀분석을 한 결과, 교육수준이 높고 나이가 많으며 소득수준이 높고 탈물질주의 가치를 가질수록 환경비용 부담 의사가 높은 것으로 확인되었다. 나이가 젊을수록 환경비용 부담 의사가 낮게 나타난 것은, 젊은 층이 고용 불안에 상대적으로 더욱 노출되어 있기 때문에 친환경적 세계관의 실천이 억압된 결과로 볼 수 있다. 또한 독립변수들의 종속변수 예측력이 낮게 나타난 까닭은 환경의식이 특정한 부류의 사람들에게 국한되지 않고 폭넓게 확산되었기 때문이라는 적극적 해석이 가능하다.

자료 분석을 통해 드러난 한 가지 흥미로운 발견은, 젊은 코호트가 환경주의적 세계관을 갖고 있기는 하지만 환경비용 부담이나 친환경적 실천 면에서는 소극적이라는 점이었다. 그 배경은 1990년대 중반 시장개방과 외환위기의 여파로 국내 경기가 크게 위축되었는데 이러한 상황에서 청년층의 고용 불안감이 심화되었다는 점에서 찾을 수 있을 것이다. 신자유주의적 세계화는 모든 나라에서 공히 노동시장에 뒤늦게 진입하는 젊은 층에게 결정적으로 불리하게 작용한다고 한다(Blossfeld et al., 2005; 김혜경·이순미, 2012: 42에서 재인용). 물론 한국도 예외가 아님을 여러 통계 지표들이 보여준다(박재흥·강수택, 2012: 87-89 참조). 젊은 층에서 나타나는 환경비용 부담 의사의 위축과 환경행동 면에서의 소극성은 이러한 맥락에서 이해할 수 있겠는데, 한 가지 다행스러운 점은 이러한 면에서의 코호트별 격차가 시간경과에 따라 점차 완화되어 수렴되고 있다는 점이다. 이들이 환경주의 세계관에 걸맞게끔 친환경적 실천에 앞장설 때 한국의 환경을 살릴 수 있다는 점에서 이러한 변화는 고무적인 현상임에 틀림없다.

이 연구에서 다룬 환경의식의 세 측면, 즉 환경주의 세계관, 환경비용 부담 의사, 친환경적 실천의 코호트별 변화추이에서 나타나는 한 가지 공통적 특성은 세 측면에서 공히 환경의식이 1990~2005년 기간 중 약화되다가 2010년에는 조금 회복되었다는 점이다. 이러한 유-커브형('U'형) 변화는 탈물질주의 가치의 변화추이에서도 동일하게 나타났다. 이러한 결과를 어떻게 해석할 수 있을까? 1990년 시점에서 환경의식이나 탈물질주의적 경향이 높게 나타난 것은 소위 '1987년 효과' 때문으로 보인다(박재흥·강수택, 2012: 80 참조). 1987년 이래 그간 억눌려왔던 다양한 욕구가 분출되고 사회운동이 활성화되는 상황 속에서 환경의식이나 탈물질주의 가치 역시 높은 수준에서 형성된 것으로 볼 수 있다. 그러나 시간경과에 따라 80년대 후반의 뜨거웠던 열기와 감동도 조금씩 식어가고 다른 한편 신자유주의적 세계화와 외환위기라는 전대미문의 경기침체와 고용 불안정, 치열한 경쟁 시스템 하에서 환경에 대한 관심과 탈물질주의 가치를 일시적으로 유보한 것으로 추측된다. 이러한 위기의식은 카드대란의 여파로 2000년대 중반까지 지속되다가 점차 잦아들었기 때문에 2010년 조사에서 회복세를 보인 것이 아닐까 생각된다.

한편, 1990년대에는 환경비용 부담 의사와 친환경적 실천의 측면에서 코호트별 차이가 제법 벌어졌으나 2005년, 2010년에는 점차 수렴 경향을 보인 것에 대해서도 경기 변동과 관련한 해석이 가능하다. 즉, 신자유주의적 세계화와 외환위기는 특히 젊은 층에게 심대한 타격을 가하여 젊은 층의 환경의식과 탈물질주의 경향을 약화시켰었는데 2000년대 중반을 전후하여 첨예했던 경제적 위기의식이 점차 누그러짐에 따라 회복세를 보이게 된 것이 아닌가, 그리하여 코호트별 차이가 줄어들고 수렴현상이 나타난 것이 아닐까 추정해 본다. 이에 대해서는 앞으로 보다 정교한 분석과 진단, 평가가 이루어져야 할 것이다.

【 참고문헌 】

강수택·박재홍. 2011. "한국 사회운동의 변화와 탈물질주의."『OUGHTOPIA』26(3). pp.5-38.

구도완. 1995. "한국의 새로운 환경운동."『한국사회학』29(여름호). pp.347-371.

______. 1999. "1980년대 이후의 한국인의 환경의식."『환경정책』7(2). pp.17-33.

______. 2000a. "Economic growth and environment in Korea: A sociological approach."『환경정책』8(2). pp.101-122.

______. 2000b. "1990년대 한국의 환경운동: 전문환경운동조직을 중심으로." 한국사회학회 2000년도 전기 사회학대회 발표문. pp.303-313.

김두식. 2005. "환경주의와 탈물질주의적 가치에 대한 태도 연구."『ECO』9. pp.135-180.

김혜경·이순미. 2012. "'개인화'와 '위험'— 경제위기 이후 청년층 '성인기 이행'의 불확실성과 여성내부의 계층화."『페미니즘 연구』12(1). pp.35-72.

박재묵·이정림. 2010. "자원봉사자의 환경주의와 탈물질주의—태안지역 방제작업에 참여한 자원봉사자의 가치관 분석."『ECO』14. pp.53-84.

박재홍·강수택. 2012. "한국의 세대변화와 탈물질주의: 코호트 분석."『한국사회학』46(4). pp.69-95.

박종민·왕재선·김영철. 2005. "환경가치와 신념의 근원: 탈물질주의, 정치이념 및 문화편향."『한국행정학보』39(4). pp.369-387.

조명래. 2001. "한국의 환경의식과 환경운동."『한국지역개발학회지』13(3). pp.141-154.

조선일보. 조선닷컴(http://www.chosun.com/).

양종회. 1992. "우리나라 국민들의 환경문제에 대한 의식의 변화 및 사회적 기반."『한국사회학』26(겨울호). pp.89-120.

이동원·박옥희. 2000.『사회심리학』. 학지사.

잉글하트·웰젤. 2011. 『민주주의는 어떻게 오는가』(*Modernization, Cultural Change, and Democracy*, 2005). 지은주 역. 김영사.

통계청. 국가통계포털(http://kosis.kr).

한국사회과학데이터센터(KSDC). 조사및통계자료 아카이브(http://www.ksdcdb.kr/main.do).

한국환경사회학회. 2004. 『우리 눈으로 보는 환경사회학』. 창비.

한상진. 2002. "환경의식과 환경행동의 사회적 기반." 『ECO』 2. pp.141-158.

Blossfeld, H. P., E. Klijzing, M. Mills, and K. Kruz. (eds.). 2005. *Globalization, Uncertainty, and Youth in Society*. Routledge.

Catton, William R., Jr. & Riley E. Dunlap. 1978. "Environmental Sociology: A New Paradigm." *The American Sociologist* 13(Feb.). pp.41-49.

Dunlap, Riley E. & Robert E. Jones. 2002. "Environmental Concern: Conceptual and Measurement Issues." Riley E. Dunlap & William Michelson, eds. *Handbook of Environmental Sociology*. Westport, CT: Westwood Press. pp.482-524.

______, Kent D. Van Liere, Angela G. Mertig & Robert E. Jones. 2000. "Measuring Endorsement of the New Ecological Paradigm: A Revised NEP Scale." *Journal of Social Issues* 56(3). pp.425-442.

Ester, Peter & F. van der Meer. 1982. "Determinants of Individual Environmental Behaviour: An Outline of a Behavioral Model and Some Research Findings." *The Netherlands' Journal of Sociology* 18. pp.57-94.

Inglehart, Ronald F. 1997. *Modernization and Postmodernization*. Princeton, NJ: Princeton University Press.

______. 2008. "Changing Values among Western Publics from 1970 to 2006." *West European Politics* 31(1-2). pp.130-146.

Maloney, Michael P. & Michael P. Ward. 1973. "Ecology: Let's Hear from the People: An Objective Scale for the Measurement of Ecological Attitudes and Knowledge." *American Psychologist* 28. pp.583-586.

Sanchez, Manuel J. & Regina Lafuente. 2010. "Defining and Measuring Environmental Consciousness." *Revista Internacional De sociologia* 68(3). pp. 731-755.

WORLD VALUES SURVEY 1981-2008 OFFICIAL AGGREGATE v.20090901,

2009. World Values Survey Association(www.worldvaluessurvey.org). Aggregate File Producer: ASEP/JDS, Madrid.(http://www.wvsevsdb.com/wvs/WVSData.jsp).

Yang, Jonghoe. 2012. "Three Decades of Environmental Concern in Korea: General Trend and Social Bases." *Korean Journal of Sociology* 46(3). pp.1-32.

제6장

지속가능발전 전략과
친환경적 사회정책의 실현가능성*

노진철

I. 머리말

'지속가능발전' 전략은 1987년 세계환경발전위원회(WCED)의 보고서 「우리 공동의 미래」에서 처음 제기됐다. 일명 「브룬트란트 보고서(Brundtland Report)」라고도 불린 이 보고서는 지속가능발전을 "미래세대의 욕구를 충족시킬 수 있는 능력을 위태롭게 하지 않고 현세대의 욕구를 충족시키는 발전(세계환경발전위원회, 2005: 75)"으로 정의했다. 이 시기는 미국 레이건 정부와 영국 대처 정부로 대표되는 자본주의 선진국들이 개발도상국에게 시장개방을 강제하기 위한 다자간 무역협상체제인 '우루과이라운드(Uruguay Round)'를 막 추진하던 때였다. 이런 맥락에서 보고서는 환경문제의 해결을

---

* 2013년 봄 경상대에서 개최된 학술대회 "문화, 환경, 탈물질주의 사회정책"에서 귀중한 논평을 해주신 박재묵 교수(충남대 사회학)께 감사드린다.

위한 필수적이고 기본적인 요건으로서 자본주의가 야기한 부작용인 빈민문
제와 사회적 형평성의 해결을 처음으로 언급했다. 즉, 지속가능발전 전략의
핵심은 환경문제의 해결만을 지향하는 환경정책이 아니라 환경문제와 빈민
문제, 사회적 형평성의 동시적 해결을 지향하는 '친환경적 사회정책'[1]에 있
음을 명문화했던 데 있다.

'리우지구정상회의(Rio Earth Summit)'에서 세계 각국이 지속가능발전
전략을 세계가 지향해야 할 발전의 전범으로 선언한 이후 경제발전과 환경
보전이 각국의 정책에서 병존하는 역설이 현재까지도 계속되고 있다. 구사
회주의국가가 붕괴된 이후 미국과 영국이 주도하는 신자유주의는 복지국가
의 재정지출을 재정 위기의 원인으로 과대 포장해 공격하면서 빠른 속도로
세계 전역으로 퍼져 나갔다. 1994년 125개국 통상대표들은 모로코에 모여
신자유주의 세계화의 첨병인 세계무역기구(WTO)의 출범을 골자로 하는
'마라케시 선언(Marrakech declaration)'을 채택했다. 이처럼 신자유주의가
기세를 부리는 상황에서 세계 114개국 정상들은 1992년 브라질 리우지구정
상회의에 참여해 기후환경변화협약, 생물다양성협약, 사막방지협약 등 3대
협약을 체결하고 지속가능발전을 재천명한 '환경 및 개발에 관한 리우데자
네이루선언(이하 '리우선언')'을 채택했다.[2] 이것은 이후 경제발전은 곧 환
경파괴라는 환경주의자들의 등식화가 무너지고, "환경보전을 위해 경제발전
을 한다"거나 "경제발전을 위해 환경을 개발한다"는 역설이 일어나는 배경
이 된다.

이러한 역설은 각국 정부가 자국의 경제정책을 탈규제 혹은 규제완화를
통한 신자유주의로 전환하는 데 지속가능발전 개념을 동원해 정당화하는 모

---

1) 사회정책은 빈곤, 산업재해, 질병, 노령, 실업, 환경오염 등 사회적 위험에 대비하고
　각종 사회문제를 해결해 삶의 질을 향상시키기 위해 국가가 일차적 책임을 지고 제공
　하는 사회적 서비스를 일컫는다(카우프만, 2005).
2) 한국 정부는 당초 기후변화협약과 생물다양성협약, 사막방지협약 등 3대 협약에 대한
　서명을 거부할 방침이었으나 Greenpeace, Friends of Earth, WWF 등 국제환경운동
　단체들의 압력과 국제적인 추세에 이끌려 어쩔 수 없이 서명했다(『동아일보』, 1992년
　06월 14일).

호성으로 나타났다. 이러한 모호성에서 환경단체뿐만 아니라 각국 정부와 기업도 경제발전과 환경보전의 동시적 추구 가능성을 용이하게 받아들였다. '유엔환경개발회의(UNCED)'가 '지방의제21(Local-Agenda21)'을 추진하기 위해 '지속가능발전위원회(CSD)'를 발족시켰고,3) 10년 단위로 'Rio+10'4) 지속가능발전 세계정상회의(WSSD)와 'Rio+20' 유엔지속가능발전정상회의(UNCSD)를 개최해 각국 정부를 상대로 지속가능발전 전략의 실행 정도를 지속적으로 확인했는데도, 신자유주의 세계화는 가속화되어 지구경제가 급속히 팽창했고, 지구 환경의 질과 사회적 양극화는 리우선언 이후 인류의 생존을 위협할 정도로 악화됐다.5)

미국 행정부와 국제통화기구(IMF), 국제부흥개발은행(IBRD) 등의 정책결정자들은 무역자유화를 포함해 포괄적인 시장의 자유에 대한 국제적 합의를 유도 또는 강제할 수 있는 제도적 근거인 워싱턴합의(Washington consensus)6)를 추진했다. 그것은 무역의 완전개방과 시장의 합리성 논리에 근거해 개발도상국들이 경제위기 발생 시 시행해야 할 구조조정 조처들을 담고 있었다. 세계무역기구(WTO)와 자유무역협정(FTA)은 워싱턴합의에 담겨 있는 자본시장의 자유화, 외환시장 개방, 관세인하, 국가기간산업의 민영화, 외국자본의 우량기업 합병·매수 허용, 정부규제 축소, 정부예산 삭감,

---

3) 1992년 12월 발족한 '지속가능발전위원회'에는 50개국 이상 각료와 1,000여 개 비정부 단체(NGOs)가 참가했다.

4) 2002년 남아프리카 요하네스버그의 'Rio+10'에서 174개국 100여 명의 국가수반과 대표단 및 각급 비정부기구(NGO) 회원들은 지속가능발전의 달성을 위한 6대 의제별 이행 계획을 발표했다. ① 세계의 빈민인구를 줄이기 위한 세계연대기금(WSF) 설립(2015년까지), ② 깨끗한 식수를 공급받지 못하는 20억 인구 절반으로 감축(2015년까지), ③ 어족자원 및 해양생태계 보호(2015년까지), ④ 생물다양성 보존(2010년까지), ⑤ 화학물질의 생산과 소비 제한(2020년까지), ⑥ 대체에너지 사용 확대 촉구 등이 그것이었다.

5) 각국의 산업화가 신자유주의 세계화의 영향으로 가속화되면서 전 세계의 GDP는 75% 증가했고, 천연자원 이용률은 41% 증가, 이산화탄소 배출량은 36% 증가, 해수면은 매년 평균 2.5mm 상승, 생물다양성은 30% 감소했다(UNEP, 2011).

6) 워싱턴합의는 1989년 당시 경제위기로 어려움을 겪고 있던 중남미 국가들에 대한 미국 정치경제학자 존 윌리엄슨(John Williamson)의 개혁 처방에서 유래했다.

재산권 보호 등의 조처를 통해 신자유주의를 세계로 확산시키는 자본주의 통제장치로 기능했다. 이처럼 개발도상국에 대한 선진국의 신자유주의 강요 속에 진행된 'Rio+10'과 'Rio+20'은 미국과 영국 등 신자유주의 선도국의 방해로,[7] 선진국과 개발도상국은 지속가능발전 전략의 구체적 일정과 방법을 담은 실행계획에 합의하지 못한 채 원론적 내용을 담은 합의문 발표만 했을 뿐 사실상 합의에 실패했다.

특히 'Rio+20'은 세계가 경제위기, 사회위기, 환경위기 등 3중 위기에 처해 있는 상황에서 개최됐다. 2007년 4월부터 세계 5대 거대 투자은행 중 '리먼 브라더스(Lehman Brothers),' 메릴 린치(Merrill Lynch), 베어 스턴스(Bear Stearns) 등 3개 은행이 파산신청을 하면서 미국발 금융위기가 촉발됐고, 2009년 10월부터 그리스, 포르투갈, 이탈리아, 아일랜드, 스페인 등 남유럽 국가(PIIGS)의 재정 위기가 겹치면서 대다수 국가들은 주식시장의 불안정, 경기침체 등 경제위기를 겪고 있었다. 또한 신자유주의 세계화가 저성장과 높은 실업률, 빈민문제를 심화시키면서, 2011년 9월부터 세계 주요 도시에서 사회 양극화의 주원인인 자본주의를 규탄하는 '월가 점령(Occupy Wall Street)' 시위가 일어나는 등 사회위기가 격화되어 있었다. 그리고 온실가스 배출량의 증가 등 환경이 심각히 훼손됐는데도 2009년 12월 코펜하겐에서 교토의정서를 대체할 새로운 기후변화협약 체결에 실패했다. 2011년 3월 터진 후쿠시마 원전사고는 환경위기를 크게 부각시키는 계기적 사건이었다. 그에 따라 'Rio+20'의 과제는 지속가능발전과 빈곤탈피를 위한 녹색경제로의 전환, 지속가능발전을 위한 국제 환경거버넌스 기반 구축에 맞추어졌다. 하지만 외부 간섭을 거부하는 77그룹 중심의 개발도상국과 구사회주의권 국가들은 녹색경제로의 이행단계 설정과 실행수단, 재원조달 방안에 동의하지 않았다. 그 결과 녹색경제와 국제 환경거버넌스 기반 구축이 지구

---

7) 미국은 1992년 리우회의에서도 생물다양성협약의 서명 거부, 기후변화협약의 온실가스 배출억제기준 완화 압력, 개발도상국의 빈곤탈피를 위한 재정지원에 대한 소극성, '의제21' 협상과정에서 사사건건 개발도상국들과 이해다툼을 벌였으며, 2002년의 'Rio+10'과 2012년의 'Rio+20'에는 아예 참여도 하지 않았다.

적 의제로 채택되는 데는 실패했다. '지속가능한 소비와 생산 10년 기본계획 (10-YFP SCP)'이 경제발전과 환경오염의 부정적 연관성을 해소하는 데 목표를 둔 유일한 성과였다(김종환, 2012: 22).

선진국은 신자유주의를 표방하면서 시장에 대한 국가의 개입을 최소화하면서 경제의 작동을 시장의 자율조절 기능에 맡기는 반면, 개발도상국은 신자유주의를 표방하면서도 시장의 경쟁 기제를 강화시키기 위해 국가가 권위적으로 개입을 한다. 신자유주의화의 선진국과 개발도상국 간 차이는 지속가능발전 실행모델에서도 분명한 차이를 재생산한다. 각국 정부는 지속가능발전이 빈곤탈피와 환경문제, 세대 내 혹은 세대 간 형평성의 동시적 해결을 지향한다는 데 동의하면서도, 선진국과 개발도상국은 그 실행계획에서 차이를 드러낸다. 'Rio+20'에서 제기된 '녹색경제'는 처음부터 사회적 형평성을 간과하고 있었을 뿐만 아니라, 경제발전과 환경보전 중에서도 경제발전에 방점을 찍으면서 환경위기의 극복에 대한 확신을 주지 못하고 있고, 국가간 빈부격차를 악화시키며 빈곤탈피에 실질적 도움이 되지 못할 것이라는 우려가 크다. 신자유주의 세계화가 급속히 확산되는 상황에서 각국 정부는 환경개발과 일자리창출에 지향된 정책을 '녹색성장'으로 정당화하는가 하면, 경제발전과 환경보호의 공존을 전제로 환경을 경제에 통합시키는 '생태적 근대화'를 추진하기도 하고, 모든 정책을 환경적 관심으로 통합하는 '친환경적 정책통합 프로그램'을 실천하는 등 '무엇이든 가능하다(anything goes)'는 태도로 일관하고 있다.

이명박 정부는 지속가능발전과 녹색경제의 이행수단으로 '녹색성장'을 규정하고 핵심사업으로 4대강 하상준설, 16개 보설치 등 토건사업을 벌였고, 미래 수출산업으로 원자력발전을 육성하는 에너지정책을 밀어붙였다. 유엔 환경계획(UNEP)은 이러한 한국의 녹색성장 정책을 "경제, 사회, 환경의 측면에서 지속가능발전에 기여할 수 있는 녹색경제", "종전의 양적 성장에서 질적 성장으로 성장 패러다임을 근본적으로 변화시키는 중대한 노력(UNEP, 2009: 29)"으로 평가했다. 이 평가는 한국 정부에서 제공한 정보에 전적으로 의존했던 탓으로 잘못 내려진 것이라는 비판적 견해가 적지 않다(윤경준,

2012). 공중에게 사용하는 가치와 실제 조직 활동을 다르게 이원화했던 정부의 위선(hypocrisy)은 지난 20년 동안 보수정권이든 진보정권이든 정부에 대한 신뢰를 잃게 한 근본 원인이었다. 신자유주의 세계화가 시장개방을 강제하는 속에서 역대 정부는 지속가능발전 혹은 녹색성장으로 명칭은 바꾸었지만, 국가 주도의 경제발전과 기술혁신 지원을 포기하지 않았다.

여기서는 신자유주의 세계경제가 지배하는 속에서 지속가능발전 전략 담론이 전개되어온 양태를 살펴보고, 역대 정부가 자신의 경제발전 정책을 관철시키기 위해 지속가능발전 전략을 어떤 방식으로 구사했는지, 그리고 모든 정책을 환경적 관심으로 통합하는 '친환경적 사회정책 통합'이 우리 사회에서도 빈곤문제와 환경문제, 사회적 형평성의 동시적인 해결을 가능하게 하는 대안적 패러다임이 될 수 있는지를 헤아려 볼 것이다.

II. 신자유주의 세계경제와 지속가능발전

신자유주의는 1970년대 중반 두 번의 오일 쇼크에 따른 경제위기의 영향으로 세계로 확산되기 시작했다.[8] 1980년대 미국 레이건 정부와 영국 대처 정부는 포드주의 대량생산과 대량소비를 지향하던 경제가 두 번의 오일 쇼크로 인해 경기침체를 일으키자 이를 타개하기 위해 신자유주의 정책을 실행에 옮겼다. 진보적 입장에 서 있던 영국 '노동당'과 프랑스 '사회당', 독일과 스웨덴의 '사회민주당' 등은 국가개입의 혼합경제를 지향하는 사회민주주의의 기반 위에서 노사 대타협을 모색하는 신조합주의 해법을 제시했지만, 이는 자본축적의 요구에 부응하지 못했다. 반면 미국의 '공화당'과 영국의

---

8) 신자유주의는 1940년대 하이에크(Hayek)의 정치철학에서 시발됐고, 1960년대 프리드먼(Friedman)을 중심으로 한 시카고학파의 경제정책론에 반영됐다.

'보수당'은 보호무역주의와 지역주의로 저항하는 개발도상국에 맞서서 세계경제를 재구조화하는 신자유주의화 전략을 구사했다.

같은 시기에 세계 각국은 리우회의에 모여 환경오염과 빈민문제, 도시 인구집중으로 인한 사회문제, 식량증산과 기아확산의 불균형 및 농업의 환경파괴, 5대양·남북극·우주 등 인류 공공자산의 선진국 오용, 에너지 소비증가와 자원고갈, 재생가능에너지 사용, 국가 간 분쟁에 의한 환경파괴 위험과 군비증가, 인구폭발과 인적 자원의 남북격차, 생물종 감소 등 시장경제가 야기한 8가지 후속 문제의 해결을 논의했다. 그 결과 지속가능발전이 경제가 합리적으로 작동하는 과정에서 발생한 부작용이나 후속 문제들을 해결할 수 있는 전략으로 채택됐다. 그들 국가는 'Rio+10'과 'Rio+20'에서도 지속가능발전 전략의 실현가능성을 거듭 확인했다. 그렇다면 지속가능발전 전략은 신자유주의 체제하에서 시장경제의 작동에 따른 부작용이나 후속 문제들을 '삶의 질'과 연계해 주제화하는 새로운 저항의 형식인가, 아니면 시장경제의 반환경적 측면을 방지하고 소득불균형에서 오는 시장경제의 부작용에 대한 완충장치인가?

세계화의 기저 이데올로기인 신자유주의는 기본적으로 국가권력의 체계적인 사용과 관련이 있다. 하비(Harvey)에 따르면, 현실 세계에서 역동적으로 전개되고 있는 "신자유주의는 사적 소유권, 개인의 자유, 자유시장, 자유무역의 특징을 갖는 제도적 틀 안에서 기업의 자유를 극대화함으로써 복지가 가장 잘 개선될 수 있도록 하는 정치경제적 실행"(하비, 2007: 15)이다. 여기서 국가는 "이러한 실행에 적합한 제도적 틀을 창출하고 보호하는 역할"(하비, 2007: 15)을 한다. 그에 반해 '친환경적 사회정책 통합프로그램'은 빈곤과 환경, 형평성의 동시적 해결을 지향하며 정치적 권한, 경제적 권한, 법적 권한을 친환경적으로 관리하는 국가를 필요로 한다. 따라서 신자유주의 세계화가 요구하는 작은 국가에서 친환경적 사회정책 통합을 주도하는 국가 역할을 기대하기는 어려울 것이다.

자본주의 경제에 대한 국가개입의 축소와 이에 따른 자유시장으로의 복귀를 전제로 하는 고전적 자유주의와는 달리, 신자유주의는 경쟁을 구축하기 위한 국가개입의 필요성을 인정한다(푸코, 2011). 신자유주의는 시장의 가격기제에 직접 개입하지는 않지만 시장의 존재 조건인 통화정책, 금융정책, 노동정책, 공공복지제도와 같은 사회구조적 틀에 개입해서 경쟁을 불러일으키려는 통치기술이다. 고전적 자유주의의 핵심인 '자유방임'은 시장에는 자연적 법칙이 내재해 있고, 국가는 그것에 가능한 간섭하지 않아야 하며 그것이 실패하거나 부정적인 결과를 초래할 때 비로소 개입한다는 의미였다. 그에 반해 신자유주의는 그런 자연적 대상으로서의 시장은 존재하지 않으며, 시장은 정치적 조절을 통해 작동하고 관리되어야 하는 대상이라고 역설한다. 다시 말해서 '신자유주의 국가(하비, 2007)'는 자연적으로는 존재하지 않는 경쟁을 조장하고 이 경쟁을 통해 사회를 조직화한다.

신자유주의의 개입은 자본주의의 경쟁 원리를 철저히 작동시키는 데 있다. 따라서 그것은 공공투자와 조세제도, 사회보장제도에 의한 소득재분배와 같은 복지국가의 개입과는 완전히 성격을 달리 한다.[9] 그 결과 케인즈 이론에서의 완전고용이 노동시장의 유연화로 해체되고, 정부가 관장하거나 보조해오던 각종 사회서비스 영역들이 민간에 이전된다. 교육·의료·상하수도·전력·교통·통신·식량과 관련된 국영기업이 민영화되고, 국가는 사회복지 관련 지출을 축소해 균형재정을 확보하고, 금융시장을 개방하는 등의 조치가 추진되며, 국가 간에 자본과 기술, 그리고 노동력의 자유로운 이동을 보장하게 된다. 만일 행위자의 합리적 이익추구가 시장통합과 시장교정적인 사회정책을 가져오는 충분조건이라는 신자유주의자들의 논리가 타당하다면, 경쟁 원리에 의해 완벽하게 통합된 경제를 가지고 있는 미국이 가장 선진화된 복지국가이어야 한다. 하지만 미국은 '맥도날드형 저임금 직종'에서 보는 것처럼 시간제 비정규직 노동자들이 급격히 증대하는 반면 사회부조프로그램은 정체된 결과로 노동빈곤가구 비율이 급증했다(Streeck, 1995: 411). 또한 미국 정부가 'Rio+10'과 'Rio+20'에 불참하는 등 지속가능

---

9) 신자유주의는 케인즈주의적 복지정책이 오히려 시장의 가격기제를 마비시켰다고 비판한다.

발전의 실행계획 수립을 방해했던 것에서 보듯이, 미국은 친환경적으로 통합된 사회정책이 완벽하게 부재한 나라이다.

'브룬트란트 보고서'와 '리우지구정상회의'가 정의한 지속가능발전이 빈곤탈피와 환경문제, 형평성의 동시적 해결을 지향하고 있는데도, 신자유주의 세계화를 수용한 국가들은 그것을 구체적인 정책으로 전환하는 과정에서 지속가능발전이라는 용어를 사용하면서도 친환경적 경제발전, 녹색성장의 모호성에 기초해 '발전'을 지향하는 것이 일반적인 현상이다. 그것은 신자유주의 세계화를 수용한 복지국가가 경쟁국가로 재정비되는 과정에서 복지국가 위기론의 형태로 사회정책의 축소를 단행했던 데서도 확인된다. 한국을 비롯해 복지국가의 초보 단계에 있는 국가들은 신자유주의 세계화에 노출되면서 거의 최소한의 생계보장 수준에 머물러 있던 사회정책을 다시 축소하는 방향으로 가닥을 잡는 경향이었다. 시장에의 적응은 "노동시장의 유연성 강화, 낮은 수준의 실질 임금, 환경규제의 완화, 그리고 자유무역에 기초한 수출지향 생산"을 요구했다. 하지만 서유럽의 경우 신자유주의 세계화를 주도하던 미국 및 영국과는 달리 복지축소를 위한 개혁을 점진적으로 진행했으며, 복지국가의 연속성과 유권자들의 저항도 생각보다 완강했다. 1994년 이탈리아에서는 연금 삭감에 항의하는 노조총파업이 일어나 정권교체와 새로운 연금개혁이 단행됐다. 1995년 12월 프랑스에서는 복지예산 삭감이라는 정부 제안에 항의하는 총파업이 교통대란 등 시민의 불편을 가중시켰지만, 프랑스 국민의 70% 이상이 파업을 지지함으로써 정부는 사회정책을 축소하는 긴축재정안과 의료개혁안을 철회해야 했다. 서유럽 국가들은 복지책무와 핵심적 복지급여의 구조에서 극적인 변화를 보이지도 않았으며, 적어도 중단기적으로는 그럴 가능성이 별로 없어 보인다(Esping-Andersen, 1994: 171).

유럽에서는 다양한 사회정책과 그를 통한 소득재분배에 대한 여론의 지지가 견고했기 때문에, 지속가능발전은 처음부터 환경정책 이외의 다른 정책 분야에서도 결정의 모든 단계에 환경적 관심을 통합하는 추세였으며, 빈민문제와 환경문제, 사회적 형평성의 목표달성 여부를 그 정책에 대한 평가

기준으로 내부화시키는 '친환경적 사회정책 통합프로그램'이 작동했다. '친환경적 사회정책 통합프로그램'은 환경정책 이외의 다른 정책 분야에서 행해지는 결정의 모든 단계에 환경적 관심을 통합하는 것을 의미했으며, 지속가능발전 전략에 관한 목표달성 여부를 그 정책에 대한 평가기준으로 내부화하는 것을 의미했다. 유럽연합은 이미 1983년 '제3차 환경계획(The 3th Environmental Action Program)'과 1987년 '단일유럽법(The Single European Act),' 1992년 '마스트리히트조약(Maastricht Treaty)'에서 친환경적 사회정책 통합을 언급한 바 있었다.

신자유주의 세계화와 첨단기술 발전에 당면해 유럽 지방정부들은 국가 차원의 논의가 이루어지기 이전에 지역 차원에서 리우회의의 방침에 따라 지속가능발전 전략에 대한 실천방안들을 논의하기 위한 '유럽지속가능도시회의'를 개최했다. 그것은 지방정부들이 중앙정부보다 정책결정과정에서 시민단체들의 영향에 더 쉽게 노출되었기 때문에 가능한 일이었다. 이미 유럽의 민간환경단체들(NGOs)은 리우회의와 병행해 165개국 17,000명의 개인과 7,650여 개 시민단체 등 3만여 명이 참여한 '92지구포럼(92 Global Forum)'을 개최해 정상들의 합의를 이끌어내는 압력을 행사한 경험이 있었다. 1994년 덴마크 알보고(Aalborg)에서 개최된 '유럽지속가능도시회의'는 지속가능발전을 "사회적으로 책임 있고, 생태학적으로 지속가능하고, 경제적으로 성공적인 발전"으로 재해석한 '알보그 헌장(Carta of Aalborg)'을 채택했다(노진철, 2004). 2,000여 개 유럽 지방정부들은 '알보그 선언'의 틀에 따라 지방의제21을 도시발전계획과 연계된 지방자치 프로그램으로 작성했다. 그에 따라 지방자치 프로그램이 미래세대를 위해 사회정의와 지탱 가능한 경제와 지속가능한 환경이용을 도시발전과 연계시킨 선순환 구조로 짜여졌다.

독일의 경우 다수의 지방정부가 '알보그 유럽지속가능도시회의'에 참여했고, '독일환경자연보호연맹(BUND)'과 같은 전국적 환경단체들이 협력해 지속가능발전 전략의 틀에서 지방의제21을 작성했다. 1997년 각 주의 환경장관들은 '환경장관회의'를 개최하고 지속가능발전 전력을 정책기조로 채택하기로 결정했으며, 연방정부에 지속가능발전 전략의 채택을 촉구했다(김기

싱, 2010). 하지만 연방정부가 지속가능발전 전략을 채택한 것은 2002년에 이르러서였다. 연방 차원에서 지속가능발전 전략의 논의가 본격화된 것이 1998년 총선에서 사회민주당과 녹색당의 연립정부가 탄생하면서부터였다. 두 정당은 국가 차원에서 지속가능발전 전략의 채택과 정기적인 수행평가를 골자로 하는 정책협약을 체결했다. 2000년 연방정부 산하에 만들어진 '지속가능발전위원회'에는 사회 각 분야의 전문가와 이익단체, 종교단체, 환경단체가 참여했으며, 지속가능발전 전략을 일반 시민에게 홍보하는 한편으로 사회 각계각층의 의견을 수렴했다. 2002년 4월 발표된 「독일의 전망: 지속가능발전을 위한 우리의 전략」(FGG, 2002)은 경제적 관심과 환경적 관심, 사회적 관심을 동등하게 존중하는 친환경적 사회정책 통합프로그램을 채택했고, 이의 달성을 유인하기 위한 구체적인 측정지표와 수치 목표를 제시했다(Jänicke et al., 2002: 121).

한편 유럽연합이 '친환경적 사회정책 통합'을 본격적으로 논의한 계기는 1998년 카디프(Cardiff)에서 열린 '유럽연합이사회(Council of the European Union)'였다. 1999년 체결된 '암스테르담조약(Amsterdam Treaty)' 제6조에서 "주요 정책의 정의 및 실행과정에는 환경적 관심이 통합되어야 한다"고 명시했다. 그 후 유럽연합은 에너지, 교통, 농업, 지역개발 등 주요 정책에 환경적 가치를 통합하는 작업을 가속화했다. 2001년 '유럽연합 지속가능발전 전략(The European Sustainable Development Strategy)'에서 기후변화, 건강증진, 천연자원의 합리적 이용, 교통체계의 개선 등의 주요 정책과제를 달성하기 위한 수단으로 '친환경적 사회정책 통합프로그램'을 현실화했다(Kraemer, 2001: 3 이하; Nilson and Eckerberg, 2007: 6 이하). 더 나아가 'Rio+10'은 각국 정부에게 모든 정책에서 경제발전, 사회 안정과 통합, 환경보호를 동시에 고려할 것을 천명한 '요하네스버그선언'을 채택했고, '친환경적 사회정책 통합프로그램'을 위한 정치적 의지를 재확인했다. 향후 20년에 걸쳐 지역적·국가적·국제적 차원에서 지속가능발전을 달성하기 위한 구체적인 실천계획인 '요하네스버그 이행계획(JPOI)'이 수립됐다. '요하네스버그 이행계획'은 지속가능발전 전략이 사회적 지속가능성(평화, 평등, 인권의 더불어 사는 삶)과 경제적 지속가능성(일자리, 소득의 적절한 경제발전), 생태적 지속가능성(모든 생명체, 자원, 생명부양체계의 보전), 정치적 지속가능성(민주적 정책결정) 등 4가지 차원의 지속가능성을 균형 있게 이루어야 달성되는 것으로 정의했다(UNESCO, 2002). 이에 따라 2004년 유럽 지방정부들은 'Aalborg+10'이란 이름으로 '제4차 유럽지속가능도시회의'를 개최했고, '요하네스버그 이행계획'을 경제와 환경, 사회 분야에서 향후 10~20년에 걸쳐 국가, 지역, 국제적 차원에서 달성하기 위한 총 10개장에 달하는 행동프로그램인 '알보그 서약(Aalborg Commitments)'을 채택했다.

'친환경적 사회정책 통합프로그램'은 수직적인 친환경적 사회정책 통합과 수평적인 친환경적 사회정책 통합으로 구분된다. 스웨덴, 노르웨이, 독일 등은 1990년대 후반 이후 중앙정부 차원에서 환경부 이외의 다른 부서도 개별적으로 그 부서의 정책 목표에 지속가능발전 전략을 통합하는 수직적인 친환경적 사회정책 통합프로그램을 채택했다. 이 수직적 통합프로그램은 정부의 모든 부서가 지속가능발전 전략을 정책 형성과 평가의 기준으로 내부화하지 않았다. 그에 비해 알보그 서약에서 110개 유럽 지방정부들이 채택한 '수평적인 친환경적 정책통합 프로그램'은 정부의 모든 부서의 정책목표에 지속가능발전 전략이 통합되는 것을 의미했다. 지방정부들은 수평적 통합프로그램에 관한 장기적이고 포괄적인 계획을 공식적으로 책정했고, 그 계획에 따라 정부의 모든 부서에 복지정책과 환경정책에 관련된 목표와 책임이 할당되는 형태로 되었다. 다시 말해서 중앙정부 차원에서 행해지는 수직적인 친환경적 사회정책 통합은 자본주의의 반환경적 측면을 방지하고 소득불균형에서 오는 자본주의의 부작용에 대한 완충장치 기능에 국한되는 프로그램이다. 그에 비해 유럽의 지방정부들이 알보그 서약에 따라 취하는 수평적인 친환경적 사회정책 통합은 지역사회의 모든 요소, 즉 지방정부와 지역기업, 지역시민단체가 모든 정책 결정에 참여하는 거버넌스 체제를 지향한다는 점에서 시장 중심의 신자유주의에 대한 대안 프로그램이 되고 있다.

'친환경적 사회정책 통합프로그램'에 깃들어 있는 지속가능성 원칙은 미래세대와 현세대의 '삶의 질'을 높일 수 있는 모든 가능성을 실현할 수 있는 사회질서의 수립을 목표로 한다. 이것은 현세대가 미래세대에 멍에를 씌우지 않으면서 비민주적인 정치제도를 물려주지 않는다는 것을 의미한다. 빈곤이 해소되지 않은 상황에서는 사람들은 장기적 공동목표인 환경보호보다는 당장 빈곤에서 벗어나는 문제, 불평등한 분배문제에 더 신경을 쓸 것이다. 그 때문에 친환경적 사회정책 통합프로그램은 미래세대를 위해 현세대의 욕구를 제한하는 세대 간 형평성이 보장되고 평화와 평등, 인권 등 세대 내 형평성이 보장됐을 때 우리 모두가 더 나은 미래를 향해 '삶의 질'을 개선하는 역할을 다할 수 있다.

III. 한국의 신자유주의 국가와 지속가능발전 전략의 불일치

민주화 이후 한국은 국가 주도 '압축적 근대화'의 토대가 빠르게 해체되고, 정치가 이를 대신할 어떤 것도 제시하지 못하는 상황에서 선진국이 우루과이라운드(Uruguay Round)협상과 세계무역기구(WTO)를 통해 압박해오는 신자유주의 세계화에 그대로 노출됐다.[10] 1986년 우루과이라운드 초기부터 정부는 각 부처 장관으로 구성된 '대외협력위원회'와 각 부처 국장으로 구성된 '실무위원회,' 한국개발연구원(KDI)·한국산업연구원(KIET)·무역진흥공사(KOTRA) 등 연구기관 및 민간기관의 업무협조를 받는 '실무소위원

---

10) 기업권력의 자유화를 포함해 포괄적인 시장 자유를 지지하는 신자유주의가 힘을 얻은 것은 1990년대 이른바 워싱턴합의(Washington consensus)가 국제적 합의를 유도 또는 강제할 수 있는 제도적 근거를 마련했던 데 있다. 미국 행정부와 IMF, 세계은행이 모여 있는 워싱턴에서 정책 결정자들 사이에 이루어진 이 합의는 개발도상국들이 경제위기 발생 시 시행해야 할 구조조정 조치들을 담고 있었다. 자본시장의 자유화, 외환시장의 개방, 관세 인하, 국가기간산업의 민영화, 외국자본에 의한 우량기업 합병·매수 허용, 정부 규제의 축소, 정부 예산의 삭감, 재산권 보호 등의 조치들은 신자유주의를 세계적으로 확산시키는 전략으로 활용됐다.

회' 등을 동원해 신자유주의 수용에 적극적으로 나섰다. 그에 비해 1992년 리우회의는 국무총리가 참석하는 수준에 그쳤으며, 정부는 리우선언에서 채택한 지속가능발전 전략을 환경의 이념화, 즉 자본주의 선진국의 새로운 무역규제 형식인 '그린라운드(GR)'로 파악해 국익(경제발전과 동일시)을 위한 대응책 마련에 나서는 국가주의의 전형을 보여주었다.[11] 한국의 환경단체들도 100명이 넘는 민간대표단을 '92지구포럼'에 파견했지만,[12] 지속가능발전에 대한 인식 부족으로 본회의와 토론회에서 능동적인 역할을 하지 못했다(한겨레, 1992/06/25).

한국에서 지속가능성의 이념을 수용해 전국 규모의 환경운동단체가 결성되고 환경운동이 본격화되었던 것은 리우회의가 그 계기였다. 그 이듬해 서울과 지방의 공해추방운동연합회들이 결집해 '환경운동연합'이 결성됐고, 배달환경클럽을 중심으로 전국적 조직망을 갖춘 '배달환경연합'이 1994년 '푸른 한반도 되찾기 시민의 모임', '대한녹색당 창당준비위원회'와 결합해 '배달녹색연합'으로 재조직됐으며, '경제정의실천연합' 산하에 '환경개발센터(1999년 환경정의시민연대로 개칭)'가 출범했다. 하지만 정부가 경제발전에 주력하는 속에서 이들 환경단체는 산업화와 국책사업에 의한 자연파괴와 환경오염을 정치 의제화해 해결하는 데만 주력할 수밖에 없었다.

리우회의 이후 유럽 국가들이 지방정부 차원에서 지속가능발전 전략을 본격적으로 정책기조로 채택했던 것과는 달리, 한국 정부는 각종 국제환경협약을 우루과이라운드 이후 제기된 새로운 무역장벽으로 인식해 외부적 압

---

11) 정원식 국무총리는 지구정상회담 기조연설에서 비무장지대 남북한 공동 생태계조사와 동북아 환경기구 설치를 제안하는 등 지속가능발전을 환경으로 의미 축소했다(『동아일보』, 1992년 06월 14일). 1992년 6월 22일 서울에서 개최된 제1회 시민환경회의 '유엔환경개발회의 평가와 전망'에서 외무부 과학환경과 정래권 과장은 지속가능발전 전략을 '환경제국주의'라고 지칭하며 환경의 이념화 현상으로 간주하고 한국의 지속적 경제발전에 걸림돌로 파악했다(『한겨레』, 1992년 06월 25일).

12) 민간대표단은 공해추방운동연합, 환경과공해연구회, 경제정의실천시민연합 경제정의연구소, 서울기독교청년회(YMCA) 시민중계실, 기독교청년연맹 환경정책실 등이 주축을 이루었다.

박에 대응하기 위한 국토개발 전략을 구사했다. 즉, 유럽 도시들이 신자유주의 세계화의 부작용, 후속 문제들을 해결할 수 있는 대응책으로 환경문제와 빈부격차, 세대 내 혹은 세대 간 형평성의 동시적 해결을 지향하는 지속가능발전 전략을 채택했던 추세와 달리, 한국 역대 정부들은 동일한 문제에 접해 경제문제와 환경문제, 복지문제를 별개로 다루었을 뿐 아니라 지속가능성을 '끊임없는 발전'을 위한 국토개발 전략을 정당화시키는 이데올로기로 의도적인 오역을 했다.

대표적으로 김영삼 정부는 4대강 수자원관리계획을 '환경비전21(1996)'로 포장해 공포했고, 대통령 자신은 '녹색환경나라의 환경대통령'을 표방했다(노진철, 2001). 유럽 도시들이 알보그 헌장에 따라 자연자원 보호를 위한 경제적 투자, 환경 불평등 해소, 도시와 농촌의 균형발전, 대중교통 활성화, 화석연료 사용억제와 재생가능에너지로의 에너지체계 전환 등을 구현한 지방의제21을 작성하고 환경단체들과 협력해 지방자치의 실천에 주력했다면, 한국 지방정부들은 비록 지방의제21을 다투어 발표는 했지만[13] 중앙정부의 신자유주의 정책기조에 동조한 것으로서 도시팽창에 따른 난개발을 지속했다.[14] 그에 상응하게 환경단체들의 활동도 대체로 대기오염, 수질오염, 생태계 오염, 도시쓰레기 등 도시형 환경오염의 감시와 해결에 제한됐다.

김영삼 정부는 선진국 진입의 관문격인 경제협력개발기구(OECD)에 진입하는 경제발전에 힘입어[15] 금융시장·자본 자유화 등 신자유주의 세계화

---

13) 지방자치단체들은 1992년 리우회의에서 각국의 자치단체가 지방의제를 1996년까지 채택할 것을 권고함에 따라 1996년 13곳, 1997년 21곳, 1998년 34곳, 1999년 45곳 등 총 113곳에서 지방의제를 작성·공표했다.

14) 1995~2000년 사이에 도로건설, 주택단지 조성, 공장건설 등 난개발로 인한 산림훼손은 22ha에 달하며, 그중 1/4은 수도권 지역에서 일어났다.

15) OECD 회원국은 미국, 일본, 독일, 프랑스, 영국, 이탈리아, 캐나다, 호주, 스페인, 네덜란드, 스위스, 스웨덴, 벨기에, 노르웨이, 오스트리아, 덴마크, 핀란드, 포르투갈, 아일랜드, 뉴질랜드, 룩셈부르크, 아이슬란드, 멕시코, 터키, 폴란드, 그리스, 체코, 헝가리, 한국, 슬로바키아의 30개국이다. 아시아에서는 일본과 한국만이 회원국으로 가입한 상태이다.

전략을 능동적으로 취했지만 그 후유증으로 1997년 말 외환위기를 겪어야 했다. 외환위기의 극복 과정에서 김대중 정부의 국가 기능은 국제통화기구(IMF) 주도의 신자유주의 정책을 위탁 수행하는 위기관리체제로 급격히 축소됐다. 동아시아로 몰려든 투기자본의 공격으로 야기된 외환시장의 마비를 타개하는 과정에서 정부는 국제통화기금의 압력을 받았다고는 하지만 금융, 기업, 노동, 무역 등 경제 전 분야에 걸쳐 구조개혁을 강제했다. 국가는 외환위기를 발생시킨 요인들을 통제하기 위해 자본시장 자유화, 외환시장 개방, 관세인하, 국가기간산업 민영화, 외국자본에 의한 우량기업 합병·매수 허용, 외국인 재산권 보호, 정부규제 축소, 자유무역협정(FTA)체결[16] 등의 신자유주의 개혁조치를 단행했다.

정부가 신자유주의 개혁조치를 강행하면서 그 파장으로 대부분의 기업이 정규직의 신규채용을 기피하게 되었고, 취업전선에 뛰어든 청년층은 기간제 근로자, 단시간근로자, 무기계약직 등의 비정규직 노동자로 전락했다. 김대중 정부 이전 1997년 45% 수준이던 비정규직의 비율은 2000년 58.4%로 높아졌다(통계청, 2005). 비정규직 노동자의 증가를 비롯해 명예퇴직·조기퇴직·강제퇴직 등 정리해고 남발로 인한 고용불안정과 빈민문제, 환경오염 등의 해결은 기업이 세계시장에서 경쟁력을 확보하는 데 장애가 되는 비용부담으로 파악되어 정치적 지배의 정당성을 유지하는 수준에서만 정책적 배려가 있었다(조명래, 2002: 69). 그 결과 한국은 외환위기를 겪었어도 세계 10위권의 경제대국 지위를 더욱 확고히 할 수 있었다.[17] 하지만 '삶의 질'과

---

16) 자유무역협정(FTA)은 칠레(2004년 발효), 싱가포르, 아이슬란드·리히텐슈타인·노르웨이·스위스(2006년 발효), 브루나이·캄보디아·인도네시아·라오스·말레이시아·미얀마·필리핀·태국·베트남(2009년 발효), 인도(2010년 발효), 유럽연합, 페루(2011년 발효), 미국(2012년 발효) 등 45개국으로 확대됐다. 터키, 콜롬비아는 2012년 서명했고, 캐나다, 인도네시아, 중국, 베트남, 일본 등 16개국과 협상이 2013년 현재 집행 중이다.

17) 2012년 5월 말 신자유주의를 지지하는 보수언론인『조선일보』(2012년 05월 28일)는 1인당 국민소득 2만 달러 이상, 인구 5,000만 명 이상의 기준을 동시에 충족한 국가를 지칭하는 '20-50클럽'이라는 신조어를 만들어내어, 한국이 일본(1987년), 미국(1988년), 프랑스(1990년), 이탈리아(1990년), 독일(1991년), 영국(1996년)에 이어

관련된 각종 사회지표나 환경지표는 경제협력개발기구(OECD) 최하위 수준을 벗어나지 못했다. 공공서비스 지출은 OECD 평균이 GDP 대비 20%인데 한국은 고작 6%에 머물렀다. 연간 노동시간과 자살률 OECD 1위를 8년 이상 연속해 차지할 정도로 '삶의 질'이 최하위 수준에 머물러 있다.[18]

　김대중 정부는 「국민기초생활보장법」을 제정하고 4대 사회보험의 적용대상을 확대했다. 하지만 사회정책이 경제발전을 위해 이용되는 신자유주의의 특성은 근본적으로 변하지 않았다. 비정규직의 상당 부분, 특히 여성들이 사회보험의 적용으로부터 배제됐고, 최저생계권도 부양의무자 요건과 같은 자격요건 제한을 두어 수급자를 현저히 제한했다. 고용보험의 포용범위는 확대됐지만 적용대상자는 임노동자의 절반 정도에 불과했고 급여수준은 매우 낮았다. 국민연금도 급여수준이 하향 조정됐고 저임노동자의 가입률은 매우 낮았다. 건강보험도 이전의 다층적 체계에 근본적 변화를 주지 못해 본인부담률이 여전히 높았다. 저소득층의 65세 이상 경로연금과 5세 미만 보육료 지원, 만성질환자 장애수당 지급 등 복지수혜가 빈민층과 노인들로 형식적으로 확대됐지만 실질적으로는 고용안정성보다 고용능력 향상에 주력한 것이었다. 그 결과 복지제도의 확대에도 불구하고 사회적 양극화는 오히려 심화됐다. 전체가구 중 최저생계비 이하의 가구비율을 의미하는 절대적 빈곤율이 1996년 5.91%에서 2000년 11.46%로 거의 2배 수준으로 증가했고, 중위 소득의 절반도 못버는 인구 비중을 뜻하는 상대적 빈곤율이 1996년 7.65%에서 2000년 11.53%로 증가했다(유경준, 2003).

　김대중 정부는 환경정책 역시 신자유주의 세계화의 경쟁 원리를 투영하는 형태로 추진했다. 위기관리체제로서의 국가의 한계가 가장 극명하게 드러났던 것이 환경문제의 처리였다. 정부의 정책 기조가 세계시장에서의 기업 경제력 제고와 생산성 회복으로 선회하는 가운데 환경정책의 위상은 급

세계 7번째임을 들어 선진국 대열에 진입했음을 자화자찬했다.

18) 경제활동가능인구(15~64세)의 10만 명당 자살률은 OECD 31개국이 2000년 17.2명에서 2010년 15.3명으로 감소했던데 비해, 한국은 15.6명(17위)에서 30.9명(1위)으로 급증했다(『경향신문』, 2013년 01월 29일).

격히 약화됐다. 환경문제가 신자유주의 정책 운용의 범주에서 경제 활성화에 따른 부작용, 부수적 문제라는 인식은 형성되어 있었다. 하지만 유럽연합을 중심으로 국제사회가 2002년 요하네스버그의 'Rio+10'을 앞두고 지속가능발전 전략의 맥락에서 빈민문제와 환경문제의 동시적 해결을 요청하던 세계적 동향과는 동떨어진 채, 김대중 정부는 국제통화기금(IMF)의 지휘를 받으며 양자에 대해 별개로 접근했을 뿐만 아니라 정책의 우선순위에서 양자다 부차적인 것으로 밀어냈다.

2000년 '지속가능발전위원회(이하 지속위)'가 설치됐으나 지속가능발전을 '환경'이라는 좁은 의미로 축소시킨 탓으로, 정부는 국책사업인 영월 동강댐 건설, 새만금매립, 경인운하 건설, 경부고속철도 천성산(금정산)터널 공사, 방사성폐기물처분장(이하 '방폐장') 건설, 북한산(사패산)관통 서울외곽순환도로 건설 등의 토목사업을 국내산업의 국제경쟁력 제고를 위한 경기부양책으로 강행하면서 환경단체들과 갈등을 빚었다.

세계경제포럼(WEF)이 평가한 환경지속성지수(ESI)에서 한국은 최하위권이었으며 2001년 122개국 중 95위에서 2002년 142개국 중 136위로 오히려 후퇴하였다(한겨레, 2003/10/10). 환경부는 지속가능발전에 대한 이해 부족으로 빈민문제와 환경문제의 동시적 해결을 위한 대책 수립보다는 측정지수 자체에 대한 연구와 개발에 집중하는 양태를 보였다. 환경단체들은 '개발세력 대 환경보전세력'의 대립구도를 만들어서 여론의 향방이나 대법원의 판결에 따라 어떤 토목사업은 저지에 성공하기도 했고 어떤 사업은 저지에 실패했다. 하지만 그들도 정치적으로 허용된 공간 내에서 활동한다는 한계 때문에 이슈화의 범주를 환경문제에만 국한시킨 채 환경문제와 빈민문제의 동시적 해결에까지 미치지 못했다.

노무현 참여정부는 국가 주도로 경제발전 위주의 정책을 추진해왔던 것이 사회적 양극화와 환경문제의 원인이라는 통찰에서 친환경적 사회정책을 처음 도입한 정부였다. 참여정부는 당시 지속가능발전 전략을 추진하던 국제사회의 흐름을 좇아 미래세대를 위해 친환경적인 정책통합의 관점에서 국가의 정책 전체에 접근해야 한다는 인식을 공유했다. 2003년 말 '지속위'에는 국정과제위원회의 기능이 부여됐다. 이에 따라 지속위는 각 부처에서 수립·시행하는 중·장기계획을 지속가능발전 전략 틀에서 심의해 의견을 개진할 수 있는 지위를 가졌다. 지속위는 국가정책의 입안 과정에 비정부기구(NGO)들이 참여하는 '국가중심 거버넌스 체제'를 지향했다. 이로써 모든 정책이 수립단계에서부터 경제발전, 사회안정 및 통합, 환경보전의 동시적인 해결을 지향한 친환경적 사회정책으로 통합되는 지속가능발전 전략의 제도적 틀은 갖추었다(「지속가능발전기본법」 제2조2항).

노무현 참여정부가 지속위를 국정과제위원회로 격상시키고 「지속가능발전기본법」을 제정했다고 해서, 과연 지속가능발전 전략을 실천했는지는 살펴봐야 한다. 현실 정치에서 빈민문제와 환경보전, 사회적 형평성의 통합정책 프로그램을 실제로 추진했는지를 헤아려보아야 한다. 2007년 7월 제정된 「지속가능발전기본법」이 지속가능발전의 기본 원칙과 달리 빈민문제 대신에 경제발전을, 세대 내 혹은 세대 간 형평성 대신에 사회 안정과 통합을 명문화한 것은 우연이 아니었다. 노무현 정부에서도 정책의 우선순위를 결정하는 과정에서 환경 사안과 사회정책은 여전히 뒷전으로 밀렸다. 노무현 정부는 이전 정부와 마찬가지로 경제발전을 우선시했으며, 1997년 외환위기로 관행화된 정규직과 비정규직의 노동시장 양극화는 더욱 심화됐다. 2004년 비정규직 보호를 위해 도입한 「기간제 및 단시간 근로자 보호 등에 관한 법률」이 비정규직의 고용기한을 2년으로 제한하자, 기업은 2년이 되기 전에 해고하는 방어적 대응을 하였고 고용불안은 오히려 가중되었다. 2007년 8월 비정규직 노동자는 570만 명으로 전체 노동자의 35.9%에 이르렀다(한국노동연구원, 2011). 2011년 현재 비정규직의 정규직 전환 비율이 7.8%에 불과할 정도로 대부분의 기업은 정규직으로의 전환을 기피했다.[19]

---

[19] 고용노동부가 2010년 4월부터 2011년 7월까지 비정규직 노동자 114만 명의 신분이동 상황을 추적한 바에 따르면, 이 기간 동일한 직장에서 그대로 일하는 노동자 66만 5,000명(58.1%) 대부분은 고용은 보장되지만 임금과 승진에서 차별을 받는 무기계약직이었고 그중 정규직으로 전환한 사람은 3.0%에 그쳤다. 6만 9,000명(14.4%)은 실직했으며 육아, 가사 등 비경제활동인구로의 편입자는 10만 4,000명(21.6%)이었다.

기업의 인사권 남용에 대한 통제장치가 부재한 상황에서 비정규직 보호제도는 오히려 그들을 해고의 위험에 빠뜨리는 의도하지 않은 결과를 가져왔다. 불안한 비정규직 노동자의 증가는 불안정한 소득과 차별적 저임금을 양산했고, 노동자들은 생계에 얽매여 환경문제를 돌아볼 겨를이 없었다.

노무현 참여정부는 2005년 10월 '국가지속가능발전 비전'을 선언했고 2006년 10월 전략과 이행계획을 확정했지만, 실제 정책의 집행에서는 지속가능발전 전략의 실현가능성이 미흡했다. 지속위는 '갈등관리시스템 구축'과 '대안적 갈등관리프로세스 적용'의 두 가지 과제, '지속가능한 에너지 및 산업정책 수립', '지속가능한 물관리 정책 수립', '지속가능한 국토 및 자연관리체계 구축'의 세 가지 정책 분야, 그리고 국가 전체의 지속가능발전 전략 수립 등 6개 국정과제를 설정했지만, '지속가능'의 수사적 표현과는 달리 친환경적 사회정책 통합이 아니라 여전히 경제발전과 규제 위주의 환경관리 패러다임에 머물렀다.

노무현 참여정부는 김대중 정부로부터 물려받은 대형 국책사업을 둘러싼 환경갈등에 접해서도 새만금매립, 천성산터널 공사, 방폐장 건설 등을 지역주민 및 환경단체들과 충돌을 빚으면서 강행했다. 게다가 지속위는 부분적으로 정부부처들 간의 정책조정 기능을 갖고 있었지만, 대통령령으로 설립됐기 때문에 지속위의 검토의견이 각 부처에서 반영되도록 하는 법적 구속력을 결여하고 있었다. 따라서 정부부처들의 협조가 원만하게 이루어지지 않았고, 환경부는 모든 환경문제를 다룰 수 있는 권한은 없는 채 책임을 져야 하는 위치에 있었다. 지속위와 환경부 모두 지속가능발전 전략을 추진하기에는 불안정한 구조였다(박진우, 2012: 42). 이에 2007년 7월 「지속가능발전기본법」이 제정되어 '국가지속가능발전위원회'에 법적 심의기구의 지위를 부여했으나 그것은 때 늦은 조처였다. 이 새로운 제도에 기반하는 지속가능발전 추진체계가 '국가중심 거버넌스체제'로서 실질적인 성과를 내야 하

일자리 이동자 48만 명 중 21만 8,000명(45.4%)은 다른 직장으로 옮겼는데 그 가운데 정규직 전환은 5.3%였다.

는 시점[20]이있을 때는 정권이 이명박 정부로 넘어가 있었다.

이명박 정부의 녹색성장도 과연 경제와 환경이 조화를 이루는 성장이었는지 되물어봐야 한다. 이명박 정부는 '줄푸세 타고 747로("세금은 줄이고, 간섭과 규제는 풀고, 법치주의를 세워서 7% 성장, 4만 불 소득, 세계 7위 경제를 이룩하자")'에서 드러나듯 '경제살리기'를 정책기조로 해 공기업 민영화, 기업의 규제완화, 법인세 감세, 노동시장 유연화, 복지예산 삭감 등을 추진한 전형적인 '신자유주의 국가'였다. 이명박 대통령은 '저탄소 녹색성장'을 표방하면서도 '국가지속가능발전위원회'를 대통령 직속에서 환경부 소속의 지속위로 그 위상과 기능을 축소시켰다. 그 대신 「저탄소 녹색성장기본법」을 제정하고 「지속가능발전기본법」을 시행법인 「지속가능발전법」으로 격하시키는 촌극을 벌였다.[21] "경제와 환경이 조화를 이루는 성장(「저탄소 녹색성장기본법」 제2조3항)"은 이론적 상위 개념인 지속가능발전을 녹색성장보다 하위에 두는 넌센스(Nonsense)였다.

OECD는 2011년 녹색성장보고서를 채택하면서 "지속가능발전은 녹색성장의 중요한 맥락을 제공하는 것으로, 녹색성장은 지속가능발전을 대체하는 것이 아니라 지속가능발전의 하위 아젠다로 간주되어야 한다"고 적시했다 (OECD, 2011a: 5). 이명박 정부에서 유일하게 법적 심의기구의 지위를 가졌던 '녹색성장위원회'는 정부 역할을 더욱 강화하고 시민사회의 정책결정 참여를 제한하는 준(semi-)거버넌스체제로 운영되었으며,[22] 빈민문제와 환

---

20) 「지속가능발전기본법」의 시행령은 정권이 교체된 이후인 2008년 4월 발효되었고 국가지속가능발전위원회는 그해 5월 출범했지만, 이명박 정부는 김대중 정부와 노무현 정부의 집권기간을 "잃어버린 10년"으로 지칭하면서 과거의 제도를 무력화시켰기 때문에 실질적 권한이 없는 형해화한 조직이었다.

21) 그와 동시에 이명박 정부는 「저탄소 녹색성장기본법」에서 대통령 직속의 에너지위원회를 지식경제부 소속의 에너지위원회로 기능을 축소시키고 「에너지기본법」을 「에너지법」으로 격하시켰다.

22) 녹색성장위원회는 국가지속가능발전위원회와는 달리 민간의 참여가 제한적이었다. 국가지속가능발전위원회의 구성이 정부 50%, 학계 33%, 시민단체 17%였다면, 녹색성장위원회는 정부 59%, 학계 39%, 시민단체 2%에서 드러나듯이 시민단체의 참여는 형식적 수준의 구색 맞추기에 불과했다. 그 이유는 이명박 정부가 집권 초기 광우

경보전, 형평성 등을 동시적으로 해결하는 조정자로서의 역할을 결여하고 있었다. 녹색성장위원회도 임기 말 내부평가(2012)에서 드러나듯 녹색성장 정책의 문제점으로 NGO·지방·정치권의 파트너십 결여, 부처 간 및 부처 내 추진체계 미흡 등을 인지하고는 있었지만, 지속가능발전 전략의 실천의지가 부재한 속에서 구심점 역할을 할 수 없었다.

녹색성장 정책은 빈민문제의 해결 관점을 결여했다는 점에서 국제사회의 '생태적 근대화' 조류에도 역행하는 조처였다(안성경, 2010: 25; 이연호, 2010: 72; 윤경준, 2012: 42). 새만금종합개발, 4대강사업, 환경산업의 수출전략 산업화, 신성장동력으로서의 핵발전산업 육성 등의 정책기조는 장기적인 국제고유가와 2008년 미국발 비우량주택담보대출(subprime mortgage loan) 금융위기, 2009년 유로존 재정 위기 사태 등 외부에서 야기된 경제 불황을 극복하기 위한 협소한 국가주의에서 촉발된—환경보전 중심이 아니라— 토건사업 중심의 경제발전 전략이었다. 대표적으로 녹색뉴딜의 핵심사업인 4대강 사업은 홍수·가뭄 대비와 하천수질 개선, 지역경제 활성화, 일자리 창출 등의 목표설정에서 드러나듯 치수를 구실로 한 경기부양 목적의 토건 사업이었다.[23] 또한 '제1차 국가에너지기본계획(2008~2030)'은 1차 에너지 중 핵발전의 비중을 2006년 15.9%에서 2030년 27.8%로, 전체 발전설비 비중으로는 2006년 26%에서 2030년 41%로 확대할 계획이었다(국가에너지위원회, 2008: 62, 103). 궁극적으로 2030년까지 원전 80기를 수출해 핵발전 수출 강국이 된다는 계획이었다(지식경제부, 2010).

병 촛불집회에서 시민단체의 강력한 저항을 경험했고 시민단체의 참여 강화가 경제 발전을 저해할 수 있다는 우려에서 거버넌스를 기피했던 데 있다(이연호, 2010).

23) 4대강 사업은 애초에 당초 목적과는 다르게 수행됐다. 왜냐하면 가뭄과 홍수는 주로 지천에서 일어나는 일이었고, 보건설은 강 유속 저하로 인해 수질 악화를 초래했으며, 지역경제 활성화는 턴키방식에 의한 '빅8(현대건설, 현대산업개발, 삼성물산, 대우건설, GS건설, SK건설, 대림산업, 포스코건설)'과 8개 대형건설사(금호산업, 쌍용건설, 한화건설, 한진중공업, 코오롱글로벌, 경남기업, 계룡건설, 삼환기업)의 일괄 수주로 직접적인 관련이 없었기 때문이다. 그리고 고용효과는 중장비 건설(덤프 일평균 4,708대, 굴삭기 1,658대, 포클레인 441대 투입)로 인해 7만 2,770개의 한시적 일자리 창출효과에 그쳤다(『세계일보』, 2011년 06월 30일).

2011년 후쿠시마핵발전소사고 이후 전통적인 핵발전 강국들이 핵발전의 중지와 폐지, 재생에너지체제로의 전환을 선언하는 상황에서,24) 이명박 정부는 오히려 이것을 기회로 받아들여 핵발전수출 강국의 정책기조를 강화하는 역행조치를 취하였다. 핵발전은 미래의 안전성이 보장되지 않는 위험사업이기 때문에 세계적 차원에서 고려되어야 하고 미래세대를 배려해야 하는 문제이다. 하지만 이명박 정부는 '저탄소이면 녹색'이라는 궁색한 논리에 의해 핵발전을 '녹색에너지'로 호도했다(윤순진, 2009: 254). 결론적으로 이명박 정부의 녹색성장 전략은 토건사업과 위험사업을 친환경적으로 '위장(greenwashing)'했을 뿐 본래는 "에너지위기, 환경위기를 기회로 활용해 선진국으로 도약하기 위한 경제발전 전략"(지식경제부, 2008: 17)이었던 것이다.

이명박 정부는 노동시장의 유연성 확보와 노동공급을 최대한 촉진하는 신자유주의 노동시장 정책을 이전 정부보다 더 강화했다(김원섭, 2012). 그 결과 비정규직 노동자가 양산됐으며 이로부터 일을 하면서도 빈곤할 수밖에 없는 노동빈곤문제가 본격화했고, 사회 양극화는 경제에서 정치, 교육, 문화, 보건 등에서의 양극화로 확대됐다. 비정규직 노동자는 2008년 미국발 경제위기에 처해 기업들이 고용을 줄이기 위해 비정규직을 대량 해고하면서 전체 임노동자의 33.3%로 줄어들었으나 OECD 평균 12.0%의 2.8배에 달할 정도로 많았다(통계청, 2012). 2011년 현재 임노동자의 연평균 근로시간이 2,116시간으로 OECD 평균보다 423시간이나 많은 1위 국가라는 데서 드러나듯이, 이들은 끊임없이 노동력을 팔지만 저임금의 노동시장 불평등구조로 인해 빈곤문제에서 결코 자유로울 수 없었다. 이른바 '88만원세대'로 상징화되는 노동빈곤문제는 역대 정부가 환경문제와 경제문제, 복지문제를 별개로 접근한 데 그 원인이 있었다. 김대중 정부와 노무현 정부의 경우 경제정책은 신자유주의 정책기조를 취하면서도 사회정책은 복지확장의 정

---

24) 독일, 스위스, 이탈리아, 스페인, 벨기에, 일본 등은 원전의 단계적 폐지를 선언했고, 다른 유럽 국가들은 대부분 재생에너지로의 단계적 전환을 계획하는 등 핵발전에 대한 근원적인 재검토가 이루어졌다.

책기조를 취하는 이중전략을 취했다. 하지만 이명박 정부는 경제정책과 사회정책을 시장원리 강화를 추구하는 신자유주의 성장 전략으로 통합했고,[25] 그 결과 경제위기의 충격은 비정규직과 임시일용노동자, 영세자영업자 등에게 집중되었으며 노동빈곤가구는 급증했다.

이명박 정부에서 대기업들은 성장했지만 일자리는 늘지 않았다. 15~64세 경제활동인구의 고용률은 63% 수준에 머물러 있었으며, 이는 OECD 평균보다 다소 낮은 수준이었다. 청년 고용률은 2009년 OECD 평균인 40.6%에 훨씬 못 미치는 22.9%였다. 청년층이 보유한 기술 및 지식과 실제 노동시장 수요 간의 불일치가 노동시장에 청년층의 참여를 한층 저해했다(OECD, 2011b: 12). 특히 대학 졸업자들의 일자리 기대치 상승과, 정규직과 비정규직 간에 극심하게 대비되는 노동시장의 이중성이 복합적으로 고학력 청년층의 노동시장 진입을 좌절시켰다. 또한 남성 실업률도 2009년 4.1%, 2010년 4.0%로 평균 실업률 각각 3.6%, 3.7%보다 훨씬 웃돌아 청년실업 사태와 더불어 중·장년 가장의 실업문제가 심각했다. 이명박 대통령은 300만 개 일자리 창출을 공약했지만 3년간 연평균 일자리 창출은 13만 2천 명에 그쳐 목표치의 22%에 불과했다. 이것은 정상적인 경제발전을 위한 기본 취업자 증가 규모 30만 명에도 크게 못 미치는 수준이었다. 이에 대한 대책으로 이명박 정부는 2010년 10월 「국가고용전략 2020」을 발표했다. 하지만 현대자동차를 비롯해 대기업들은 지난 수년간 불법·탈법을 가리지 않고 파견직 노동자를 사용해왔고, 인사·노무관리 외주용역사업을 수행해왔다. 이런 정부방침은 그때까지 불법, 탈법의 영역으로 남아 있던 인력공급 사업을 완전히 합법화한 것에 다름 아니었다(조흥식, 2011: 32).

사회 양극화로 인한 빈곤율은 꺾이지 않는 추세이다. 21세기 들어 지난 10년간 한국의 소득 불평등은 OECD 국가 중 최하위 수준이다. 2011년 최상

---

25) 소득보장영역은 단기적 소득효과를 지향하는 긴급구호정책이 광범위하게 실시됐고, 저출산 해결을 위한 보육정책도 보육 바우처(Voucher)의 도입으로 전달체계에서 시장원칙에 따른 경쟁에 맡김으로써 선별적 복지의 정책기조를 유지했다.

위 10분위와 최하위 분위의 소득 격차는 10.67배로 OECD 1위를 기록했고, '상대적 빈곤율'은 2008년 14.3%에 오른 후 2011년 14.9%로 나빠지고 있었다. 의료보험(1977년)과 연금보험(1988년), 고용보험(1995년), 장기요양보험(2008년) 등이 도입됐지만 사회지출은 GDP의 7.5% 수준으로 OECD 평균 20%보다 많이 낮았다. 이는 의료보험과 장기요양보험 보장범위의 제한성, 연금제도의 미성숙을 반영한다. 기초생활보장제도는 절대적 빈곤에 해당하는 전체 인구의 15%보다 낮은 3%의 인구만을 지원하고 있었다(OECD, 2011b: 18). 이런 사회복지제도의 미비로 인해 저소득층의 증가 속도는 그만큼 빨랐다.[26] 한 가구가 정부로부터 받는 국민연금, 기초노령연금과 같은 공적 이전소득은 가계소득의 약 4%로서 OECD 평균 22%에 크게 못 미쳤다(조흥식, 2011: 30). 이 때문에 복지제도와 세제를 통한 불평등 개선 효과가 모든 OECD 국가들 중 최하위였다. 임노동자가 없는 가구의 경우 빈곤율은 55%로 OECD 국가 중에서 가장 높은 수준이었다. 노년층의 빈곤율은 45.1%로서 13%인 OECD 평균을 훨씬 상회했고, 근로수입이 없는 노년층의 빈곤율은 무려 70%를 웃돌았다(OECD, 2011b: 17). 빈곤율이 높은 주된 이유는 불충분하고 비효과적인 조세 및 복지제도 때문이었다. 이런 상황에서도 이명박 정부는 국민연금을 담보로 신용회복을 지원하는 정책을 강행해, 국민연금에 가입해 노후소득을 보장받을 수 있던 신용불량자들을 아무런 대책 없이 노후빈곤으로 몰아넣었다. 노인자살률은 2000년 인구 10만 명당 34.2명에서 2010년 80.3명으로 가파르게 상승했으며 OECD 평균 20.9명에 비해 4배 높은 것으로 단연 1위였다(경향신문, 2013/01/29).[27] 그 결과 삶의 질은 OECD 국가 중 최하위 수준에 머물렀다.[28]

---

26) 노동인구의 약 25%가 사회보장제도에 등록되지 않은 상태다. 비공식 고용은 종종 탈세, 불공정 경쟁 및 비효율적인 생산방식과 연관이 있다. 학력이 낮고 사회복지 혜택을 제대로 받지 못하는 고령 노동자들이 비공식 고용일 가능성이 높다. 비공식 고용은 노동시장 참여가 어려운 일부 노동자에게 근로기회를 제공하는 측면이 있지만, 비공식 고용 노동자들은 연금, 실업, 산업재해에 대한 보호를 거의 기대할 수 없다.

27) 65세 이상 남성의 자살률은 2000년 52.2명에서 2010년 125.0명으로 2.4배 늘었고, 여성의 자살률은 23.1명에서 49.4명으로 2.1배 증가했다.

IV. 친환경적 사회정책 통합의 실현가능성

고전적 자유주의가 국가개입이 없는 자유방임 상태의 시장에서 경쟁이 자생적으로 발생한다고 본다면, 신자유주의는 경쟁은 자생적으로 발생하는 것이 아니므로 국가가 시장에 개입해 인위적으로 경쟁을 조장해야 한다고 주장한다. 신자유주의의 특징은 복지국가를 뒤덮던 사회적인 것을 경제적인 것으로 대체하고, 사회 전체에 장기적으로 시장 원리, 즉 경쟁 원리를 침투시킨다는 데 있다. 신자유주의는 시장을 이해관계 간 갈등, 경제적 빈곤이나 결핍 등을 해결하는 사회적 운명의 조정자로 받아들이기 때문에, 신자유주의의 기본원칙 및 사회적 결과와 관련된 비판을 소통에서 제거하려고 한다 (지루, 2009: 147).

현실 정치에서 빈곤과 환경보전을 형평성과 연계시켜 해결하는 친환경적 사회정책 통합프로그램을 제도화한다는 것은 아직은 멀기만 하다. 수직적인 친환경적 사회정책 통합은 일부 부처의 자유재량에 의해 실시되는 것인데 반해, 수평적인 친환경적 사회정책 통합은 지속가능발전 전략이 정부의 모든 주요 정책 분야에 통합된다는 것을 의미한다. 어느 정부이든 경제발전은 포기할 수 없을 만큼 중요하지만 경제발전만으로 모든 문제가 해결되지는 않는다. 경제를 좀 더 형평성에 맞게 친환경적으로 통합하기 위해서는 지속가능발전 전략에 맞춘 고용정책과 사회정책의 이행에 우선순위를 둘 필요가 있다. 비정규직의 비율이 2001년 전체 노동자의 1/6 수준에서 2012년 1/3 이상으로 급속히 증가한 것은 빈곤문제와 사회적 형평성의 해결에 부정적인 영향을 끼쳤다. 기업이 비정규직을 선호하는 이유는 정규직에 비해 임금은 약 절반에 불과하지만 생산성의 차이는 그 만큼 크지 않기 때문이며,[29] 사

---

28) 국민소득, 교육수준, 평균수명, 영아사망률 등의 통계를 기초로 한 한국의 인간개발지수(HDI)는 1990년 32위, 2000년과 2008년 모두 OECD 국가 중 27위로 하위권에 머물렀다.

29) 한국의 비정규직 노동자의 생산성은 정규직에 비해 불과 22% 낮은 반면, 평균 임금은

회보험제도에서 비정규직의 보장범위가 좁은 것도 비용의 이득이 있기 때문이다.[30] 또한 기업은 노동시장의 유연성을 높이기 위해서도 비정규직을 선호한다.[31] 이런 정규직과 비정규직의 이원구조가 노동시장에서 끊임없이 형평성 문제를 일으키고 있다.

역대 정부의 환경정책은 그동안 직접 규제를 중심으로 추진되어왔고, 그리고 일정한 성공을 거두었다. 공공부문(정부)과 민간부문(산업계와 투자자, 소비자), 시민사회(시민단체와 지역사회)의 파트너십을 강조하는 지속가능발전 전략의 도입은 규제적 수단을 중심으로 한 기존의 환경정책 관행과는 다른 조건을 요구한다. 정권교체로 인해 미처 집행되지 못한 지속가능발전 전략과 이행계획이 확정되는 데 행정관료와 시민단체 추천 전문가, 시민단체 대표가 참여했다고 해서, 공공부문이 민간부문, 시민사회와 함께 사회 양극화와 환경문제, 사회적 형평성의 동시적인 해결이라는 목표를 향해 자발적인 협력체계를 구축해 정책을 입안하고 결정·집행하는 거버넌스가 실현됐다고 단정할 수는 없다. 지속위에는 노무현 정부든 이명박 정부든 기업의 자발적 참여가 결여되어 있었고, 시민단체는 '시민 없는 시민운동'의 자기성찰에서 드러났듯이 시민의 대표성에 항상 문제가 있었기 때문에 시민들의 자발성을 이끌어내지 못했고 사회적 신뢰를 높이는데도 실패했다.

외환위기의 극복 과정에서 도입된 신자유주의 국가는 경쟁이 충분치 못하거나 경쟁 없는 사회 영역에 시장의 경쟁 기제를 관철시키기 위해 개입하고 있다. 사회적 양극화, 노동의 비정규직화와 고용불안정, 환경오염 등 신자유주의의 부작용과 후속 문제들에 직면해서도 이명박 정부와 박근혜 정부

정규직 노동자에 비해 무려 45%나 낮은 것으로 드러났다(OECD, 2011b: 13).

30) 2010년 한국의 경우 정규직의 2/3 이상이 직장 연금보험과 의료보험, 고용보험에 가입되어 있지만 비정규직은 겨우 40%에 지나지 않았다. 소규모 기업의 경우 정규직의 30%과 비정규직의 15%만이 보험에 가입되어 있었다(OECD, 2011b: 47).

31) 한국의 비정규직 노동자는 임시 계약관계를 맺기 때문에 정규직에 비해 해고가 용이하다. 정규직의 평균 재직기간이 6.5년인 데 비해, 비정규직의 평균 재직기간은 2년에 지나지 않았다(OECD, 2011b: 13).

는 그 근본 원인인 경제발전을 해결책으로 제시하고 있다. 중산층 계급은 경기침체로 인해 자신의 계급적 이해관계에 위협을 느끼자 자기보호를 위한 노력으로 신자유주의를 오히려 지지하고 있다. 하지만 저학력, 미숙련, 여성, 청년 및 노년 노동자와 계절적 서비스업 종사자, 단순노무 종사자, 건설 노동자 등이 주축을 이루는 비정규직 노동자는 정규직에 비해 상대적으로 낮은 임금과 열악한 근무조건, 그리고 극심한 고용불안에 시달리고 있다. 그들은 사회보험과 각종 기업복지에서도 부분적 혹은 전면적으로 배제되고 있다.

또한 비정규직의 상당 부분이 조직화되지 못함에 따라 이들의 경제적·사회적 이익을 대변할 수 있는 방법이 구조적으로 배제되고 있다. 나아가 신자유주의의 경쟁 원리는 이들 비정규적 노동자만이 아니라, 정규직 노동자도 공식적·비공식적인 상시적 해고 위험으로 안정적인 미래 소득과 노후 삶을 예상할 수 없는 불안정 상태에 있게 만들었다. 그 결과 한국의 자살률은 2010년 인구 10만 명당 33.5명으로 2002년 이래 8년간 OECD 국가 중 1위를 기록하고 있다. 출산율은 2011년 1.24명으로 2000년 이후 11년간 OECD 국가 중 최하위를 차지하고 있다. 즉, 양극화 현상이 미친 영향으로 미래의 삶에 대한 기대와 희망을 잃어버리는 경우가 적지 않은 것이다.

신자유주의 국가는 환경문제이든 복지문제이든 경제발전에 장애가 된다면 그 근본적인 해결에는 관심이 없다. 신자유주의 국가는 'Rio+10'과 'Rio+20'을 거부한 미국과 영국처럼 지속가능발전 전략을 내재화하려는 의지가 없다. 김대중 정부 이래 역대 정부의 정책과 공공생활의 많은 영역에는 신자유주의를 함축한 소비주의, 노동의 상품화, 공기업 민영화, 자유시장, 자유무역, 그리고 사적 이익의 언어가 이미 스며들어 있기 때문에, 신자유주의의 경쟁 원리는 현실과 조화를 이루며 설득력을 얻고 있다. 노무현 정부는 후반기에 이르러 지속가능발전 전략을 정책목표로 받아들여 정책프로그램을 통한 미래세대와 현세대의 '삶의 질' 성취를 기대했다. 하지만 이명박 정부는 이전 정부의 지속위를 통한 친환경적 사회정책 통합으로의 선회를 무력화하고, 미국발 금융위기로 인한 신자유주의의 폐해와 후쿠시마

핵발전소사고의 위험이 현실로 드러난 상황에서도 신자유주의 세계화에 편승해 녹색성장위원회를 중심으로[32] 4대강사업과 핵발전수출 산업화에 기반을 둔 녹색성장 정책을 밀어붙였다. 이명박 정부에서는 빈곤과 실업문제, 환경문제라는 과거의 위험 요소만이 아니라 일을 해도 가난한 노동빈곤층의 증가와 저출산, 고령화라는 새로운 위험 요소가 겹쳐 나타났다. 경제위기가 해소되지 않자 이명박 정부는 빈곤층을 위한 긴급복지대책을 내놓았지만, 최저생계비 인상, 긴급복지지원제도 확충, 취약계층 난방비 지원, 결식아동 급식지원 등의 복지대책은 실체가 빈약했다. 최저생계비는 물가상승에 근거한 자연증가분 정도였고, 결식아동 급식지원도 한시적인 것이었다. 긴급복지지원 제도는 위험을 일시적으로 모면하게 하는 장치일 뿐 안전망으로서 충분한 기능을 하기 어려웠다. 소득재분배 효과는 매우 취약했고 노동자집단에 대한 억압은 과도했다. 경제협력개발기구는 "한국의 조세제도와 복지제도는 불평등과 빈곤을 타파함에 있어 OECD 국가 중 가장 비효과적"(OECD, 2011b: 18)이었으며, "사회지출의 규모가 부족한 소득을 보전할 만큼 충분히 크지도 못하고, 가장 도움을 필요로 하는 집단의 빈곤문제를 완화할 만큼 효율적이지도 않다"(OECD, 2011b: 19)고 비판했다.

역대 정부가 지속가능발전 개념을 받아들인 것은 그것이 현재의 정치적 상황이나 경제적 상황을 위협할 우려가 없다고 판단했고, 현 상태의 유지를 위해서도 지속적인 경제발전의 필요성을 주장할 필요가 있었기 때문이다. 그 결과 정치영역에는 선진국으로의 내실화라는 정책목표를 그대로 유지하면서, 환경문제는 국가의 국제적 위상에 맞추어 적절히 해결하면 된다는 불투명한 견해가 여전히 존재하고 있다. 물론 경제발전이 지속되어야 한다는 주장은 정치적 당위의 영역에 속한다. 미래가 불확실해도—빈곤문제의 해결이 아니라—'끊임없는 성장'의 의미에서 경제발전과 환경보전을 동시에 가능케 하는 새로운 사회질서가 형성될 수만 있다면, 신자유주의 국가는 외

---

32) 박근혜 정부는 녹색성장위원회를 대통령 직속에서 총리 직속으로 위상을 축소하고, 특히 위원회를 뒷받침하던 상시조직인 기획단은 '비효율적'이라는 이유로 폐지했다.

부로부터 오는 생태학적 제약 때문에 자국의 경제발전을 망설일 필요는 없는 것이다.

역대 어느 정부이든 지속가능발전 혹은 녹색성장 정책을 기획하고 결정하는 데는 중앙정부, 특히 당해 업무 관련 부서보다는 대통령(및 청와대)과 집권당을 중심으로 한 정치권이 영향력을 강하게 행사했다. 그 반면에 지방정부는 지방자치의 전통이 강한 유럽과는 달리 주요 정책프로그램에 대한 자율성과 권한이 미미했다. 이러한 중앙과 지방의 차이는 애초에 지방정부 차원에서 지속가능발전 전략의 실행을 어렵게 만드는 장애였다. 신자유주의 국가는 국가 주도라는 겉모습과 달리 특정한 프로그램의 예산집행에서도 기업과 공무원간, 기업들 간 부정한 유착관계로 인해 실제 정부가 기획했던 것과 다르게 프로그램이 작동할 수 있는 체제의 허점을 많이 갖고 있었다. 4대강 사업 발주를 둘러싼 정부와 산업체간의 부정한 결탁, 산업체들 간의 담합 등 비정상적인 유착관계가 4대강 사업을 부실하게 만든 측면을 무시할 수 없다. 우리 기업들은 기업의 '사회적 책임'에 대한 인식이 약하며 이윤추구를 거의 유일한 가치로 인식하고 있다. 따라서 기업의 '환경적 책임' 역시 자선 내지 기부의 틀을 벗어나지 못한다.

친환경적 사회정책 통합프로그램은 우리 사회에서도 과연 실행가능한가? 우리 중앙정부와 지방정부는 모두 정책과 프로그램과 관련해 그 실행 과정보다는 지출에 따른 가시적인 성과에 초점을 맞추어왔다. 이명박 정부에서는 최고 통수권자가 '경제대통령'을 표방하면서 이런 구도가 더욱 강화됐다. 성과 위주의 판단은 단기적인 경쟁력과 효율성 측면에서는 긍정적일 수 있다. 그러나 장기적인 지속가능발전에 필요한 것은 자율적인 연결망 형성, 시민단체의 참여구조, 공중의 참여프로그램에 의해 창출되는 경험과 지식의 확산 및 공유이다.[33] 따라서 국가의 정책기조가 신자유주의 세계화에 편승

---

33) 경제협력개발기구(OECD, 2002)는 '지속가능발전을 위한 정책통합' 정도를 측정하기 위한 지표로서, 지속가능발전 개념이 분명하고 공공부문(정부)–민간부문(산업계)–시민사회에서 잘 이해하고 있는지, 지속가능발전 목표와 전략의 형성 및 집행에 중앙정부 혹은 지방정부가 분명히 개입하고 있는지, 이 개입이 정부 전 분야에 걸쳐 효과적

한 경제발전 위주의 녹색성장 정책에서 탈피해 환경문제와 빈민문제, 사회적 형평성의 동시적인 해결 추구로 전환하는 길은 공중의 참여를 통한 친환경적 사회정책 통합프로그램의 현실화이다. 이러한 정책기조의 방향 전환을 위하여 현재 우리가 고려할 수 있는 일은 독일의 지속가능발전 전략(김기성, 2010: 68 이하)을 참조해 한국에 적합한 친환경적인 사회정책 통합프로그램을 모색하는 것이다, 그에 따른 친환경적인 사회정책 통합프로그램의 주요 항목들은 그 구성과 내용 면에서 다음과 같다.

첫째로 지속가능발전 전략은 세대 간 및 세대 내 형평성이 중요하다. 세대 간 형평성은 미래세대를 고려해 자원 및 에너지 효율성 강화, 재생가능에너지 보급 확대, 주거용 및 도로용 개발면적 축소, 생물종다양성 유지에 필요한 생태계 보호 등 환경보전의 관심에 직결되는 것이어야 한다. 또한 국가채무 축소, 국내총생산 중 고정자본형성 비율 등 지속가능한 경제의 실현이 보장되어야 한다. 고등고육 졸업자 비율의 하향조정은 일자리 기대치 상승과 노동시장 수요 간 불일치로 인한 청년실업을 줄이고, 실업계 고졸자의 직업훈련 강화 등은 지속가능발전을 위한 젊은 세대의 잠재력 개발을 통해 세대 간 격차를 줄인다는 목표를 반영한다. 비정규직의 정규직화, 근로시간 단축, 빈곤율 저하 등은 한국의 낙후된 세대 내 형평성을 끌어올리기 위해 필요하다.

둘째로 지속가능발전은 삶의 질을 향상시키는 것이다. 여객 및 화물 운송량 감소, 철도이용률 증가, 농토의 질소과잉도 감소, 유기농업 면적 확대, 대기오염 개선 등은 환경보전의 관심에 직결되는 것이다. 그리고 일인당 GDP 향상 등은 경제적 관심과 관련이 있다. 고령자 사망률 감소, 흡연 및 비만인구 감소, 범죄율 감소 등은 사회적 형평성과 연결되어 있다.

셋째로 지속가능발전은 공공성, 사회적 연대, 사회적 책임, 시민참여라는

으로 소통되고 있는지, 친환경적인 정책통합을 위한 제도로서 법과 규제, 예산과 평가, 평가활동 등의 장치가 적합한지, 이해관계자의 효과적 개입을 위한 투명하고 적절한 기제가 있는지, 지식관리가 효율적이고 정보흐름이 효과적인지 등을 측정해 개선할 것을 제안한 바 있다.

가치와 조화되어야 한다. 신자유주의 세계화에 따른 사회 내부의 격차를 줄이고 사회통합을 증진시키기 위해서는 고용률 향상, 맞벌이부부를 위한 전일제 탁아시설 확대, 가족돌봄 지원, 남녀기회 평등 향상, 외국인노동자 및 다문화가정의 사회통합 등이 이루어져야 한다. 여성 평균 임금의 상향 조정, 다문화가정과 외국인노동자에 대한 교육지원 강화는 여성과 결혼이주여성, 외국인노동자와 같은 사회적 약자의 잠재능력을 향상시킴으로써 사회통합을 강화하기 위한 목적을 갖고 있다.

넷째로 개발도상국에 대한 원조 확대, 개발도상국의 무역적자 감소를 위한 시장개방 등 국제적 책임을 다해야 한다.

국가중심주의 경제발전이 강한 한국에서는 독일과 같은 중앙정부 주도의 수직적인 친환경적 사회정책 통합프로그램이 수평적인 친환경적 사회정책 통합보다 실현가능성을 높이는 데 시사하는 바가 크다. 물론 수평적인 친환경적 사회정책 통합이 정부와 기업, 시민단체가 모든 정책 결정에 참여하는 거버넌스 체제를 지향한다는 점에서 신자유주의의 부작용이나 후속문제를 극복할 수 있는 이상적인 대안 프로그램이긴 하지만, 지방자치가 현재보다 활성화된 이후에야 실현가능한 일이다.

무엇보다도 주요 정책 분야에서 친환경적인 사회정책 통합프로그램은 기후보호와 에너지정책의 통합, 친환경적 교통정책, 친환경적 농업, 지속가능성을 위한 교육혁신, 지속가능성을 위한 기업혁신, 지속가능한 토지이용 등에서 구체적인 실현가능성을 확인할 수 있다. 에너지 분야에서 친환경적 사회정책 통합프로그램은 지속가능한 에너지정책으로 전환되어야 한다. 지속가능한 에너지정책이란 공급과 소비의 면에서 에너지 효율성을 높이고, 에너지자원의 보전과 에너지의 안정적 공급을 가능케 하면서도, 기후보호에 기여할 수 있는 정책을 말한다. 지속가능발전 전략은 이산화탄소의 배출원인 화석연료의 사용을 줄이는 대신 에너지 효율성과 재생가능에너지의 비율을 높이는 정책을 계속해서 추진해간다. 핵발전은 기후보호의 면에서는 도움이 될지 모르지만, 핵오염의 위험이 있기 때문에 지속가능한 에너지에 해당되지 않는다.

교통 분야에서 친환경적 사회정책 통합프로그램은 교통에 관한 경제적 요구뿐만 아니라 생태학적 요구 및 사회적 요구도 고려해야 한다. 대기오염과 같은 전통적인 환경문제뿐만 아니라 자동차 소음, 도로용 토지사용면적의 증가, 생태계 및 경관 파괴와 같은 부정적인 효과도 고려해야 한다. 이동성을 줄이는 방향으로 도시 및 주거구조 개선, 철도, 자전거, 보행 등 친환경적 교통수단 중심으로 교통체계의 전환, 또한 개별 대중교통의 효율성을 증대시키는 동시에 연결망을 통한 시너지 효과, 교통공해를 방지하기 위한 기술혁신의 추진이 필요하다. 교통관련 개발로 인한 경관 및 생태계 파괴를 줄이기 위해서는 도로용 토지개발면적을 최소화해야 한다. 그리고 농업 분야에서는 광우병 촛불시위와 구제역사건에서 학습한 바 있듯이 먹거리에 대한 민감성이 매우 높다. 따라서 친환경적인 방법에 의한 농축산물 생산, 예방적 관점에서의 소비자보호, 친환경적인 양질의 식품관련 정보 제공, 생산에서 유통 및 소비에 이르는 모든 과정에서 오염방지, 자연 및 환경의 수용력을 고려한 농축산물 생산으로 전환해야 한다. 친환경적 유기농법의 단계적 확대, 재생가능에너지 생산, 생태관광 등 농촌소득원의 다양화를 통한 농촌지역의 경제발전이 가능해야 한다.

인구구조의 변화에 대한 대응, 교육혁신, 기업혁신, 토지이용 분야에서 친환경적 사회정책 통합은 지속가능발전을 실현하기 위한 잠재능력의 개발 및 하부구조의 정비이어야 한다. 저출산, 고령화와 관련해서는 가족의 경제적 기반 강화, 고령자의 경제활동 참여, 육아와 취업의 양립 등을 위한 기반조성, 교육혁신과 관련해서는 청소년의 집단따돌림과 자살 예방을 위한 인성개발, 사회참여, 취업능력 향상, 교육기회 불균등의 시정 등이 과제로 제시되어야 한다. 경제발전과 고용안정, 환경보호를 통합적으로 이해하는 방향으로 기업인의 발상 전환, 이와 관련된 기술혁신이 이루어져야 한다. 토지이용에 관해서는 경제활동을 위한 토지사용면적을 최소화하는 한편, 공간절약형 건축, 압축형 도시, 토지재활용 등의 개념을 도시계획에 도입해야 한다. 교통절약형 공간디자인의 도입과 도심의 재활성화 등을 통해 공간이용 면에서 생태학적 양립가능성과 경제적 효율성을 동시에 추구해야 한다.

【 참고문헌 】

국가에너지위원회. 2008. 『제1차 국가에너지기본계획 2008-2030』.

김귀곤·김귀순·김승윤. 2003. 『지속가능발전의 전략과 실행』. 아카데미서적.

김기성. 2010. "독일의 지속가능발전 전략과 환경정책통합."『사회과학논총』41(2). pp.61-81.

김원섭. 2012. "이명박 정부의 복지지출과 복지이념: 평가와 함의."『복지동향』10월호. pp.17-20.

김종환. 2012. "'우리가 원하는 미래' Rio+20 정산회의 목적, 과정, 그리고 결과." Korean Journal of LCA 13. pp.13-25.

노진철. 2001. 『환경과 사회: 환경문제에 대한 현대사회의 적응』. 한울.

______. 2004. "대구판 '알보그 10대 서약': 지속가능한 대구를 위한 현황 및 실천방안." 맑고푸른대구21추진협의회.

녹색성장위원회. 2012. 『모두를 위한 녹색성장: 녹색성장체제의 국내외 정착』. 2012 녹색성장위원회 업무계획.

박진우. 2012. 『환경을 넘어 지속가능발전으로』. 한국미래발전연구원.

안성경. 2010. "녹색성장론에 대한 비판적 연구: 환경법적 관점에서."『한양법학』21(3). pp.13-33.

유경준. 2003. 『소득분배 국제비교를 통한 복지정책의 방향』. KDI정책포럼 167.

이연호. 2010. "저탄소 녹색성장론에 나타난 이명박 정부의 국가-시장-사회관계."『의정연구』26(2). pp.67-99.

윤경준. 2012. "'저탄소 녹색성장 정책' 다시 보기: 비판적 평가 및 전망."『한국정책학회보』21(2). pp.33-59.

윤순진. 2009. "저탄소 녹색성장의 이념적 기초와 실재."『ECO』13(1). pp.219-266.

조명래. 2002. "김대중 정부 환경정책의 평가와 그 이념."『진보평론』12. pp.49-71.

조흥식. 2011. "성장의 시녀로 전락한 복지."『황해문화』2011 겨울호. pp.24-43.

지루, 헨리(Henry A. Giroux). 2009. 『신자유주의의 테러리즘』. 변종헌 역. 인간사랑(*Against the Terror of Neoliberalism: Politics Beyond the Age of Greed*. Paradigm Publishers, 2008).

지식경제부. 2008. 『지식혁신주도형 녹색성장을 위한 산업발전전략』.

______. 2010. 『원자력발전 수출산업화 전략』.

카우프만, 프란쯔 자버(Franz-Xaver Kaufmann). 2005. 『사회정책과 사회국가』. 정연택 역. 21세기사(*Sozialpolitik und Sozialstaat: soziologische Analysen*. Opladen: Leske+Budrich, 2002).

통계청. 2005. 『한국의 사회지표』.

______. 2012. 『한국의 사회지표』.

푸코, 미셸(Michel Foucault). 2011. 『안전, 영토, 인구: 콜레주드프랑스 강의 1977~78년』. 심세광·전혜리·조성은 역. 난장(*Sécurité, territoire, population: cours au Collège de France, 1977-1978*. Paris: Gallimard, 2004)

하비, 데이비드(David Harvey). 2007. 『신자유주의: 간략한 역사』. 최병두 역. 한울(*A Brief History of Neoliberalism*. Oxford: Oxford University Press, 2005).

한국노동연구원. 2011. 『KLI 비정규직 노동통계』.

Esping-Andersen. 1994. "Equality and Work in the Post-industrial Life-cycle." R. Miliband (ed.). *Reinventing the Life*. Cambridge: Polity Press.

FGG. 2002. *Perspectives for Germany: Our Strategy for Sustainable Development* (http://www.bundesregierung.de/).

Jänicke, Martin, Helge Jorgens, Kirsten Jorgensen, and Ralf Nordbeck. 2002. "Germany." *Governance for Sustainable Development: Five OECD Case Studies*. Paris: OECD Publications. pp.113-153.

Kraemer, R. Andreas. 2001. *Results of the Cardiff-Process in Assessing the State of Development and Charting the Way Ahead*. Report to the German Federal Environmental Agency and the German Federal Ministry for the Environment, Nature Conservation and Nuclear Safety.

Nilson, Mans & Katarina Eckerberg. 2007. *Environmental Policy Integration in Practice: Shaping Institutions for Learning*. London and Sterling, VA: Earthscan.

OECD. 2002. *Improving Policy Coherence and Integration for Sustainable*

Development: A Checklist. Paris: OECD.

______. 2011a. *Towards green growth: A summary for policy makers.* May 2011.

______. 2011b. "한국의 성장과 사회통합을 위한 틀." *Social Policy Brochure for Korea.*

Streeck, Wolfgang. 1995. "From Market Making to State Building? Reflections on the Political Economy of European Social Policy." Stephan Leibfried nd Paul Pierson (eds.). *European Social Policy: Between Fragmentation and Integration.* Washington D.C.: The Brookings Institution.

UNEP. 2009. *Overview of the Republic of Korea's Green Growth National Vision* (An Interim Report). August 2009.

______. 2011. *Keeping Track of Our Changing Environment: from Rio to Rio+20(1992-2012).* New York: United Nations Publication.

UNESCO. 2002. "Teaching and learning for sustainable future"(http://www.unesco.org/education/tlsf/).

제7장

생태근대화 모델과 생태복지국가의 구성:
스웨덴과 네덜란드 사례

김인춘 · 최정원

I. 들어가며

생태주의(ecology) 또는 지속가능발전(SD) 개념은 학술적 차원에서뿐 아니라 정책적 · 일상적 차원에서 쉽게 사용될 정도로 일반화되었다.[1] 1960년대 환경운동이 등장한 이후 환경주의(environmentalism)는 다양한 이론과 이념, 운동으로 발전하여 왔다. 개별 국가에서의 환경정책 발전과 함께 국제사회의 환경정치, 환경협력 또한 급속히 진전되어 왔다. 1987년 브룬트란트 보고서(Brundtland report)와 1992년 리우환경정상회담 이후 '지속가능발전'의 개념이 전 세계로 확산되었기 때문이다. 미래 세대를 고려하면서 현

---

[1] 이 글에서 the ecological state, the green state, the environmental state는 모두 생태국가로 칭하고자 한다. 이 세 개념 모두 환경문제를 우선시하며 생태근대화(ecological modernization)를 달성하고자 하는 국가이기 때문이다. 그러나 각 개념이 의미하는 바는 맥락에 따라 다르므로 각 맥락에 맞게 기술할 것이다.

세대의 욕구를 충족시킬 수 있는 발전을 지향해야 한다는 지속가능발전 이념은 이제 당연하고도 자연스런 일이 되었다. 이와 함께, 그 개념과 정치적 성격의 차이에도 불구하고, 생태주의, 환경주의 이념도 사회적 지지와 힘을 얻게 되었다.

생태주의의 발전에 따라 복지국가 또는 사회정책도 생태주의의 가치를 내포해야 한다는 주장이 제기되면서 생태주의와 사회복지의 결합을 시도하려는 논의가 확산되고 있다. 즉, 국가정책에서 환경적 측면과 복지적 측면을 동시에 고려해야 한다는 학문적·실천적 논의가 그것이다. 이러한 논의는 더 나아가 복지정책 또는 복지국가 연구에서도 환경문제와 복지문제를 동시적으로 해결할 수 있는 방안을 모색해야 한다는 방향으로 발전하고 있다. 복지국가는 역사적으로 산업화와 물질주의에 기반을 두어 발전해 온 만큼, 자본주의의 발달로 인한 사회생태적 위기가 선진 복지국가의 정당성에도 영향을 주었다. 경제성장과 고용은 선진 산업 복지국가의 발전에 중요한 기반이었기 때문이다.

그러나 사회생태적 위기와 갈등은 선진 복지국가만의 문제가 아니며, 개발도상국의 현안이기도 하다. 오히려 서유럽의 선진 산업 복지국가들은 생태국가의 환경적 차원과 복지국가의 경제·사회적 차원을 결합하는 방향으로 나아가고 있다. 스웨덴과 네덜란드가 대표적인 사례로 산업주의, 복지국가, 생태주의를 높은 수준에서 달성하여 생태복지국가의 가능성을 보여주고 있다. 따라서 생산주의를 거부하는 생태주의는 생태주의를 포기하는 복지국가만큼 위험할 것이다. 생태주의와 복지국가는 삶의 질 향상이라는 동일한 목표를 가지고 있으므로 생태주의와 복지국가가 결합된 생태복지국가로의 전환이 요구된다고 하겠다. 이러한 전환이 생태적 지속가능성과 생태민주주의를 담보할 수 있느냐 또 다른 차원의 문제이나 생태적 근대화의 발전으로 높은 수준의 복지와 환경보호를 달성할 수 있다는 점에서 주목해야 할 것이다.

이러한 배경에서 이 연구는 스웨덴과 네덜란드의 경험을 중심으로 생태주의와 복지국가의 관계를 분석하고, 생태복지국가가 가능한지를 시론적으로 논의해 보고자 한다. 스웨덴과 네덜란드는 산업발전에 기반을 두어 가장 높은 수준의 복지국가를 발전, 지속시켜 온 나라들이며 동시에 생태주의를 가장 잘 실천해온 나라들이라는 점에서 복지국가이면서 생태국가(the ecological state)이기도 하다. 즉, 경제발전과 환경보호를 정합적(positive sum)으로 이루어내고, 복지와 생태를 동시에 추구하고 실행하는 대표적인 국가들이다. 여기서 복지국가이면서 생태국가라는 의미가 무엇인지를 파악함으로써 스웨덴과 네덜란드가 생태복지국가로 구성되고 형성되는 방식과 성격을 검토해보고자 한다. 또한 이 두 사례를 통해 생태복지국가의 한계를 살펴보고자 한다.

Ⅱ. 생태주의와 복지국가에 관한 논의들

생태주의와 복지국가에 관한 논의는 매우 다양하고 광범위하다. 여기서는 생태복지국가의 구성이라는 논의에 필요한 최소한의 이론과 논의를 살펴보고자 한다.

먼저 최경구(2006)는 환경복지자본주의의 모형을 상정하여 환경복지국가란 환경복지자본주의를 지향하는 국가라고 정의하였다. 환경복지국가의 실현은 도덕적·자연순환적 생활이 환경오염을 방지하고 복지적 기본욕구를 해결함으로써 지속가능한 발전을 이룰 때 가능하다고 보았다. 이를 위한 전략으로 사회정의의 실현, 환경정당과 환경정치에의 참여, 그리고 환경복지국가의 협치를 주장한다. 또한 남북(South-North)관계에서 선진국들은 지구의 공해문제에 일차적 책임이 있음을 인정하고, 환경기술의 이전과 환경복지 원조 등을 통해 전 지구적 협치가 가능하도록 지원해야 할 책임이 있음을 논하고 있다. 선진국들은 그동안 공해산업으로 경제성장을 이루었고 이제는 환경산업으로 계속 성장을 구가하는 반면, 개도국들은 공해산업을 통하여 경제성장을 할 만한 상태에서 환경라운드 등의 규제로 인해 기본적 욕구 해결에 차질이 예상되기 때문이다. 최경구의 주장은 시의적절하고 바람직한 방향이라 할 것이나, 이러한 규범적·이상적 주장이 현실에서 얼마나 적용될 수 있는지는 별개의 문제로 보인다. 도덕적·자연순환적 생활을 누구에게 어떻게 요구할 것이며, 사회정의의 실현, 환경정당과 정치 참여에 대한 작동 기제가 불분명하기 때문이다. 또한 환경복지국가를 실현하기 위해서는 현실적으로 가장 효과적이고 강력한 주체가 누구인가 하는 문제가 중요한데, 이 역시 불분명하다.

김형준·한동우(2010; 2012)는 사회생태주의 관점에서 복지국가 담론을 분석하고 있다. 이들의 핵심 주장은 복지국가 담론에 사회생태주의적 가치가 포함되어야 한다는 것이다. 이들은 기계론적 사고, 자연과 인간에 대한 분리적 사고방식으로 초래된 관료제적·획일적 복지 제공, 지역공동체의 기능 상실, 불평등의 심화와 환경파괴 등을 복지국가의 문제와 한계로 보고 있으며, 그 대안으로서 사회생태주의를 제안한다. 특히 사회생태주의의 핵심 개념인 탈지배성과 다양성, 지역성과 참여, 그리고 상호부조와 연대는 사회복지의 지향 및 실현 방도와도 밀접하게 연결되어 있기 때문에 사회생태주의는 사회복지에 대한 새로운 틀로 활용될 수 있다는 것이다(김형준·한동우, 2010). 또 다른 김형준·한동우의 연구(2012)는 사회생태주의의 주요 가치인 '탈지배', '참여', '연대'를 분석틀로 하여 정의로운 복지국가론과 역동적 복지국가론을 분석하고 있다. 이들은 두 복지국가 담론이 국가의 관료제적 개입을 과도하게 설정하고 있으며, 노동의 탈상품화보다는 시장임금 중심의 노동-복지 연계를, 시민들의 직접 참여보다는 제도 정치권 중심을 강조한다고 비판한다. 생태주의에 의하면 산업주의와 경제 성장주의, 임금소득 의존, 집중화는 지속가능하지 않으며, 따라서 현재의 복지국가는 한계를 드러낼 것이라는 것이다(김형준·한동우, 2012: 44). 반면, 보편적 복지, 노동연대, 생태사회로의 전환을 핵심으로 하는 삼차원 복지국가론은 사회생태주의에 근접하고 있다고 보는 것 같다.

사회생태주의는 사회복지에 지속가능성이라는 개념을 제시하여 사회복지와 생태주의의 결합 가능성을 보여준다. 머레이 북친(1998)은 '사회생태주의'를 사회변혁과 생태문제를 연결해서 사고하는 이념으로, 민주적이고 자유로운 사회의 기초로 보았다. 중요한 것은 사회생태주의는 환경파시즘과 같은 급진적 생태중심주의를 지양하고 인간 중심의 생태주의를 강조함으로써 환경지상주의에서 벗어나고자 했다는 점이다. 이는 인간에게 생태환경을 재구성할 수 있는 합리적 능력, 즉 사회변혁의 능력이 있다고 본 것이다. 자치에 기반을 둔 공동체의 새로운 삶의 양식을 제안하면서 혁명운동의 해방적 가능성을 제시하고 인간해방과 사회변혁을 통한 생태주의의 가능성을 강조하였다. 북친의 사회생태주의 이론은 생태주의와 복지국가에도 영향을 미쳐 생태복지국가 논의에 중요한 함의를 제공하고 있다. 즉, 사회생태주의는 복지국가의 황금기를 지탱했던 경제성장과 이에 따른 축적시스템의 지속 가능성을 의심하면서, 성장의존적 복지국가의 미래를 부정적·비관적으로 보고 있다.

최병두(2010)는 생태학적으로 많이 논의되고 있는 주요 이론으로 크게 자유주의적 생태학, 마르크스주의적 생태학, 그리고 포스트모던 생태학으로 구분하고 있으며, 이 세 이론의 관계를 검토하고 있다. 장석준(2013)은 프랑스의 '생태사회주의 테제'는 자본주의뿐만 아니라 생산(지상)주의도 극복해야 함을 주장한다. 끝없는 성장 추구는 자원 고갈과 기후변화를 초래해 인간 해방을 가로막기 때문에, 자본주의와 마찬가지로 무한성장을 전제하는 사회민주주의와 20세기 사회주의는 대안이 될 수 없다는 것이다. 물론 생태사회주의도 전통적 사회주의처럼 생산수단의 사회적 소유나 부의 재분배를 중요시한다. 하지만 과거에 이들이 생산력을 확대하기 위한 출발점이었다면, 이제는 생태적 계획을 실현하기 위한 사전 조치로 볼 수 있다. 생태적 계획의 목표는 낭비 없이, 대중이 정말 필요로 하는 것을 생산하면서 동시에 노동시간을 대폭 단축하는 것이다.

생태주의의 복지국가 비판은 일견 타당해 보이며, 전통적인 복지국가에 생태주의 가치를 포함시켜야 한다는 주장 역시 매우 신선하고 올바른 방향이다. 문제는 생태주의와 복지국가가 통합될 수 있는지의 여부와 어떻게 통합될 수 있는지의 통합 정도가 중요한 질문이 되는 것이다. 스웨덴, 네덜란드를 비롯한 선진 복지국가들은 여전히 성장을 중시하고 있으며 국가복지는 기본적으로 고용과 임금소득에 의존하고 있다. 더욱이 경쟁력과 효율성이 복지국가의 성공과 지속가능성에 중요한 역할을 한다는 점에서 복지국가에 대한 생태주의적 비판은 재고의 여지가 있다. 지속가능발전이나 생태적 근대화(ecological modernization) 개념은 성장 또는 발전과 환경보호의 결합과 공존이 가능하다는 전제를 하고 있으며 환경적 영향을 최소화하는 성장방식을 추구하고 있다. 성장의 개념이 과거의 제조업 중심 산업화, 전통적 생산요소의 최대투입에 따른 물량주의에서 벗어나 새로운 산업과 기술, 생산성을 중시하는 것이다. 또한 발전 개념이 사회자본, 효율성, 투명성, 혁신 등을 내포하고 있다는 점에서 생태적 가치와 연계될 수 있는 것이다.

또 다른 중요한 쟁점은 국가의 역할에 관한 것이다. 급진적 환경주의는 물론 생태주의에서도 관료제나 국가에 대해 의구심을 보여주고 있다. 탈지배와 참여, 연대의 가치가 국가보다는 공동체적·시민(사회)적 성격을 지향하기 때문이다. 사회생태주의는 복지 제공에 있어 국가의 지배적 역할과 관료주의적 운영방식, 복지재원을 산업사회에 의존하는 복지국가를 비판하고 있다. 따라서 탈지배는 공동체적 연대와 협력, 직접민주주의를 내포하고 있으며, 국가 차원을 넘는 지역적·지구적 생태사회를 상정하고 있다. 밑으로부터 생태복지국가를 구성하려는 전략은 위로부터의 생태복지국가가 국가와 자본에 포획되는 것을 막고 사회와 국가를 생태적으로 재구성할 수 있다는 전망에 기인한다.

그러나 현실에서는 선진 복지국가이면서 생태국가들에서 여전히 국가의 역할이 중요하다는 점이 발견되고 있다. 스웨덴과 네덜란드와 같은 복지국가들은 자본주의적(자본축적) 성장을 기반으로 발전해 왔지만 환경보호를 중시하는 생태국가들이다. 이는 생태주의와 복지국가의 관계가 친화적이고 상호 연대적일 수 있음을 시사하는 것이다. 자본주의 발달로 인한 사회생태적 위기는 생산주의를 포기함으로써 해결되기보다 사회생태적 전환을 가능하게 하는 국가와 공공영역을 필요로 한다. 또한 국가적 차원의 산업자본주의를 대신한 지역적, 소규모의 생태주의는 자연을 사회와 분리시키고 심의적, 성찰적 영역으로서 시민사회와 공공영역의 발전을 약화시킬 수 있다는 점에서 바람직하지 않다.

민주적 생태국가(the green state)론을 주장한 로빈 에커슬리(Robyn Eckersley, 2004)는 국가의 역할을 중요하게 생각하며 국가를 먼저 생태국가로 만들어야 함을 강조한다. 생태국가가 되어야 국내적·국제적 환경관련 법과 제도를 만들 수 있고 정책을 입안하고 실행할 수 있다는 것이다. 그는 생태민주주의 이념에 기반한 국가는 생태민주국가이며, 생태민주국가는 자유민주국가(the liberal democratic state), 복지국가, 신자유주의국가(the neoliberal state)의 대안으로 발전될 수 있다고 보았다.[2] 민주적 생태국가론은 생태민주주의를 추진하고 관리하는 국가의 역할과 힘을 강조한다는 면에서 다른 생태주의 이론과 구별된다. 따라서 무분별한 성장의존적 복지국가에 대한 비판은 수용될 수 있지만, 모든 복지국가를 비판하면서 이상주의적 대안을 주장하는 것은 생태지상주의로 보일 수 있다.

이처럼 '국가'를 인정하는 생태주의자들은 주권국가는 효과적인 환경 거버넌스를 제공할 수 없다는 주장에 동의하지 않는다. 국가는 진보적 생태 변화의 촉진자, 안내자로서 역할을 할 수 있으며 환경 거버넌스에 국가가 필요하다고 주장한다. 국가는 환경보호와 지속가능한 발전을 보장할 능력과 권위를 가지고 있다는 것이다(Barry and Eckersley, 2005; Hildingsson, 2007).

생태적 근대화론(ecological modernization) 역시 이러한 입장을 수용하고 있다. 모든 형태의 산업화와 경제성장에 반대했던 급진적 생태주의와 달

---

2) 에스핑 안델센(Gösta Esping-Andersen, 1990)은 선진 자본주의 국가를 복지제도의 포괄성, 보편성, 관대성을 기준으로 한 탈상품화의 정도에 따라 세 가지 복지국가 유형으로 분석하였다.

주요 기준(변수)	유형	주요 국가
탈상품화 (보편성/포괄성/관대성)	사민주의 복지국가	스웨덴, 노르웨이, 덴마크, 핀란드
	보수적(기독민주주의) 복지국가	독일, 오스트리아, 네덜란드
	자유주의적(잔여적) 복지국가	미국, 캐나다

리 생태적 근대화론은 자본주의 정치경제의 틀 내에서 현재의 사회체계를 환경친화적으로 재구성하는 과정을 의미한다. 따라서 기술적 적응과 조정, 환경정책 담론을 통해 생태계를 훼손하지 않는 범위 내에서의 경제성장을 인정한다. 생태적 근대화론의 주장에 따르면 산업생산 및 경제성장과 생태보존은 양립 가능할 뿐 아니라 적극적인 생태보존정책은 경제성장에 기여할 수 있다. 뿐만 아니라 환경보존을 위해서는 시민단체의 자발적 활동과 함께 시장과 국가의 적극적 역할이 필수적이다(Andersen & Massa, 2000: 340-343).

이처럼 생태 문제의 해결을 위해서는 자본주의나 산업사회의 근본적 체제 변화가 아니라 환경친화적인 기술혁신과 제도개혁을 통한 생태계의 보존과 회복이 필요하다고 보았다(Andersen & Massa, 2000: 337-338). 생태적 근대화론은 또한 기업들의 환경친화적 기술개발 및 기술의 발전을 추구하며, 생태와 경제의 조화를 강조한다(드라이젝, 2005: 250-256). 아더 몰(Arthur P.J. Mol) 역시 생태적 제도개혁을 지속하면 오히려 생태적 재구조화가 이루어져 환경문제가 개선된다고 주장하고 있다(Mol, 1992: 334). 녹색기술, 녹색성장, 생태적 공공영역의 확장 등으로 생태국가와 복지국가의 통합이 가능할 수 있는 것이다.

한편, 크리스토프(Christoff, 1996)는 생태적 근대화론을 비판하면서 생태적 전환의 결과에 따라 '약한 생태근대화(weak ecological modernization)'와 '강한 생태근대화(weak ecological modernization)' 개념으로 구분하고 있다(〈표 1〉 참조). 약한 생태근대화 차원에서는 환경문제가 단순히 자원관리나 에너지 효율, 오염배출의 문제로만 인식된다는 것이다. 이는 생태주의에 대한 전반적인 사회문화적 욕구와 비인간중심주의적(non-anthropocentric) 가치를 고려하지 못하여 생태적 전환의 한계를 갖게 된다. 또한 약한 생태근대화 차원에서는 국가 이외의 지역적·지방적 차원의 환경문제가 고려되지 못하며, 생태적 근대에 대한 단선적 경로(unilinear path), 기술발전에 의존한, 기존의 협소한 발전주의 모델에 치우쳐 있다고 한다. 그 결과 기술관료적이고 상대적으로 폐쇄적인 방식을 보인다는 것이다. 이러한 약한 생태적 근대화는 생태주의나 생태복지국가를 실현하는 데 한계를 보일 수밖에

<표 1> Versions of Ecological Modernization

Weak Ecological Modernization	Strong Ecological Modernization
Economistic	Ecological
Technological(narrow)	Institutional/Systemic(broad)
Instrumental	Communicative
Technocratic/neocorporatist/closed	Deliberative democratic/open
National	International
Unitary(hegemonic)	Diversifying

자료: P. Christoff, "Ecological modernisation, ecological modernities," *Environmental Politics*, Vol.5, No.3(1996), p.490

없을 것이다.

사실 생태적 근대화론은 이러한 약한 생태적 근대화를 상정하는 것은 아니다. 오히려 강한 생태적 근대화를 지향할 수 있다. 선진 산업국가의 필요에 의해 등장한 이론으로 비판받기도 하지만 생태적 근대화 담론은 경제발전과 환경보호의 정합적 결합을 강조하고 생태주의는 성장의 걸림돌이 아니라는 점을 분명히 하고 있다. 경제활동을 환경 차원에 접목하여 생산과 소비에서 생태주의를 제도화하는 것을 목표로 한다. 단순한 생태근대화 전략이 아니라 생태적 공공영역을 확장하는 것이다. 스웨덴과 네덜란드를 사례연구로 정한 것도 현 시점에서 두 나라가 생태적 근대화론에 가장 근접한 나라로 볼 수 있기 때문이다. 따라서 크리스토프의 약한 생태근대화, 강한 생태근대화 구분은 인위적이며 이론적으로나 경험적으로 효용이 크지 않다. 생태적 근대화에서 '생태'가 우선될 때 강한 생태근대화가, '근대화'가 우선될 때 약한 생태근대화로 귀결될 것이기 때문이다. 이는 생태와 근대화를 동등한 가치와 신념으로 간주하고 성장과 환경보호를 동시에 추구하는 생태적 근대화론의 원래의 의의를 왜곡한다고 볼 수 있다. 스웨덴과 네덜란드는 질적 경제성장과 생태주의를 동시에 달성하고 있기 때문이다.

III. 복지국가와 생태국가의 연대: 생태적 근대화와 생태복지국가

이제 국가의 역할을 인정하면서 생태주의 관점을 수용하는 복지국가와 생태국가를 경험적으로 살펴보고자 한다. 환경영역이 국가 활동에서 별개의 확실한 영역으로 규정된 것은 비교적 최근의 일이다(Meadowcroft, 2012). 현대적 '환경의식(environmental consciousness)'은 1960년대에 처음으로 나타났으며, 1960년대 말에서 1970년대 초, 선진 복지국가에서 법, 정부기구, 환경정책 등 생태주의를 위한 제도적 발전이 급속하게 이루어졌다. 현대적 생태국가는 1980년대 말을 기준으로 두 시기로 나누어 볼 수 있는데, 1960년대 말부터 1980년대 말까지의 1차 시기는 환경문제를 전담할 국가기구를 설립하고 환경규제, 정책 등을 만든 시기였다. 이 시기에 스웨덴, 일본, 영국, 미국 등 OECD 국가들에서 환경 영역의 괄목할만한 제도적 발전이 이루어졌다.

2차 시기는 1990년대 이후로 제도와 거버넌스에 기반하여 장기적 환경관리에 중점을 두고 환경과 경제정책의 의사결정이 통합되고 다양한 정책 방안들이 수립된 시기이다. 오염방지 및 환경보호라는 1차 시기의 환경 개념이 2차 시기에는 지속가능발전 개념으로 바뀌어졌으며(Meadowcroft, 2012), 사회적 파트너 등 다양한 집단의 정책 참여가 크게 확대되었고 국제협력이 활성화되었다. 이 시기 동안 대부분의 국가에서 환경정책이 크게 발전하였지만, 가장 구조적이고 광범위한 환경정책 접근은 주로 서유럽 국가들에서 이루어졌다. 특히 지속가능발전 개념으로 환경정책이 크게 진전됨에 따라 독일, 네덜란드, 북유럽에서 강력한 지속가능발전 및 지속가능성 전략이 수립되고 진행되었다. 중요한 것은 1960년대의 급진적 반성장(anti-growth) 환경주의는 이 시기에 제도적으로 수용되지 않았다는 점이다.

생태주의가 초기의 급진적인 환경주의에서 생태적 근대화로 전환됨에 따라 기존의 복지국가의 정당성이 생태국가의 등장으로 인해 문제시되지는 않았다. 현대 선진 산업국가들은 대부분 사회구성원의 사회적 보호에 상당 부분 책임을 지고 있다는 측면에서 모두 복지국가라 할 수 있다(Gilbert & Terrell, 2007). 역사적으로 복지국가는 산업화와 함께 경제성장에 의존하여 발전해 왔다. 19세기 말과 20세기의 복지국가는 산업화와 경제성장을 통해 발전하게 되었고, 이러한 성장은 생산의 증대와 소비의 증대를 통해 이루어졌다. 복지국가는 성장과 고용, 생산과 소비라는 물질적 생산구조를 필요로 하였기 때문이다. 포디즘적 대량생산과 대량소비는 2차 대전 후 급속히 발전한 복지국가의 물적 기반이 되었다. 경제발전과 생산성 증대라는 경제적 목표는 복지국가의 물질적 조건을 가능하게 하였지만 환경오염과 환경파괴를 초래했다.

그러나 실제로 선진 복지국가일수록 환경문제 해결에 더 성공적이었다는 점에서 복지국가가 환경문제의 유일한 원인제공자라고 할 수는 없을 것이다. 자본주의 사회의 사회생태적 모순을 극복하는 데 선진 복지국가가 이루어온 성과는 향후 생태민주주의, 생태지역주의의 목표를 달성하는 데 중요한 기반이 될 수 있을 것이다. 특히 선진 복지국가들에서 민주적인 지방자치가 발전되어 있다는 점도 중요하다. 반성장 환경주의가 생태민주주의, 생태지역주의에 더 적합하다고 볼 증거도 확실하지 않다. 보편적이고 포괄적인 인간의 삶의 질은 선진 생태복지국가가 지향하는 바이기도 하기 때문이다. 선진 복지국가는 환경파괴가 아니라 오히려 산업혁신과 성장의 문제, 효율성과 정당성의 문제로 인해 위기를 겪었다.

복지국가는 지속적으로 발전하였고 1980년대 이후 재편과 개혁을 통해 문제를 해결하면서 여전히 유지되고 있다. 복지국가는 1980년대 이후 여러 문제와 비판에 직면하였지만 선진 국가의 핵심 성격 중 하나가 복지국가라고 할 수 있을 만큼 국가의 성격을 변화시키는 데 기여해 왔다. 동시에 환경문제에 대한 학문적·공공적 관심과 지원이 급속히 커지면서 생태환경 정책과 프로그램이 발전해 왔다. 환경과 생태문제가 인문학적·사회과학적 연구의 대상이 되면서 특히 복지서비스와 사회정책의 기여가 두드러져 왔다. 사실 환경문제는 본질적으로 인간의 문제이며, 인간의 복지(well-being)에 부정적 결과를 가져오게 된다. 따라서 환경정책의 궁극적 목적은 인류의 보호인 것이다. 그 결과, 복지서비스와 사회정책의 역할을 살펴보고 환경문제에 기여할 수 있는 방안을 찾는 것이 중요하게 되었다(Hoff and McNutt, 1994). 이렇게 볼 때 생태국가에서 주장하는 환경정의는 복지국가에서 강조하는 사회정의 또는 사회불평등의 해소 문제와 연계되어 있다. 생태운동은 환경문제뿐만 아니라 빈곤, 건강, 사회적 배제와 불평등 등의 사회정의에 관심을 가짐으로써 환경보존을 목표로 하는 생태주의와 사회불평등의 해소를 목표로 하는 복지주의 간 연계성이 강화되고 있는 것이다.

복지국가와 생태국가는 국가의 개입과 정당성을 보장한다는 점에서 공통적이다. 생태국가는 환경지상주의를 거부하고 환경친화적인 정치적 관점에 입각하여 환경 시스템과 거버넌스를 개선하는 데 중점을 두고 있다. 따라서 인간의 경제적·사회적 복지(well-being) 기반을 약화시키는 환경 영향을 최소화하는 것이 생태국가의 핵심 목표가 된다. 이러한 목표를 위해 국가는 다양한 환경 관련 기구를 설치하고 다양한 행위를 할 수 있게 된다. 따라서 복지국가와 생태국가는 복지제공과 환경보호라는 목표에서 국가의 중심성을 전제하고 있으며 국가는 주체로서 환경에 대한 관리자이자 해결자의 역할을 하고 있다. 국가가 공적 관리자로 얼마나 효율적으로 환경적·분배적 성과를 내느냐가 중요한 문제가 된다. 1980년대 중반 이후 환경영역에서 국가 책임성이 커지면서 환경 이슈는 국가의 핵심적인 임무가 되었으며, 북유럽과 네덜란드, 독일 등은 환경선구자로서 1990년대 들어 생태국가로 발전하게 되었다. 이러한 생태국가는 복지국가와 마찬가지로 기존의 정치 및 경제 질서를 전복하지 않고 점진적 개혁으로 등장함에 따라 기존의 지배적 정치경제제도에 포함되게 되었다. 따라서 1970년대 이후 나타난 복지국가의 위기가 환경국가를 가져오거나 생태국가로 대체되지 않았다. 오히려 복지국가는 환경정의를 강조하며 환경과 복지가 복지국가의 중요한 요소가 되어 왔다.

복지국가와 생태국가는 서로 유사성과 상이성을 모두 가지고 있다(Hildingsson, 2007; Hildingsson and Khan, 2013). 우선, 복지국가와 생태국가는 둘 다 국가의 역할과 권력이 확장되면서 사회적 삶의 새로운 영역이 확대되는 결과를 가져왔다. 또한 시기는 다르지만 국가가 시장 및 자율적 메커니즘의 실패에 대응하여 분배영역과 환경영역에 제도적으로 개입한다는 면에서 유사하다. 그러나 복지국가의 집단적 사회적 재화와 생태국가의 사회적 재화가 항상 양립되는 것은 아니므로 정치사회적 선택으로 재화의 조합이 필요하다. 더구나 정치적 지지와 재정적 기반이 전제되어야 하므로 복지나 생태를 위한 개입은 기존의 정치·경제시스템의 작동을 방해하지 않아야 할 뿐만 아니라 더 나아가 개혁과 혁신을 필요로 한다. 그럼에도 한 사회의 복지와 환경문제는 사회적 상호작용과 정치투쟁 과정, 담론과 정책의 각축으로 정의되는 것이기 때문에 국가마다 환경이념과 환경제도의 발전은 다양하다. 복지국가와 생태국가의 성격과 제도, 구체적 정책들 역시 규범요소, 정치적 맥락, 경제적 상황, 사회적 관계 등에 의해 결정되고 구성되는 것이다.

한편, 생태국가는 복지국가만큼 계급적·정치적 요인이 중요하게 작용하지는 않는다는 점에서 둘은 상이할 뿐 아니라 오히려 모순적이기도 하다. 따라서 복지국가와 생태국가는 긴장관계에 처할 수 있다. 복지국가는 성장의 성격, 즉 어떤 경제발전, 어떤 산업인가에 상대적으로 직접적 관심이 적은 반면 생태국가는 성장의 성격에 관심이 크기 때문이다. 그런데 이러한 긴장관계에 어떻게 대응하고 해결하느냐 역시 국가의 역량과 성격에 달려 있다. 특히, 생태적 복지와 경제성장의 대체적 관계를 보완적·상호적 관계로 형성시킴으로써, 성장의존적 복지국가와 성장역행적 생태국가라는 이분법이 아니라 어떤 성장을 생태와 양립시킬 것이냐를 모색하고 실행하는 것이 중요하다. 즉, 경제적 성과와 환경적 영향을 구분하여 환경적 영향이 적은 경제 구조와 성장으로 복지국가와 생태국가를 동시에 작동하게 하는 생태복지국가로의 발전이 필요한 것이다. 독일, 네덜란드, 북유럽에서 보듯이 성장과 환경보호를 조화시키는 생태복지국가는 기존의 복지국가를 보다 성찰적인 방향으로 발전시키는 데 기여할 수 있을 것이다.

IV. 스웨덴 사례: 생태적 근대화와 보편적 복지국가의 결합

1. 스웨덴 복지국가의 생산적 함의

스웨덴을 포함한 노르딕 복지 모델은 성장과 분배, 효율과 평등이라는 중요한 목표를 동시에 달성한 모범사례로 인식되어 왔다. 스웨덴은 세계 최고 수준의 조세와 복지에도 재정, 공공채무, 성장률, 고용률, 빈곤율, 지니계수 등 거의 대부분의 경제·사회지표가 매우 양호하고 안정적이다. 국가경쟁력 순위도 세계 5위 전후로 매우 높다. 포괄적이고 관대한 소득보장과 공공사회서비스를 모든 사회구성원에게 제공함으로써 분배적 평등과 경제적 효율을 동시에 제고해왔다. 1990년대 이후 개혁과 혁신으로 스웨덴의 복지국가는 더욱 경쟁력과 효율성을 갖게 되었다. 이러한 성장과 분배의 선순환 결과, 2008년 발생한 세계 경제위기 와중에도 민간부문의 경쟁력과 공공부문의 효율성을 바탕으로 경제적 성공과 수준 높은 복지국가가 지속되고 있다.

1930년대부터 스웨덴은 완전고용을 최우선적 목표로 설정하여 대공황 당시 실업자들에게 일자리 이동 지원, 직업 재훈련 등으로 시장임금에 가까운 공공근로 일자리를 제공하였다. 이러한 스웨덴의 고용중시 정책은 인구가 적어 노동력이 부족했던 20세기 초부터 구축되어 온 것으로 복지국가 초기부터 공공사회서비스를 강화하는 역할을 하였다. 실업수당 중심의 소극적 노동시장 정책보다는 사회구성원 모두가 능력을 키우고 일할 수 있도록 지원하는, 교육·훈련 중심의 적극적 노동시장 정책을 중점적으로 발전시켜 온 결과, 성장과 고용을 극대화하고 고숙련의 인적 자본으로 생산성을 높이는 효율적인 복지가 스웨덴 모델의 핵심이 되었다(김인춘, 2007).

스웨덴의 복지-고용 연계라는 것은 무엇보다 복지 이전에 고용을 강조하는 정책을 말한다. 일반적으로 실업은 소득 불평등을 악화시키는 가장 큰 요인이며, 고실업의 경우 막대한 실업급여로 인해 국가재정에 부담을 주게 된다. 스웨덴은 남녀 모두 세계 최고 수준의 고용률을 자랑하고 있는데, 근로가능 인구는 가능한 한 일할 수 있도록 지원하고, 근로소득에 비례해서 복지급여(특히, 연금과 실업급여)를 제공하는 등 근로 인센티브를 확대해 왔다. 한 개인의 생애 기간 동안 근로가능기간에 일을 하게 함으로써 더 많은 복지를 보장해 주는 것이다. 이러한 근로소득연계 복지급여시스템은 1998년 연금개혁으로 더욱 강화되었다.

스웨덴 복지국가가 효율적이라는 것은 분배는 물론 성장과 산업경쟁력에 크게 기여하기 때문이다. 스웨덴은 복지국가 초기부터 산업의 경쟁력과 생산성을 높이기 위해 노력해 왔는데 이는 기업과 근로자 모두에게 시장규율에 따른 구조조정을 의미하였다. 생산성이 낮은 기업은 퇴출되고 그 기업의 근로자들은 적극적 노동시장 정책으로 재교육을 통해 재고용되었다. 스웨덴식 산업구조조정은 동일노동/동일임금의 연대임금정책이었다. 산업평균의 임금을 지급해야 했기 때문에 저임금에 의존한 생산성이 낮은 기업은 구조조정 대상이 되었다. 1950년대 중반부터 본격화된 연대임금정책은 노동시장에 대한 정부의 적극적인 지원을 필요로 하였다. 산업합리화로 퇴출된 기업의 근로자에게 직업재교육을 통해 새로운 산업 및 지역에 노동이동을 촉진해야 했기 때문이다. 고용지원정책, 교육 및 훈련, 일자리창출정책 등 '적극적 수단'에 초점을 맞추어 사양산업에서 성장산업으로 노동이동을 촉진함으로써 직장보장보다 직장이동을 통한 고용보장을 목표로 하였다. 고용과 성장이 스웨덴 복지국가의 기반이 된 것이다.

적극적 노동시장 정책은 실업자들에게 실업급여, 조기퇴직급여 등과 같은 '소극적 대책'을 제공하기보다 그들을 새로운 고용으로 순조롭고 빠르게 이동시키는 것을 목표로 한다. 이는 바로 '일하는 복지(workfare)'의 핵심으로 공공 고용서비스를 통해 재훈련과 노동력이동을 강화해 왔다. 직업훈련, 공공부문의 실업구제사업, 고용보조금, 청년실업대책, 직장이동장려 서비스, 실업수당 지급 등의 정책이 시행되어 왔다. 1991년 경제위기 이후 실업이 크게 증가하면서 적극적 노동시장 정책의 유효성에 대해 논란이 일기도 하였으나 여전히 중요한 정부정책으로 자리 잡고 있다. 2006년 보수연합정부 집권 이후 고용부 산하의 노동시장청(AMS, Labor Market Board)의 조직 개편이 이루어졌다. 조직 개편으로 새로운 고용서비스를 제공하고, 근로자 및 사용자의 요구에 신속히 대응하고, 보다 유연한 고용정책을 목표로 하였다. 2007년 1월 실업보험법 개정으로 실업자의 고용 촉진을 더욱 강화하였고 이를 위해 보험금 납입금 인상, 수혜대상의 엄격 심사, 급여액 삭감 등이 이루어졌다. 병가급여 및 산재급여도 축소하여 이들의 빠른 노동시장 복귀를 유도하고 있다.

또한, 아동양육을 지원하는 아동·가족복지가 잘 발달되어 있다. 이는 아동 시기부터 계층적 제약을 받지 않고 평등하게 교육을 받고 능력을 계발할 수 있도록 하기 위한 것이다. 아동양육지원제도는 여성의 경제활동과 출산에도 영향을 주어 안정적인 경제성장에 도움을 주고 있다. 아동수당, 아동양육가족 주택수당, 부모보험, 보육서비스 등이 그것이다. 아동양육과 교육은 아동 개개인의 성장은 물론 미래의 사회 구성원에게 투자한다는 점에서 매우 중요한 복지정책이다. 아동양육지원제도는 소득보장과 기회보장의 성격을 모두 가지고 있다.[3]

스웨덴 모델은 공평한 사회, 큰 복지국가, 민주적 시장경제체제로 특징지어진다. 스웨덴의 사회자유주의 경제는 사회적으로 평등하면서 민간기업이 경제의 핵심 주체로 개방경제를 추구하고 자본과 이윤에 대한 세금이 낮다는 점에서 자유주의적 경제이다. 자본주의적 성공으로 복지국가가 지속되어 왔으며, 사민주의자들은 반자본주의적 사회주의자들이 아니라, 친자본주의적 사회주의자들이다. 사회민주당은 물론 2006년 이후 집권하고 있는 우파 정부도 대대적인 감세보다 사회투자를 포함한 공적투자를 통해 세계화에 대응하고 있다. 우파 정부는 기존의 복지국가 체제를 효율적으로 발전시키고 있으며, 특히 중·하계층의 소득향상을 위해 고용과 감세, 복지확대를 해오고 있다.

---

3) http://www.sweden.gov.se/sb/d/15472/a/184142

2. 생태국가로서의 스웨덴 복지국가

스웨덴의 환경문제에 대한 인식은 1970년에 본격화되었다. 1960년대부터 환경문제를 국제적으로 제기해온 스웨덴은 1970년 일본 오사카 만국박람회에서 다른 노르딕 국가들과 함께 과학기술의 부정적 측면을 부각시키고 1972년 스톡홀름에서 제1차 유엔인간환경회의를 개최하였다(토쿠타로우, 2013: 166). 1970년대 중반부터 원자력 문제가 사회적 쟁점이 되면서 1980년 국민투표를 통해 원자력 발전소를 해체하기로 하였고 2개를 폐쇄한 바 있다. 스웨덴에서는 1987년 「브룬트란트 보고서(Brundtland report)」에 따라 1980년대 말에 지속가능발전 개념이 국가 차원에서 채택되었다. 1990년에는 환경정책의 장기적 목표로 지속가능성이 공표되었으며, 1992년 리우 정상회의 후 지속가능발전 개념은 더욱 구체적이고 광범위하게 법적 발전과 정책으로 나타나게 되었다.

스웨덴의 보편적·포괄적 복지국가는 1980년대에 비효율의 문제가 나타났지만 1990년대 들어 근본적인 개혁을 통해 경쟁력과 효율성을 확보하게 되었다. 스웨덴 정부는 1996년 '생태적으로 지속가능한 사회,' 즉 생태복지국가의 구축을 국가비전으로 제시하였다. 당시 사회민주당 정부의 페르손(Persson) 총리는 스웨덴 복지국가를 향후 25년 동안 생태복지국가로 전환한다는 목표를 세웠다. 1996년 이후 스웨덴 환경정책의 담론은 '생태적 국민의 집(Greening of the People's Home)'으로 상징되었다. 이는 20세기 초 스웨덴 복지국가 발전 초기에 복지국가를 '국민의 집'으로 담론화했던 개념을 변용한 것이다.[4] 인간과 환경을 동시에 중시하는 생태복지국가는 사회적 차원, 경제적 차원, 환경적 차원을 포괄하며, 이미 보편적·포괄적 복지국가로 경제·사회적 차원은 달성되었고 환경적 측면이 본격적으로 논의

---

4) '국민의 집'은 사회민주당 한손(Hansson) 당수가 1928년 주창한 개념으로 '국가는 모든 국민을 위한 좋은 집'이 되어야 한다는 정신이다. 이 이념에 기반하여 보편적·포괄적 복지국가가 발전하였다.

된 것이다.

1998년 '환경의 질 목표(The national Environmental Quality Objectives: EQOs)' 채택과 '환경법(The Environmental Code)' 시행 등이 나타났다. 1999년에는 〈2021년 스웨덴—지속가능한 사회를 향해〉라는 정부보고서가 발표되었다. '환경의 질 목표'는 16개 정책 목표로 구체화하였고, 복지국가에서 생태복지국가로 나아가는 주요 전환정책을 제시하였다. 전환정책은 기후변화 방지, 오존층보호, 에너지체계 전환, 새로운 화학물질 정책, 지속가능한 농업 및 임업, 폐기물제조자 책임제, 도시재생, 조세개편 등이다(토쿠타로우, 2013: 194). 스웨덴 에너지정책의 특징은 다른 나라들에 비해 재생에너지의 비중이 높다는 점이다. 2009년 기준 47%인 수력과 바이오에너지가 중요한 역할을 하고 있다. 대규모 수력발전소가 있었지만 1970년대 이전까지 스웨덴은 주로 화석연료의 수입과 사용에 의존해 왔다. 1970년대부터 원전과 수력의 발전, 그 후 바이오에너지의 발전으로 저탄소 경제로 전환되었다. 재생에너지의 확대와 화석연료의 감소는 경제에도 긍정적 영향을 주었다. 1990년 대비 2007년 기준 온실가스 배출이 9% 줄었고 GDP는 44% 증가하였다(Ministry of Enterprise, Energy and Communications).

2009년 스웨덴은 장기적이고 지속가능한 에너지 및 기후정책을 채택하였다. 화석에너지 의존을 탈피하고 재생에너지와 효율적인 에너지사용으로 스웨덴의 에너지 공급과 경쟁력을 강화하고 있다. 이를 통해 저탄소경제로의 전환에 세계적 선도역할을 하고 있다. 2020년까지 1990년 대비 온실가스 40% 감축, 에너지믹스에서 재생에너지 비중 최소 50% 및 화석연료 사용 중지, 2008년 대비 20% 이상 에너지사용 효율 높이기, 교통부문의 재생에너지 비중 최소 10% 등이다.[5] 이러한 친환경 에너지정책에도 불구하고 스웨덴의 에너지기업은 해외 자원개발에 적극적이다. 대표적으로 1909년에 설립된 스웨덴 국영에너지회사 Vattenfall은 원래 수력발전회사였으나, 1970년대 들어 원자력 사업으로 해외 석유 및 석탄 의존 비중을 낮추었다. 1980년

---

5) http://www.government.se/sb/d/16022

대에는 선구적으로 바이오연료와 풍력 사업을 하게 되었다. 1992~96년 유럽연합(EU)의 전력시장 개방을 계기로 해외로 진출하여 네덜란드 에너지기업 인수, 독일 석탄광산 개발 등 적극적인 경영 확대로 현재 유럽 3위의 에너지기업이 되었다.

2006년부터 집권하고 있는 우파연합정부가 환경문제에 다소 소극적이라는 비판이 환경단체들로부터 나오고 있다. 갱신용 원자력발전소 건설, 스톡홀름의 자동차전용도로 건설 등이 그것으로 스웨덴 환경청(The Swedish Environmental Protection Agency)은 이 도로건설로 2030년에는 스톡홀름 지역의 CO2 배출이 80% 증가할 것이라고 추정하고 있다. 2010년 정부는 노후 원자로를 대체하는 원자로 건설을 허용했는데 원전을 폐지하면 단기적으로 화석연료 사용을 크게 늘려야 하기 때문이다. 우파 정부는 원전의 단계적 폐지와 2050년까지 이산화탄소탄소 100% 삭감으로 화석연료 사용 종결 방침을 밝혔다. 그럼에도 스톡홀름은 가장 앞선 녹색성장도시로 평가되고 있다. OECD(2013)는 2010년 첫 유럽 녹색수도로 선정된 스톡홀름은 도시의 지속가능성과 저탄소 녹색성장에서 리더 역할을 하고 있다고 한다. 경제적 성공과 환경적 성과로 스톡홀름 광역시는 OECD 국가의 도시 중 가장 뛰어난 녹색성장 사례의 하나로 평가되고 있다. 녹색기술에 대한 투자와 개발로 이 부문이 크게 성장하여 2008년 스톡홀름 광역시 지역총생산(gross regional production)의 3.4%가 녹색기술부문이라고 한다.

스톡홀름은 친환경적 발전으로 매력적이고 지속가능한 도시를 지향하고 있으며 토지사용, 교통, 빌딩, 쓰레기, 에너지, 물 등에서 녹색기술과 친환경을 중시하고 있다. 이는 성장과 환경의 결합이라는 목표를 가능하게 하여 수준 높은 복지국가와 함께 생태복지국가를 실현시키고 있다. 스톡홀름시 하마비(Hammarby)지역 도시재생사업은 1992년 시작된 순환형 생태적 계획도시로, 계획 초기 단계부터 생태적으로 지속가능한 도시개발과 쾌적한 도심환경 조성의 균형을 추구하였다(Poldermans, 2006). Understenshojden는 1990년대에 만들어진 스톡홀름의 첫 에코빌리지로 모든 에너지를 재생에너지로 사용하고 친환경라이프 스타일을 실천하고 있다.[6) 생태친화적 조건과 인프라, 생태친화적 사업, 태도와 지식, 제도와 거버넌스의 차원에서 볼 때 스톡홀름은 뛰어난 생태도시로 평가되고 있다(Beatley, 2010: 50-81). 말뫼시의 서부 항구지역은 빗물저장으로 나무와 산림을 관리하며, 태양 및 풍력에너지 등 자체 생산한 재생에너지로 100% 자급하고 있다.

스웨덴 남부에 위치한 벡슈시(Vaxjo)는 환경의 질을 중시하는 친환경도시로 유명하다. 2009년 스웨덴 정부는 2020년까지 석유의존을 끝내겠다는 목표를 발표한 바 있는데, Vaxjo시는 이러한 목표를 실현하고 있는 도시이다. 벡슈모델(the Vaxjo model)은 스웨덴 전역으로 확산되어 '기후변화 지자체('climate' municipalities)' 네트워크를 형성하고 있다. 1980년 스웨덴에서는 처음으로 벡슈 지역발전소를 석유에서 바이오에너지로 일부 전환하였다. 그럼에도 지역경제는 성장하였고 기술과 다른 산업의 발전으로 에너지 사용을 줄일 수 있었다. 이러한 벡슈모델의 녹색성장은 국가의 환경정책이 중요했다. 스웨덴은 1991년 세계 최초로 탄소세를 도입하여 재생에너지 분야의 발전과 탄소배출 감축을 가져왔다. 1960~70년대에 원자력과 수력에 주로 의존하였고 1970년대 중반부터 원자력 폐쇄 문제가 중요해졌으나 여전히 원전은 전력 생산에 중요한 부분을 담당하고 있다. 탄소세로 에너지 집약 산업이 경쟁 국가들에 비해 어려움을 겪었지만 화석연료보다 저렴한 재생에너지가 가능해지면서 재생에너지와 환경산업이 발전하게 되었다.

스웨덴은 녹색 혁신과 정책에서 세계의 주도적 역할을 해 왔다. 녹색당은 2010년 총선에서 7.2%의 지지를 얻어 중도좌파의 사민당, 중도우파의 온건당에 이어 제3당의 위치를 차지하고 있다. 복지와 경제적 성공은 물론 생태적 면에서도 큰 성과를 달성하고 있는 스웨덴은 재생에너지, 에너지효율화 기술, 온실가스 및 탄소 감축, 폐기물 감축 등에서 덴마크와 함께 세계 최고 수준을 자랑하고 있다. 복지나 환경보호를 중시하면 경제성장에 부정적인 영향을 주게 된다는 논리보다 사회보장을 통한 적극적인 분배와 환경 분야에의 투자가 성장을 촉진할 수 있음을 보여주고 있다. 사회구성원의 잠재능

---

6) http://www.understenshojden.se/joomla/

력을 높이는 교육, 보건 등의 공공사회서비스, 사회보장, 노동시장 정책이 생산과 복지 증진에 기여하기 때문이다. 스웨덴의 생태복지국가는 경제성장과 복지, 친환경을 달성하고 있다.

그렇다면 지속가능성 거버넌스의 발전, 즉 환경정책을 확대하고 전반적인 제도개혁을 추진한 스웨덴의 '생태적 전환(green transformations)'은 생태근대화 모델과 어떤 관계에 있는가. 성찰적·생태적 지속가능성 거버넌스에서 볼 때 스웨덴 국가는 생태적 관리자, 생태민주주의 조정자로서의 성격과 제도를 갖추었다(Hildingsson, 2007). 스웨덴은 단순한 생태적 근대화라는 제한적 영역이 아니라 보다 포괄적이고 통합적인 접근을 시도해 왔다. 스웨덴의 환경정책은 경쟁적(competitive), 경제주의적(economistic), 기술관료적이라는 비판을 받았지만 이는 스웨덴의 환경정책이 경제를 포함한 모든 영역을 포괄한 통합적인 것이었기 때문이다. 공간 차원, 시간적 차원, 사회정의 차원이 모두 이러한 환경정책 전략에 통합된 것으로, 스웨덴 환경정책은 단순한 경제주의적 접근 이상의 것이다.

스웨덴 전략을 생태적 근대화 정책 전략으로 볼 수 있지만, 전체적 접근은 생태적 근대화도, 피상적 전략도 초월하고 있다. 스웨덴 전략은 단순히 환경문제를 관리하기보다는 생태적으로 지속가능한 목표를 추구하고 달성하는 데 있기 때문이다. 따라서 고도의 생태적 근대화 모델로서 생태복지국가를 구성하는 전략인 것이다. 환경주의자들이 주장하는 복지국가의 관료주

〈표 2〉 스웨덴의 생태적 근대화 정도

Weak Ecological Modernization	Sweden Ecological & Economic welfare Institutional Participatory Negotiated Governance(semi-open) Outward-looking Diversifying	Strong Ecological Modernization

의 문제는 스웨덴의 경우, 지역공동체와 지역민의 활발한 참여로 인해 활성화되고 있다. 특히 기초지자체는 자율성과 민주성이 매우 발달되어 있어 복지서비스나 환경정책에서 시민사회와 다양한 사회집단의 참여가 활발하다. 스웨덴의 민주적 생태주의 거버넌스는 조합주의적이고, 어느 정도 개방적(semi-open) 성격을 가지며, 정책결정 과정에 더 많은 이해관계자들이 참여하여 소통 중심적 성격을 갖는다. 그 결과 급진적·반성장적 환경주의를 거부하면서도 생태복지국가를 실현하고 있다. 시민적·참여적 환경정책으로 관료적 경직성이 약화되고 있으며 '생태적 국민의 집' 개념이 제도화·일상화되고 있다. 그럼에도 여전히 경제성장, 일자리, 복지시스템이 생태적 지속가능성보다 더 중요한 정책목표가 되고 있다. 현재까지 스웨덴은 급진적 환경주의나 생태민주주의를 채택하지 않고 있다. 복지국가와의 정합성을 우선시 하면서 스웨덴 방식의 생태근대화, 생태복지국가를 지향하고 있다.

V. 네덜란드 사례: 생태적 근대화와 생태적 공공영역

1. 협의 민주주의와 복지국가의 발전

서유럽에서 복지후진국이었던 네덜란드는 1960년대 이후 복지정책의 급속한 발전을 이룸으로써 복지국가로는 늦은 출발이었지만 가장 빨리 복지국가로 발전한 사례가 되었고, 스웨덴과 함께 가장 잘 발전한 복지국가 중 하나로 평가된다. 그러나 '네덜란드 예외주의(Dutch exceptionalism)'라는 표현에서 알 수 있듯이, 네덜란드는 다른 복지국가와는 상이한 발전경로를 갖는다. 일반적으로 복지국가 발전의 주요 조건으로 강한 정치적 좌파의 형성, 광범위한 단체협상, 강력한 노조조직과 중앙연맹 등을 꼽고 있는데 네덜란드는 이러한 조건이 충족되지 않았기 때문이다. 오히려 네덜란드의 역사적 경험은 생산과 복지가 상호보완성을 가짐으로써 시장경제와 복지국가가 정치적 민주주의의 틀 속에서 발전하고 있음을 보여주었다.

네덜란드는 전통적으로 사회주의 정당이 상대적으로 약하고, 노조조직도 강력하지 못했을 뿐만 아니라 대외의존도가 높은 개방경제체제를 갖고 있다. 이러한 환경 조건하에서 1960년대의 경제번영을 기반으로 하여 복지프로그램 및 예산을 팽창시킴으로써 유럽에서 손꼽히는 복지국가를 구축하였다. 네덜란드의 협의 민주주의(consociational democracy)가 이를 가능하게 하였는데, 이는 19세기 이후 네덜란드 특유의 기둥화(pillarization)현상과 자유주의적 조합주의에서 비롯되었다. '기둥화'란 '이념과 종교에 근간한 각각의 기둥(pillar)에 따라 국가 전체가 분화된 현상'을 말하는데, 크게 자유주의, 사회주의, 가톨릭, 프로테스탄트라는 4개의 기둥이 네덜란드 사회를 구성해 왔다. 기둥화 현상은 전 사회적으로 심각한 갈등과 의사소통의 단절을 낳을 수도 있었지만, 네덜란드는 기둥화에 기초한 사회집단들 사이에 협력과 관용의 문화를 만들어왔다(박치현·구도완, 2010: 280). 라이파르트(A. Lijphart, 1968)는 갈등이 강해지는 시기, 협력이 강해지는 시기가 주기적으로 번갈아 나타난 네덜란드의 역사 속에서, 기둥의 형성은 절대 권력을 소유한 세력이 존재할 수 없도록 기능하였기에, 결과적으로 네덜란드 사회에 협의와 합의를 중시하는 문화가 형성되었다고 설명한다.

네덜란드의 예외성은, 가톨릭이라는 비사회주의적 정치 주체인 중도적 종교정당에 의한 강한 조합주의7)가 네덜란드 복지국가 발전의 기반이라는 점에서도 나타난다(Cox, 1993). 네덜란드 사회민주주의자들은 기독정당과 '협의적(consociational)' 동맹을 구축하여 안정된 권력균형의 기반 위에서 조합주의를 형성하였다. 개방경제 체제하에서 높은 수준의 사회 조합주의는 생산체제에 결정적인 영향을 미쳤으며, 급속한 복지국가의 발전 또한 이러

---

7) 렘브르흐의 조합주의 척도(1~4)에 따르면 네덜란드는 4로 나타나 있다(Lehmbruch, 1984). 사회 조합주의는 노사(정) 간 정치적 협상과 교환이 사회갈등 해결의 핵심수단으로 제도화되거나 적어도 장기적으로 기능하는 사회·정치적 운영원리와 과정을 의미한다. 김인춘(2005) 참고.

한 사회 조합주의 정치의 산물이었다. 노사협약의 중앙화는 노동운동의 정치적·경제적 힘에 의해서라기보다 높은 수출의존도와 이에 따른 조합주의적 타협의 정치에 의한 것이었다(Lijphart, 1968; Van Doorn, 1978).

네덜란드는 '사회적 시장경제'의 성격을 갖는 국가주도적이고 중앙집중적인 '국가중심적 협의경제'체제를 지속시켜 왔다(Albeda, 1987; 정병기, 2004: 203). 이에 따라 전반적으로는 부문별 조정 시장경제 또는 대륙형 시장경제 유형에 속하지만 전국적 조정시장경제 또는 노르딕 사회적 시장경제의 성격도 많이 공유하고 있다. 노사관계 역시 이념·종교적으로 분리된 노동운동 및 산업평화와 함께 중앙집중적이고 '정치화된' 노사관계로 특징지어진다(Van Ruysseveldt and Visser, 1996: 206).

정치·경제 영역에서의 조합주의적 협의 전통은 20세기 초부터 시작되었으나 노·사 간 타협과 합의는 2차 대전 이후 사회 조합주의의 양대 핵심기제인 '노동재단(Stichting van de Arbeid: STAR)'의 설립(1945년)과 '사회경제협의회(Sociaal-Economische Raad: SER)'의 설립(1950년)으로 제도화되었다. 정부는 완전고용 및 적극적인 사회복지정책을 대가로 강력한 임금억제를 요구했고 국가주도의 제도화된 조합주의가 노사 간 계급갈등을 타협시키고 임금조정과 경제성장을 위한 정책 조정자의 역할을 하였다(Windmuller, 1969). 네덜란드의 사회적 합의주의는 노사협의를 기반으로 경제·사회정책의 목표와 방향에 대해 결정적인 권한을 행사하면서 성공적인 전후 경제재건과 성장을 담당하였고 1960년대 말까지 노사관계의 온건화를 이루어 냈으며, 노사정 3자는 저임금 구조 속에서 일자리 창출과 사회복지 프로그램의 확대를 위해 노력하였다(Kazenstein, 1985).

그 결과, 사회보장과 완전고용을 대가로 정부가 주도한 임금억제정책은 1960년대에 네덜란드의 임금이 독일과 벨기에보다 20%나 낮았을 정도로, 비교적 잘 유지되어 왔다. 이처럼 네덜란드의 임금정책은 전형적인 공공방식으로 공식적이고 정부주도의 형태로 나타났는데, 이는 스웨덴의 노사 간 중앙조직 주도의 자율적 단체협상에 의한 비공식 임금결정 방식과는 대비된다.[8]

네덜란드의 사회복지제도는 20세기 초 산재보험, 장애보험, 질병보험 등 근로자를 대상으로 하는 사회보험제도에서 시작하여 1940년대 초반까지 자유주의적 복지국가를 유지하였다. 네덜란드 복지국가가 발전하게 된 계기는 1950년대 좌파정당과의 경쟁으로 중도우파의 가톨릭당이 복지개혁 노선을 지지하게 되면서부터인데, 1957년 네덜란드 최초의 보편적 사회보험제도인 공적 퇴직연금법(Public Retirement Pensions Act)이 제정되고 이후 보편적이고 포괄적인 복지제도가 발전되기 시작하였다.

1960년대 말에 이르러 탈기둥화(depillarization), 세속화, 계급적 이익추구 등의 현상이 나타나면서 조합주의의 성격 및 제도가 변화하고, 계급에 기반한 새로운 이익연합이 형성되었다. 이는 이익집단 등 시민사회 조직들의 활성화와 정책결정과정에서 행정부와 의회의 힘을 강화시키는 결과를 가져왔는데 이러한 상황에서 가톨릭당 정부는 보편적 사회보장제도를 주도하여 노동당이 추진하였던 것보다 더 보편성과 포괄성·관대성이 높아진 복지국가를 발전시켰다(김인춘, 2005).[9] 1973년에 구성된 중도좌파 연합정부는 재분배정책을 더욱 강화하였다. 1970년대까지 네덜란드 복지국가가 보여준 사회적 '보상'을 위한 복지체제는 재분배기능은 충분히 하였지만, 생산적 기능에 한계를 가질 수밖에 없었다. 네덜란드의 공공지출은 다른 유럽 소국과 비교하여 소득이전 부분에 많이 지출되었기 때문이다. 이는 노동력이동과 교육훈련을 통한 인적 자본 제고를 강조하는 스웨덴의 적극적 노동시장 정책과는 상이한 것으로, 조기퇴직연금, 장애급여, 실업급여 등 소극적 노동시장 지출비율은 네덜란드에서 높았다(Stephens, Huber and Ray, 1999: 180).

네덜란드 복지국가는 1970년대의 석유 위기와 경제침체를 거쳐 1980년대 초에 최대의 파국을 맞게 되었다. 실업이 증가하고 경제성장이 둔화되었고 복지비용은 경제적 문제뿐만 아니라 정치적 문제로 부상하였다. 그러나

---

8) 임금조정 형태에는 대표적으로 스웨덴의 '민간(private)' 방식과 네덜란드의 '공공(public)' 방식이 있다.

9) 영국, 네덜란드, 오스트리아, 벨기에, 덴마크, 노르웨이, 스웨덴 등이 공고화된 나라들이다.

네덜란드는 노동과 자본을 노동시장 및 복지국가 개혁의 구조조정과정에 적극적으로 참여시키는 새로운 조합주의적 방식을 채택하고, 노사정 합의문화의 바탕 위에 '유연한 사회적 합의'를 정부 주도로 도출하였다.[10] '네덜란드병'을 극복하고 안정된 경제성장과 고용창출의 성과를 이룩하는 데 결정적 계기가 된 1982년의 '바세나르협약(Wassenaar Accord)'은 협력적인 노사관계 전통을 배경으로 이루어졌다.

네덜란드는 1980년대 이후 세계에서 가장 관대하고 광범위한 복지를 제공하는 국가 중 하나로 변모하였다. 1980년대 네덜란드의 사회보장지출은 GDP의 27%를 차지하고 있는데, 이것은 스웨덴의 31% 다음으로 높은 수준이다.[11] 네덜란드의 복지제도는 사회보장 정책의 측면에서는 기여 중심적 특성이 있지만 공적부조에서는 보편성의 원칙이 강하고 관대하기 때문에, 유럽대륙의 '보수주의적' 유형에 북유럽의 '사회민주주의적' 요소가 혼재되어 있다고 볼 수 있다.

2. 생태국가로서의 네덜란드 복지국가

사회적 협의와 조정을 통해 복지, 성장, 노동을 함께 발전시켰다고 평가받는 네덜란드 복지국가는 높은 인구밀도와 라인강 하류라는 작고 열악한 국토 환경조건하에서 생태 분야 및 환경 보존도 비교적 잘 발전시켜온 나라로 평가받고 있다. 드라이젝은 1980~90년대에 가장 성공적인 환경정책의 성과를 보여준 나라 중 하나로 네덜란드를 꼽고 있으며(드라이젝, 2005: 243-244, 250-256), 몰은 생태적 근대화 이론의 현실 적합성을 보여주는 사례로 네덜란드의 환경정책 및 환경운동의 변화를 설명하고 있다(Mol,

---

10) 1980년대 이후 네덜란드와 덴마크의 개혁을 '사민주의적 제3의 길'이라고도 한다.

11) 이 시기 덴마크는 26%, 영국은 17%를 나타내고 있다(Huber and Stephens, 2001: 110).

1992).

전 국토의 25%가 해면보다 낮은 지대로 형성되어 있고, 국토의 1/2 이상이 항상 범람의 위험에 대비해야 하는 지형적 조건으로 인해, 네덜란드는 일찍부터 적극적인 환경정책을 수립하였다. 지속적인 수자원 관리시스템과 방조 프로젝트가 수행되었으며, 1953년의 대범람을 계기로 1958년부터 대규모의 '델타 프로젝트' 해안 간척사업이 진행되었다. 초기에는 국토확장과 경제개발의 효과를 최우선 목표로 했던 '델타 프로젝트'는 이후 친환경적 간척사업으로 전환됨으로써 네덜란드의 환경정책과 환경 거버넌스를 보여주고 있다.

1960년대 네덜란드의 환경운동은 다른 사회운동과 마찬가지로 정부 정책에 대한 급진적인 반대 투쟁에 몰두하였다. '델타 프로젝트'에 관해도 습지 환경의 감소, 수질오염의 악화 등 환경 부작용을 이유로 환경단체들은 해안 환경복원을 위한 환경운동을 대대적으로 전개하였다. 이에 정부는 1975년 이들의 주장을 수용하여 자연을 최대한 보호하면서 개발효과를 극대화하는 친자연적인 해안 환경정책으로의 변화를 꾀하였다. 이후 환경운동은 1980년대 원자력 발전소 설립 반대 투쟁에 실패하면서, 기존의 과격한 투쟁의 한계에 대해 인식하기 시작하였다(박치현·구도완, 2010: 288). 제도 밖의 급진적인 투쟁이 한계에 이르자 환경운동세력들은 제도 안에서 친환경적 정책이 결정되도록 정책의 형성과정에서부터 영향력을 행사하는 전략을 택하기 시작했다.

1980년대 이후 네덜란드 환경단체들은 국가환경정책계획(National Environment Policy Plan: NEPP)이나 국토공간계획 등 환경정책에 깊이 참여하기 시작하였다. 정부가 수립한 환경정책들에 대해 근본적인 논의를 요구했으며 환경정책의 계획, 입안, 결정 및 실행의 논의 과정에서 환경단체와 정부 간뿐만 아니라 환경단체 간, 그리고 중앙정부와 지방정부 간의 갈등이 촉발되었다. 다양한 수준에서의 이와 같은 갈등은 종전의 국가 중심 또는 대표조직 중심의 의사결정 체계를 재고하게 만들었고, 환경 이슈의 설정 및 해결자가 더 이상 정부만은 아니라는 인식이 확산되었다(박치현·구도완,

2010: 289-290). 이후 환경부문의 사회적 협력은 사안에 따라 여러 이해관계자가 참여하여 협의를 통해 문제를 해결하는 방향으로 이루어지고 있으며, 정부는 바세나르협약에서 볼 수 있듯이 정치적으로 중립적인 중개자 내지는 조정자 역할로 자리매김하고 있다. 이러한 변화는 지속가능발전 개념이 확산되면서 온건한 공리주의 성향이 네덜란드 정부와 시민사회 모두에 자리 잡았음을 보여주는 것이다(Driessen & Glasbergen, 2002: 190-192; 박치현·구도완, 2010: 290).

이와 함께 제도적·정책적 측면에서도 새로운 환경정책 패러다임으로의 전환이 이루어졌다. 1987년 브룬트란트 보고서가 채택된 이후, 지속가능발전 개념에 기반한 생태복지주의는 네덜란드 환경정책의 장기적 목표가 되었고, 환경법 및 제도, 환경정책이 광범위하고 구체적으로 추진되고 있다. 1988년에는 환경세의 기초를 마련하였으며, 1989년에는 국가환경정책계획(NEPP-1)을 발표하여 2010년까지 오염물질 배출량의 70~80% 삭감 목표를 세우는 등[12] 혁신적인 환경전략을 수립하였다. 이후 네덜란드의 국가환경정책계획은 4단계에 걸쳐 수립됨으로써 네덜란드의 통합적·장기적·체계적인 환경

〈표 3〉 네덜란드의 생태근대화 정도

Weak Ecological Modernization	Netherland Ecological & Economic welfare Institutional/systemic Communicative Open Outward-looking Diversifying	Strong Ecological Modernization

---

12) EU집행위가 유럽의회에 제출한 2006년 환경정책평가(2006, Environment Policy Review) 보고서에 따르면 EU-15개국은 1990년 대비 0.9% 온실가스 배출이 감소한 것으로 나타났으며, 네덜란드는 1980년 대비 1994년 현재 아황산가스 배출량이 70% 감소하였다(EU-15: 독일, 프랑스, 이탈리아, 벨기에, 네덜란드, 룩셈부르크, 영국, 덴마크, 아일랜드, 그리스, 스페인, 포르투갈, 오스트리아, 핀란드, 스웨덴).

정책 전략을 구축하는 역할을 하였다. 중장기적 환경전략 계획의 수립, 이해당사자 집단의 자발적 합의를 통한 협력, 정부부처 간 협력 및 조정, 상호신뢰를 바탕으로 한 규제방식으로의 전환 등이 NEPP를 통해 이루어졌으며, 특히 2002년에 수립된 NEPP-4는 과거 30년 동안의 네덜란드 환경정책을 재평가하고 2030년까지의 환경정치 전략을 세움으로써 생태국가로의 새로운 환경 거버넌스를 구축하고 있다(Van Muijen, 2000: 146-148, 153-157).

이렇게 볼 때 네덜란드는 환경친화적인 제도와 정책을 형성하기 위해 적극적으로 노력해 온 생태국가임에 틀림없다. 뿐만 아니라 환경정책을 형성하는 전 과정에서 국가가 조정자의 역할을 하고, 기업, 이해당사자, 시민 등의 이해집단들이 자발적으로 참여하고 협력하여 정책을 수립한다는 것은, 환경 영역에서도 네덜란드 복지국가의 특징인 협의 민주주의와 사회적 합의가 적용되고 있을 의미한다. 이는 다양한 이해관계와 갈등 속에서 합의와 타협을 이끌어내는 기둥화 문화, 즉, 네덜란드 특유의 실용주의 문화가 지속가능발전을 추진하는 환경 사회적 역량으로 표출된 것으로 볼 수 있다. 결국 생태적인 제도개혁을 통해 환경문제를 해결하면서 경제성장과 복지를 함께 누리고 있는 네덜란드는 '사회적 협의'를 통해 비교적 강한 생태적 근대화를 추진하는 복지국가로 설명할 수 있을 것이다.

VI. 결론: 생태복지국가의 심화와 성찰

스웨덴 복지국가는 무엇보다 보편성, 연대성, 평등성을 중시해 왔으며, 네덜란드 복지국가는 보편성, 포괄성, 관대성에 기초해 왔다. 사회정책과 복지제도 역시 이러한 목표를 추구하는 방향으로 추진되어 왔다. 1980년대 네덜란드, 1990년대 스웨덴에서 복지개혁으로 관대성과 평등성이 약화되었으나 이 두 나라는 여전히 모범적인 복지국가로 평가되고 있다. 이와 동시에 스웨덴 복지국가는 생산적인 산업과 효율적인 사회·경제체제에 기반하고 있는 반면, 네덜란드 복지국가는 경쟁력 있는 서비스 산업과 다원성이 강하지만 온건하고 협의적인 사회·정치체제에 기반하고 있다. 그러나 두 국가의 지향점은 같아 국가경쟁력을 유지하면서 복지국가의 근간을 마련하는 자본주의적 성공, 즉 생산성과 효율을 추구해 왔다. 성장 및 효율 지향성 측면은 복지국가의 필수요건이라 할 수 있다. 그리고 이러한 요건은 복지국가를 비판하는 환경주의처럼 생태국가와는 조응하기 어려워 보인다.

그러나 스웨덴과 네덜란드는 매우 뛰어난 환경정책 성과와 환경 거버넌스를 자랑하고 있다. 이 두 나라는 '약한 생태근대화'의 환경적 한계를 넘어 생태주의적 거버넌스를 추구하고 있으며 생태주의적 관리자로 행위하면서, 생태적으로 지속가능한 성과를 위해 보다 더 '강한 생태근대화'를 추구하고 있다. 본 연구에서 살펴본 대로 스웨덴과 네덜란드에서 생태근대화 발전 모델이 성공한 사실을 확인할 수 있다. 스웨덴과 네덜란드는 '약한 생태근대화'와 '강한 생태근대화'의 구분이 의미가 없음을 보여주고 있다. 두 나라 모두 경제주의적 면과 생태주의적 면을 중시하면서도 '강한 생태근대화'의 특징들을 보여주고 있기 때문이다. 생태근대화 모델을 통해 생태복지국가를 구성, 발전시키고 있다.

스웨덴과 네덜란드는 이러한 생태복지국가를 위해 참여를 확대하고 환경 정의에의 접근을 더욱 용이하게 만들고 있다. 그러나 소통과 성찰적 민주주의 이념에 기반한 생태민주주의를 촉진하는 데는 충분하지 않아 보인다. 따라서 복지국가가 생태국가로 전환될 수 있는가 하는 문제는 간단하지 않다. 생태국가가 생태민주주의의 이상을 실현하고 개인주의적 또는 다원주의적 개념의 심의 민주주의를 전제하는 것이라면 스웨덴 및 네덜란드 복지국가는 아직 생태국가라 하기 어렵기 때문이다. 그러나 스웨덴과 네덜란드가 지속가능성장과 생태근대화 담론을 실현시키고 생태주의의 가치를 구현하고 있다는 점에서는 생태국가로도 볼 수 있다.

결국, 복지국가가 경제주의적 합리성을 기반으로 지속가능성을 추구하는 생태주의로 간다면 '약한 생태근대화' 국가라고는 할 수 없을 것이다. 즉,

복지국가가 생태주의 측면에서 지속가능한 성과를 추구한다면, 또는 다른 목표들과 함께 생태주의적 합리성을 추구한다면 생태복지국가라 할 수 있을 것이다. 여기서 살펴본 스웨덴과 네덜란드 두 나라는 모두 생태주의적 자유를 추구하는 생태주의적 계몽주의보다는 굿(good) 거버넌스, 효율적 정부에 더 많은 정책적 관심을 갖고 있다. 따라서 스웨덴과 네덜란드 복지국가는 반성장 환경주의나 '강한 생태근대화,' 또는 생태민주주의보다는 고도의 생태근대화 모델로서 생태적 지속가능성 가치에 보다 충실한 생태복지국가라 할 것이다. 이는 복지국가이자 개혁적·시민적 환경주의의 성격을 보여주는 것이며, 더 많은 이해관계자가 참여하여 소통과 설득, 합의를 중시하는 지역민주주의(local democracy)를 보여주는 것이다. 또한 이는 관료제적 경직성을 보완하고 있기도 하다.

생태국가의 발전은 어떤 과정을 거치고 생태국가의 이상을 실현한다는 것은 무엇인가. 결국 생태국가의 도전은 환경과 성장, 복지의 포트폴리오를 어떻게 만들 것인가에 있으며 이러한 포트폴리오가 생태복지국가를 구성하는 기반이 될 것이다(Hildingsson, 2007). 복지국가와 생태국가 간에는 서로 유사성이 있으며 그 유사성은 매우 근본적이다. 따라서 생태국가는 복지국가의 발전으로부터 교훈을 얻을 수 있을 것이다. 복지국가의 장기적인 발전, 복잡한 발전과정, 복지국가의 다양성, 다양한 복지제도, 복지개혁과 재편 등의 과정을 생태국가도 거치게 될 가능성이 크기 때문이다.

생태국가의 발전, 기능, 정당성, 미래에 대한 상반된 이론과 설명들, 많은 논란과 쟁점에서 보듯이 자본주의 체제에서 생태국가의 등장은 복지국가의 등장보다 더 어렵고 복잡할 것이다. 완결된 영구적 복지국가가 불가능하듯이 완전한 형태의 생태국가를 만드는 것도 불가능할 것이다. 그러나 복지가 결여된 생태국가나 생태가 결여된 복지국가는 둘 다 현실적이지도, 바람직하지도 않다. 그렇기 때문에 어떻게 이 두 가치를 조화시키며 발전할 수 있느냐가 관건이다. 스웨덴과 네덜란드의 경험은 고도의 생태적 근대화 모델로서 복지국가와 생태국가의 지속가능한 균형과 공존의 가능성을 보여주고 있다. 발전과 분배라는 전통적 이념에 생태주의라는 새로운 이념이 결합하는 지속가능발전 개념으로 복지국가와 생태국가가 발전한다면 이는 곧 생태복지국가가 될 수 있을 것이기 때문이다. 결국 생태복지국가는 생태근대화와 생태주의의 관계에 따라 구성되고 발전될 것이다. 네덜란드와 스웨덴은 생태적으로 지속가능한 목표를 추구하고 달성하면서 고도의 생태적 근대화 모델로서 생태복지국가를 구성하고 있다고 하겠다.

【 참고문헌 】

김민정. 2010. "자유주의적·마르크스주의·포스트모던 환경정의론은 취합가능한가?"『경제와 사회』, No.88. pp.352-358.

______. 2010. "EU 환경정책의 NEPIs의 적용과 그 실태."『경제정책연구』제10권 제1호, 통권 37호(2010년 봄). pp.69-100.

김인춘. 2005. "네덜란드의 코포라티즘과 복지국가의 발전."『국제지역연구』제14권 4호, 겨울호. 서울대학교 국제학연구소. pp.63-102.

______. 2007.『스웨덴 모델 — 독점자본과 복지국가의 공존』. 삼성경제연구소.

김형준·한동우. 2010. "사회복지의 대안적 이론체계로서의 사회생태주의."『상황과 복지』제29호. pp.91-123.

______. 2012. "사회생태주의적 관점에서의 한국 복지국가담론 비판과 대안."『비판사회정책』제36호. pp.39-74.

서왕진. 2010. "정치생태학적 관점에서 본 4대강 사업."『민주사회와 정책연구』통권 18호(2010년 하반기). pp.134-161.

신정완. 2012. "스웨덴의 시스타 사이언스 시티(Kista Science City)의 성공 요인: 산업정책 및 지역발전정책의 변화와 스웨덴 모델의 효과를 중심으로."『민주사회와 정책연구』통권 21호(2012년 상반기). pp.175-201.

도시히코, 레그란드 츠카구치. 2013.『스웨덴 스타일 — 복지국가를 넘어 복지사회로, 스웨덴 모델의 미래를 보다』. 참여사회연구소 기획. 이매진.

드라이젝, 존(John Dryzek). 2005.『지구환경정치학 담론』. 에코리브르.(Dryzek, John. S. 1997. *The Politics of the Earth*. Oxford University Press).

머레이, 북친. 1998.『사회생태주의란 무엇인가』. 박홍규 역. 민음사(*Remaking Society: Pathways to a Green Future*. Murray Bookchin, South End, 1990).

박치현·구도완. 2007. "네덜란드의 지속가능 발전 모델: 사회적 협의를 통한 생태적 근대화."『ECO』통권11권 2호(2007년 하반기). pp.45-79.

안재홍. 2013.『복지 자본주의 정치경제의 형성과 재편 ― 서유럽 강소 복지 5개국의 경험과 한국의 쟁점』. 후마니타스.

이시재·구도완·오용선 외. 2010.『생태사회적 발전의 현장과 이론』. 아르케.

장석준. 2013. "사민주의가 아닌 생태사회주의로!" 2013.05.06.『한겨레21』제959호.

최경구. 2006. "환경복지국가 연구: 지속가능성의 패러다임과 사회복지의 결합."『사회복지정책』제24집. pp.337-360.

최병두. 2010.『비판적 생태학과 환경정의』. 한울아카데미.

토쿠타로우, 오자와. 2013. "포어캐스트? 백캐스트! ― 환경문제에 대응하는 복지사회의 길."『스웨덴 스타일 ― 복지국가를 넘어 복지사회로, 스웨덴 모델의 미래를 보다』. 도시히코, 레그란드 츠카구치 엮음.

패니치, 리오 외 엮음. 2007.『자연과 타협하기』. 허남혁 외 옮김. 필맥출판사.

Andersen, M.S. and I. Massa. 2000. "Ecological Modernization ― Origins, Dilemmas and Future Directions." *Journal of Environmental Policy & Planning* 2. pp.337-345.

Barry, John. and Robyn Eckersley (eds.). 2005. *The State and the Global Ecological Crisis*. The MIT Press.

Beatley, Timothy. 2000. *Green Urbanism: Learning From European Cities*. Island Press.

______. 2010. *Biophilic Cities: Integrating Nature into Urban Design and Planning*. Island Press.

Berger, Gerald et al. 2001. "Ecological modernization as a basis for Environmental Policy: Current environmental discourse and policy and the implications on environmental supply chain management." *Innovation*, Vol.14, No.1. pp.55-72.

Christoff, P. 1996. "Ecological modernisation, ecological modernities." *Environmental Politics*, Vol.5, No.3. pp.476-500.

Cox, Robert. 1993. *The Development of the Dutch Welfare State*. University of Pittsburgh Press.

Driessen P. & P. Glasbergen. 2002. *Greening Society*. Springer.

Dryzek, J. 2008. "The Ecological Crisis of the Welfare State." *Journal of European Social Policy* 18(4). pp.334-337.

Duit, A. 2008. *The Ecological State: Cross National Patterns of Environmental Governance*. Berlin: Ecologic.

Eckersley, Robyn. 2004. *The Green State: Rethinking Democracy and Sovereignty*. The MIT Press.

Esping-Andersen, Gösta. 1990. *The Three Worlds of Welfare Capitalism*. Princeton University Press.

Hajer, M.A. 1996. "Ecological modernization as cultural politics." *Risk, Environment and Modernity: Toward a New Ecology*. In Lash, S. et al. (eds.). London: Sage. pp.246-268.

Hildingsson, Roger. 2007. "Greening the (welfare) state: Rethinking Reflexivity in Swedish Sustainability Governance." *Lund University Department of Political Science*. pp.1-32.

Hildingsson, Roger, and Jamil Khan. 2013. "Greening which welfare state? Confronting the ecological state with the realities of welfare state transformations." 11th NESS Conference, Copenhagen, 11-13 June 2013.

Huber, J. 1998. "Sustainable development as a concept of ecological modernization towards industrial ecology." Paper prepared for the international workshop on 'Ecological Modernization' at the University of Helsinki. September 10-13.

Huber, Evelyne, and John Stephens. 2001. *Development and Crisis of the Welfare State: Parties and Policies in Global Markets*. Chicago: University of Chicago Press.

Katzenstein, P.J. 1985. *Small States in World Markets: Industrial Policy in Europe*. Ithaca, NY and London: Cornell University Press.

Lijphart, Arend. 1968. *The Politics of Accommodation: Pluralism and Democracy in the Netherlands*. Berkeley, University of California Press.

Meadowcroft. James. 1997. "Planning, democracy and the challenge of sustainable development." *International Political Science Review*, Vol.18, No.2. pp. 167-189.

______. 2005. "From Welfare State to Ecostate?" *The Green State and the Global Ecological Crisis*. In J. Barry and R. Eckersley (eds.). The MIT Press.

______. 2012. "Greening the State?" *Comparative Environmental Politics: Theory, Practice, and Prospects*. In Steinberg, Paul & Stacy D. VanDeveer (eds.). pp.63-88.

Mol, Arthur P. J. 1992. "Sociology, Environment, and Modernity: Ecological Modernization as a Theory of Social Change." *Society and Natural Resources* 5. pp.323-344.

OECD. 2013. *Green Growth in Stockholm*. Sweden OECD 23 May 2013.

Poldermans, Cas. 2006. "Sustainable Urban Development 'the Case of Hammarby Sjöstad'" http://www.hammarbysjostad.se/miljo/pdf/CasPoldermans.pdf).

Steinberg, Paul F., and Stacy D. VanDeveer (eds.). 2012. *Comparative Environmental Politics: Theory, Practice, and Prospects*. The MIT Press.

Van Doorn, Jacques. 1978. "Welfare state and Welfare Society: The Dutch Experience." *The Netherlands' Journal of Sociology* 14. pp.1-18.

Van Muijen, Marie-Louise. 2000. "The Netherlands: Ambitious on Goals — Ambivalent on Action." *Implementing Sustainable Development: Strategies and Initiatives in High Consumption Societies*. William M. Lafferty & James Meadowcroft (eds.). Oxford: Oxford University Press.

Van Ruysseveldt, and Jelle Visser. 1996. "Weak Corporatisms going different ways?: Industrial Relations in the Netherlands and Belgium." *Industrial Relations in Europe: Traditions and Transitions 1996*. In Van Ruysseveldt and Jelle Visser (eds.). London: Sage Publications. pp.205-264.

Windmuller, John P. 1969. *Labor Relations in the Netherlands*. Ithaca., N. Y.: Cornell University Press.

http://www.sweden.gov.se/sb/d/15472/a/184142

제8장

생태주의 시대의 복지국가

조영훈

I. 서론

1970년대에 지식인 중심의 저항운동으로 출발했던 환경운동은 1990년대 이후 전 세계적으로 기후변화의 위험성에 대한 인식이 높아지면서 이제는 생태주의라는 거대담론으로 승화되었다. 선진산업국가들에서는 환경보존과 지속가능한 발전이 경제성장에 버금가는 핵심적인 가치로 받아들여지게 되었고, 생태보존은 시민 개개인부터 기업, 정부에 이르는 사회의 모든 구성원들의 의식과 행동을 규제하는 사회적 윤리이자 가치관의 일부가 되었다. 현대사회는 바야흐로 생태주의의 시대로 진입하게 된 것이다.

생태주의가 점차 지배적인 사조로 확립됨에 따라서 앞으로 현대사회는 커다란 변화를 겪을 것으로 예상된다. 아직까지는 생태주의가 1960년대의 복지주의나 1990년대의 신자유주의와 같은 정도의 지배적인 자리에까지 오르지는 못했지만, 이제까지와 같은 추세가 지속된다면 2010년대의 선진산업사회는 점차 생태주의의 이미지에 따라 재구성될 가능성이 크다.

생태주의의 확산이 초래할 사회적 변화들 가운데서 가장 주목되는 것은 복지국가의 미래상이다. 환경보존을 우선시하는 생태주의의 관점에서 볼 때 복지국가는 시민생활의 보장이라는 명목으로 경제성장에 집착하고 소비주의와 물질주의를 부추기는 반생태적인 제도로 비쳐진다. 실제로 일부 생태주의자들은 복지국가의 반생태성을 비판하였고, 잉글하트를 비롯한 몇몇 학자들은 생태주의와 같은 탈물질주의의 확산에 따라 복지국가가 쇠퇴할 것으로 예견하기도 했다. 이들에 따르면, 생태주의와 복지국가는 탈물질주의 대 물질주의, 반생산주의 대 친생산주의, 신중간계층 대 노동계급 등의 대립관계를 보이고 있으며, 새로운 조류인 생태주의의 확산은 전통적인 제도인 복지국가를 약화시킨다고 한다.

어쩌면 이러한 예견이 생태주의의 강력한 도전을 받고 있는 복지국가의 미래상이 될 수도 있다. 반면에 다른 가능성도 존재한다. 우선, 경험적으로 볼 때 일부 선진산업국가들에서는 생태주의를 대표하는 환경당과 복지주의를 대표하는 사회민주당 간에 정책연대나 연정구성이 자주 목격되고 있다. 이것은 생태주의가 반드시 복지국가와 대립하지 않을 수도 있다는 것을 시사한다. 다음에, 생태주의가 복지국가의 물질주의를 비판하기는 하지만, 그렇다고 해서 생태주의가 반드시 복지국가 자체를 반대할 이유는 없다. 최근 기본소득의 도입을 주장하는 데서 보듯이 생태주의도 국가에 의한 기본적인 생활보장에는 찬성하며, 생태주의의 지지자들 중 상당수는 복지를 비롯한 공공부문종사자들이거나 복지수급자들이기 때문이다. 마지막으로, 일반시민들의 입장에서는 생태보존에 대한 관심이 커진다고 해서 국가가 제공하는 사회보장급여를 거부하거나 축소하고자 할 이유가 없다. 그들에게는 환경문제만큼이나 경제생활의 안정이 중요한 것이기 때문이다.

이 연구의 목적은 생태주의와 복지국가의 관계를 분석하고, 생태주의의 확산에 따라 복지국가에 어떤 변화가 발생할 것인가를 그려보는 데 있다. 이 연구는 일부 학자들의 주장대로 생태주의의 시대를 맞아 복지국가에 어떤 변화가 발생하게 되는 것은 분명하지만, 그것이 복지국가의 양적 축소나 쇠퇴와 같은 형태는 아닐 것이라고 생각한다. 아직까지 전통적인 복지국가에 대한 사회적 지지기반이 군건한데다가 생태주의와 복지국가가 제로섬 관계에 있지 않다는 증거가 많기 때문이다. 오히려 시장자유주의를 반대하고 공공선을 추구한다는 공통점을 지닌다는 점에서 생태주의와 복지주의 사이에는 연대의 가능성이 매우 높다고 할 수 있다.

이 연구의 핵심적인 주장은 전통적인 복지국가가 생태주의의 주장들을 수용하면서 점차 생태복지국가라는 새로운 형태로 전환되리라는 것이다. 생태복지국가는 소득재분배를 통한 사회불평등의 완화라고 하는 복지국가 원래의 목적과 함께 환경오염을 방지하고 환경정의를 실현한다는 새로운 목적을 추구하며, 이런 점에서 생태복지국가로의 변신은 전통적인 복지국가의 쇠퇴라기보다는 부분적 재조정 내지는 새로운 환경에의 적응을 의미한다.

II. 생태주의의 도전: 급진적 생태주의의 복지국가 비판

1970년대에 서유럽국가들에서 반전반핵운동을 중심으로 본격화되었던 환경운동은 초기에는 전문직, 화이트칼라, 학생 등의 지식계층을 지지기반으로 하는 전위운동의 성격이 강하였다. 그렇지만 1980년대 들어서서 몇몇 국가에서 환경당이 출현하면서 환경운동의 사회적 저변이 크게 확대되었고, 특히 1992년 6월에 UN기후변화협약(United Nations Framework Convention on Climate Change)이 체결됨으로써 환경운동과 생태주의는 전 세계인들의 주목을 받게 되었다. 이 협약으로 인해 지구온난화의 위험성에 대한 인식이 높아졌으며, 보다 많은 사람들이 기후변화의 위기 극복을 위해 온실가스 등의 유해물질의 배출을 줄여야 한다는 생태주의의 주장에 귀를 기울이기 시작했던 것이다.

이제 환경운동은 생태주의라는 보다 넓은 의미로 확대되었고, 생태주의는 서유럽국가들을 중심으로 새로운 거대담론 혹은 이데올로기로서의 위상을 지니게 되었다. 환경운동이나 생태주의에 대한 견해는 정치적 입장에 따라 매우 다르지만, 생태주의의 주장을 완전히 무시하는 정치세력은 없다. 지구의 지속가능성 유지를 통한 후속세대의 존속이라는 명제는 모든 이들에게 당연한 것으로 수용되고 있으며, 환경위기에 대한 생태주의 관점의 대책들은 정치적 이데올로기에 관계없이 모든 정치세력들에게 심대한 영향을 미치고 있다. 각국 정부들과 국제기구들이 기후변화에 대처하는 각종 정책과 조치들을 도입한 것은 어제오늘의 일이 아닌 것이다.

이와 같이 사회적 위상이 급속하게 높아짐에 따라서 환경운동과 생태주의는 이미 세계화나 탈산업화 등의 사회적 압력에 시달리고 있는 복지국가에게 또 다른 도전을 제공한다. 그 도전의 내용과 성격은 다양하겠지만, 현재까지는 주로 생태주의의 확산으로 인해 복지국가가 크게 위축될 것이라는 평가가 지배적이다. 이러한 평가는 크게 다음과 같은 세 가지 측면을 강조한다.

첫째, 생태주의와 복지국가는 서로 모순되는 가치관에 기초해 있다. 복지국가는 경제성장과 생산성을 중시한다는 점에서 생산주의를 추구하고, 시민들의 물질적 생활 안정에 초점을 둔다는 점에서 물질주의를 추종한다. 이에 반해서, 생태주의는 생태계를 훼손하는 생산활동과 경제성장주의에 반대한다는 점에서 탈생산주의(post-productivism)에 기초하며, 개인의 물질적 이익이 아니라 사회공동체 혹은 지구공동체의 보존이라는 공동선을 추구한다는 점에서 탈물질주의에 기초해 있다(Inglehart, 1990; Fitzpatrick, 2011b; Meadowcroft, 2005). 이렇게 서로 모순되는 가치관에 기반하고 있기 때문에 한 쪽의 성장은 다른 한쪽의 쇠퇴를 가져올 수밖에 없는데, 앞으로 점점 더 탈물질주의가 지배적으로 된다는 점에서 복지국가는 생태주의의 도전을 받아 쇠퇴할 수밖에 없다는 것이다.[1]

---

[1] 잉글하트에 따르면, 탈물질주의가 확산될수록 환경보존과 같은 사회공동적인 이슈들에 대한 사회적 관심들이 높아지며, 이러한 새로운 이슈들의 급부상으로 인해서 복지이슈

둘째, 생태주의의 주요 지지계층은 화이트칼라나 전문직 종사자 혹은 학생들이다. 이들은 물질주의와 소비주의를 부추길 뿐 아니라 각종 형태의 불평등과 차별을 가져오는 자본주의 혹은 산업사회에 대한 비판적인 세력으로서 과거에는 사회민주당을 지지했었다. 이들은 관료주의적이고 제도화된 좌파정당에 실망하여 반핵운동과 평화운동 등 보다 급진적인 사회운동에 참여하였으며, 이런 점에서 이들이 지지하는 환경당은 광범위한 의미의 좌파정당으로 간주된다(Carter, 2007; Doherty, 2002; Inglehart, 1990). 결국, 생태주의의 확산은 좌파정당의 분열을 초래하고, 사회민주당의 지지기반 약화를 거쳐 복지국가의 사회적 기반 약화를 불러오는 것이다.

셋째, 생태주의가 추구하는 환경정책과 복지국가가 추구하는 사회정책은 제로섬 관계에 있다. 생태주의가 확산됨에 따라서 한정된 정부예산 가운데서 환경정책예산이 차지하는 비율이 늘어나게 되며, 환경예산이 증가하는 만큼 복지예산을 삭감될 수밖에 없는 것이다. 최근으로 올수록 기후변화의 위험에 대한 사회적 인식이 높아지고 각국 정부와 국제기구들은 기후변화에 대처하는 각종 정책과 조치들을 도입하고 있다. 이와 같이 생태주의적인 관심이 사회적·정치적 아젠다의 핵심을 차지하게 됨으로써 복지주의는 점차 관심에서 멀어져가며, "기후변화는 전통적인 사회정책의 관심을 대체함으로써 복지국가를 위협하고, 공공정책의 초점을 새로운 곳으로 변경"한다는 지적이 나오고 있다(Gough, 2010: 49). 이것은 사회적 관심의 변화 문제임과 동시에 정부 정책상의 우선순위의 문제이기도 하다. 생태적 관심이 점차 더 지배적으로 되면 그에 대한 정부의 예산지원이 더 늘어날 것이며, 이것은 생태주의와 경쟁관계에 있는 복지국가에 대한 지원축소로 이어질 수 있는 것이다.[2]

의 중요성이 상대적으로 감소하게 되어 결국에 가서는 복지국가와 같은 전통적인 이슈에 대한 사회적 관심은 주변화된다고 한다. 이와 같이 사회적 관심으로부터의 소외됨으로써 복지국가의 사회적 지지기반은 약화되는 것이다(Inglehart, 1990: 11; Inglehart, 1997: 237).

[2] 한 연구자에 따르면, 환경정책과 사회정책은 충돌의 가능성이 크며, 현재는 정부예산에

이상과 같이 환경보존을 우선시하는 생태주의의 관점에서 볼 때 경제성장에 기초하여 물질적 생활의 보장을 추구하는 복지국가는 비판의 대상이 될 수밖에 없고, 이러한 생태주의가 지속적으로 확산되는 경향을 보이고 있음을 고려할 때 복지국가의 쇠퇴는 자연스런 결론이라는 평가는 일견 타당해 보일 수는 있다. 그렇지만 이러한 평가들은 생태주의와 복지국가 간의 다양한 관계를 지나치게 단순화한다는 문제점을 지니고 있다.

잘 알려진 대로 생태주의에는 좌파에서 우파, 그리고 진보주의에서 보수주의에 이르는 다양한 스펙트럼이 존재한다. 초기의 생태주의는 생태가치에 모든 가치들을 종속시키고, 생태계의 보존과 회복을 위해서는 산업주의와 소비주의 등 기존 관습과 도덕적 가치를 비롯한 모든 생활방식을 근본적으로 바꾸어야 한다는 근본주의 내지는 급진주의적 관점이 지배적이었다. 이러한 급진적 생태주의(dark greenism)의 관점에서 볼 때 생태계의 훼손은 산업사회의 존재 그 자체에서 비롯되며(Cahill, 2002: 53), 산업사회의 핵심 가치들인 경제성장주의, 소비주의, 물질주의 등이 급진적으로 약화되지 않는 한 생태계는 인간사회에 의해 계속적으로 파괴될 수밖에 없다.3) 이러한 관점에서는 복지국가는 경제성장주의를 추구하고 소비주의와 물질주의를 확산시킨다는 점에서 생태계 파괴의 핵심 요인으로 간주된다.4)

서 차지하는 환경예산이 적기 때문에 충돌이 심각하지 않지만 장기적으로는 그렇지 않을 것이라고 한다(Dryzek, 2008: 334). 또 다른 연구자들에 따르면, 현재는 빈곤 등 사회적 질병의 직접적인 영향력이 환경오염이라는 간접적인 영향력에 비해 더 심각하기 때문에 복지정책이 환경정책에 우선하지만, 기후변화에 대한 우려가 더욱 심각해짐에 따라 정책결정자들은 환경문제를 복지문제보다 우선시하게 되고, 기후변화 대책들은 기존의 사회정책들을 훼손할 수 있다고 한다(Gough and Meadowcroft, 2011: 7).

3) 급진적 생태주의 내에도 몇 가지 분파가 존재한다. 예를 들어서, 생존주의자들(survivalists)은 최악의 상황을 방지하기 위해 인간생활의 근본적인 재조정을 주장하고, 심오한 생태주의자들(deep ecologists)은 기존의 도덕적 가치와 사회철학과의 근본적인 결별을 통해서만 환경문제의 해결이 가능하다고 주장하며, 보존적 보수주의자들(conservationist conservatives)은 산업화, 소비주의, 근대성과 같은 산업사회의 특징들을 혐오한다(Fitzpatrick, 2011a: 9-10).

4) 한 걸음 더 나아가, 산업화 등 인간 사회의 발전으로 인해 생태계가 훼손된다고 주장하는 매우 극단적인 생태주의자들은 복지국가 자체가 생태계 파괴의 주범이라고 비판한

그렇지만 1990년대 이후 급진적 생태주의의 시대는 끝이 났다. 다른 사회운동들과 마찬가지로 일정 기간이 지남에 따라 환경운동도 제도권에 편입되었고, 생태주의는 초기의 극단적인 입장에서 벗어나 현실을 감안한 수정주의 내지는 개량주의적 접근을 채택하게 되었던 것이다. 이와 같은 생태주의의 변화와 함께 환경운동의 초기 단계에서는 가려져 있었던 생태주의와 복지국가 사이의 친화성이 분명히 드러나게 되었다. 이러한 변화들로 인해 생태주의와 복지국가의 관계는 상호 대립적인 것으로부터 상호 연대적인 것으로 바뀌어 갔다. 서유럽국가들에서 환경운동이 본격화된 지 40년이 지난 지금, 생태계 보존에 대한 관심이 거의 전 지구적 차원에서 크게 높아졌음에도 불구하고 생태주의와 복지국가 간의 대립 관계는 오히려 크게 완화되고 있는 것이다.

III. 생태주의와 복지국가: 대립에서 연대로

서로 대립적인 것으로 여겨졌던 생태주의와 복지국가가 상호연대가 가능한 관계로 재정립된 것은 크게 다음과 같은 두 가지 요인 때문이다. 첫째,

---

다. 이들에 따르면, 기아와 빈곤 등은 인구수를 조절하려는 자연적인 현상으로서 생태계 보존에 긍정적인 기능을 하는 데 반해서, 복지국가는 다수의 빈곤층을 기아에서 구제함으로써 생태계 보존의 자연적 기능을 저해한다는 것이다. 이와 함께, 보편적 권리 등과 같은 복지국가의 기본개념들도 출산과 양육을 개인의 기본적 권리로 인정함으로써 인구증가를 통한 생태계 악화에 기여한다는 것이다. 대표자인 가렛 하딘은 다음과 같이 주장한다. "만일 모든 인간가족이 [생존을 위해] 자신의 자원에만 의존했다면, 만일 빈곤한 부모의 자식들이 기아로 사망했다면, 그리고 만일 이와 같은 식으로 과도한 출산으로 인한 처벌이 주어졌다면, 출산을 통제하고자 할 사회적 이유는 없었을 것이다. 그러나 우리 사회는 매우 진지하게 복지국가에 헌신하고 있으며 … 모든 사람이 동등한 권리를 지닌다는 믿음과 출산의 자유가 결합하면 세상은 비극적인 경로에서 벗어날 수 없다"(Hardin, 1968).

생태주의 내에서 급진적 관점이 쇠퇴하고 생태적 근대화라고 하는 수정주의적이고 타협적인 견해가 지배적으로 되었다. 둘째, 환경정의의 개념이 급부상하면서 생태주의가 사회정의 내지는 사회불평등의 해소 문제에 깊은 관심을 갖게 되었고, 국가개입주의에 대한 견해나 사회적 지지기반의 측면에서 생태주의와 복지국가가 매우 유사하다는 점이 부각되었다.

1. 생태주의의 변화: 급진적 생태주의에서 생태적 근대화론으로

1980년대 들어 서유럽 국가들에서 환경당이 의회에 진출했던 데서 보듯이 환경운동은 점차 제도화의 길에 들어섰다. 초기 생태주의를 지배했던 급진적 생태주의가 크게 약화되고 보다 타협적이고 개량적인 흐름이 급부상하게 된 것이다. 이것은 다른 모든 사회운동들과 마찬가지로 환경운동도 성립 후 일정 시간이 지나게 되면 이상주의에서 벗어나 현실과의 타협점을 모색할 수밖에 없기 때문이다. 극단적인 이상주의에 기초한 사회운동은 일부 사람들에게는 매력적이지만 운동의 외연적 확산에 한계가 크며, 이 문제를 해결하려면 기존의 가치들 및 제도들을 받아들일 수밖에 없는 것이다. 실제로 1980년대 말이 되면 환경운동을 비롯한 대부분의 신사회운동들은 실용적인 개혁운동으로 변신하고, 기존 정치와 다양한 차원에서 밀접한 연계를 갖게 되었다(Carter, 2007: 92).

이제 생태주의는 생태적 근대화론(ecological modernization)으로 대표된다. 생태적 근대화는 모든 형태의 산업화와 경제성장에 반대했던 급진적 생태주의와는 달리 생태계를 훼손하지 않는 범위 내에서의 경제성장을 인정하며, 더 나아가서는 테크놀로지의 발전을 통해 생태계의 보존과 회복이 가능하다고 주장한다. 생태적 근대화론은 산업화와 경제성장을 통해 사회가 끊임없이 진보한다는 생각을 수용한다는 점에서 1950~60년대의 근대화론을 계승하고 있는 것이다.

생태적 근대화론은 1980년대 환경운동의 본산인 독일에서 환경운동의 정체성과 방향에 대한 논쟁이 활발해졌던 가운데 등장했다. 생태적 근대화라는 용어를 만든 사람은 요제프 후버(Joseph Huber)인데, 그는 생태위기 문제의 해결을 위해서는 자본주의나 산업사회의 체제 변화가 아니라 다양한 오염의 배출과 천연자원의 소비를 줄이는 동시에 혁신적이고 경쟁력 있는 물건을 만들어낼 수 있는 환경친화적인 기술의 개발을 추구해야 한다고 주장했다(Andersen and Massa, 2000: 337-8; McLaughlin, 2012: 180; Orsato and Clegg, 2005: 257). 그에 따르면, 이러한 기술들의 개발을 통해 산업사회들은 생태주의를 기반으로 하는 초산업화(superindustrialization)단계로 도약할 수 있다고 한다.5)

사실, 요제프 후버가 생태적 근대화라는 용어를 만들기 이전인 1970년대부터 환경운동집단들 사이에서는 환경운동을 보다 현실성 있고 대중적인 것으로 만들어가야 하며 이를 위해 자본주의, 산업사회, 경제성장, 국가 등 초기 생태주의가 배척했던 가치 및 사회제도와의 타협이 필요하다는 주장이 힘을 얻고 있었다.6) 특히 1980년에 독일 연방선거에 녹색당이 참여하게 됨으로써 환경운동의 체제내화는 가속화되었고, 생태적 근대화론은 그러한 환경운동의 변신을 합리화하고 촉진하는 이론적 기반이 되었다.7)

생태적 근대화론의 기본적인 가정은 크게 두 가지이다. 첫째, 자본주의(산업사회)는 변화하고 있으며, 환경에 대한 관심도 그 변화를 촉진하는 요인 가운데 하나이다. 둘째, 자본주의하에서도 적절한 환경정책들을 통해 환

---

5) 후버는 산업사회로의 도약-산업사회의 구성-초산업화라는 3단계 사회발전론을 제시하였다(Spaargaren and Mol, 2009). 이것은 근대화론의 대표자인 W. W. 로스토우의 이론틀에 기초한 것이다.

6) 생태운동이 초기의 이상주의에서 벗어나 점차 수정주의 노선을 밟게 됨에 따라서 1980년에 사회생태학자인 머레이 북친(Murray Bookchin)은 생태주의를 새로운 형태의 사회적 엔지니어링으로 대체하고자 위협하는 기술관료적 사고와 정치적 기회주의에 대한 우려를 표명한 바 있다. 그것은 이미 수많은 환경운동 및 반핵운동의 지도자들이 조직의 운영자로서 체제에 편입되어 버렸기 때문이다(Mol and Spaargaren, 2000: 32).

7) 일부 학자들은 생태적 근대화의 개념이 초기 생태주의의 견해와는 달리 환경개혁을 위한 정부의 주도적 역할을 인정하고 국가차원의 환경정책을 합리화하기 위한 패러다임으로 제기되었다고 한다(Mol and Jänicke, 2009).

경적으로 완전한 생산과 소비가 가능하다. 즉, 자본주의는 언제나 생태계의 파괴를 가져오는 것이 아니라 환경보존에 기여하는 형태로 변모할 수 있는 것이다(Mol and Spaargaren, 2000: 23). 이런 식의 가정은 자본주의와 시장 및 산업생산이 존재하는 한 생태계는 지속적으로 훼손될 수밖에 없다는 급진적 생태주의의 가정과 대치되는 것이다.

생태적 근대화론의 주요 주장들은 다음과 같다. 첫째, 산업생산 및 경제성장과 생태보존은 양립 가능할 뿐 아니라 적극적인 생태보존정책은 경제성장에 기여한다. 예를 들어서, 산성비에 대처하는 생태보존 정책을 위해서는 막대한 비용이 들지만, 산성비에 적절한 대처는 주택, 농지, 내수면 등에서의 경제적 이득을 발생시킨다. 또한 생태계 보존의 요구로 인해 환경보존관련 산업이 발달하게 되면 새로운 고용과 성장 동력이 창출되며, 생태위기에 대한 사회적 인식이 높은 현 상황에서는 친환경적인 기업일수록 시장에서 더 성공할 수 있다. 생태적 근대화에서는 환경과 경제의 이러한 관계를 포지티브 섬, 윈-윈, 혹은 이중배당(double dividends) 등의 용어로 표현한다.[8]

둘째, 환경보존을 위해서는 시민단체의 자발적 활동뿐 아니라 시장과 정부의 적극적 역할이 필수적이다. 기업들은 환경오염과 자연자원의 소비를 줄이는 혁신적이고 환경친화적인 테크놀로지를 개발하고, 정부는 환경세 부과, 환경기준(오염배출 한도) 강화, 혁신적인 테크놀로지 개발의 장려 등의 조치를 통해 개인과 기업 등 사회구성원 모두가 생태위기에 적극 대처하도록 이끌어야 한다. 정부가 정치적 의지와 리더쉽을 보이면 사회는 환경위기의 문제를 극복할 수 있다는 것이다(Andersen and Massa, 2000: 340-343; Orsato and Clegg, 2005: 257; Toke, 2001: 281).

생태적 근대화론은 1990년대 들어 환경문제와 관련이 있는 거의 모든 당사자들의 지지를 받았다. 기후변화가 가져올 위기에 대한 대책이 시급하다

---

8) 한 연구자에 따르면, 적극적인 환경보존 정책들은 환경을 보호할 뿐 아니라 환경테크놀로지와 오염이 덜한 생산물에 대한 선도시장을 창출하며, 이런 점에서 생태적 근대화는 환경보호와 경제성장 모두를 성취하기 위한 '윈-윈' 전략에 의존한다고 한다(Wurzel, 2012: 143).

는 인식으로 인해 무분별한 산업생산에 대한 사회적 비판이 비등하는 가운데 선진산업국가들의 정부들과 기업들은 경제성장을 포기하지 않으면서도 환경문제에 대응할 수 있는 합리적 근거를 갖게 되었고, 일반시민들도 환경 훼손에 대한 죄의식 없이 생활수준 향상에 대한 기대를 지속적으로 가질 수 있게 되었다.

또한 생태적 근대화론은 기후변화 문제를 다루는 국제기구들에 수용되었고,9) 지속가능한 발전(sustainable development)이라는 새로운 개념의 탄생에 기여하였다. 생태적 근대화 개념과 유사한 이 개념은 유엔 산하의 '세계 환경 및 발전위원회(World Commission on Environment and Development: 현재는 Brundtland Commission)'가 1987년에 발행한 보고서 「우리의 공동 미래(Our Common Future)」에서 사용된 것으로서 경제성장과 환경보존이 상호배타적인 것이 아니라 양립 가능한 목표라는 것을 의미하며, 미래세대의 개발능력을 저해하지 않는 환경친화적 발전의 중요성을 강조한다(Wurzel, 2012: 143). 현재 거의 모든 국가들은 적어도 서류상으로는 지속가능한 발전의 원칙을 준수하며, 세계은행과 같은 시장자본주의를 옹호하는 국제기구조차도 「Making Sustainable Commitments」라는 연례보고서를 발간하고 있다(Carter, 2007: 208-210).

무엇보다도 현재 대부분의 환경운동가들은 생태적 근대화의 또 다른 표현인 지속가능한 발전의 원칙에 확고하게 헌신하고 있으며, 그린피스나 지구의 친구들(Friends of the Earth) 같은 선도적인 환경운동단체들도 기업활동에 생태원칙을 적용하거나 경제효율성과 생태보존을 결합하는 식의 타협을 수용하게 되었다(Carter, 2007: 216; Orsato and Clegg, 2005: 257;

---

9) 예를 들어서 '유럽 경제성장, 경쟁 및 고용위원회(European Commission on Economic Growth, Competitiveness and Employment)'는 이중배당(double dividends)이라는 생태적 근대화의 핵심 개념에 기초하여 환경보존과 고용증대의 동시적 추구가 가능하다고 주장하는 백서를 발간하였다(Andersen and Massa, 2000: 339; Orsato and Clegg, 2005: 254). 1994년에 발간된 이 백서에 따르면, 탄소세부과로 인해 유럽에는 110~220만 개의 직업이 창출되고 전체 GDP가 약 1% 증가할 것이라고 하였다(Andersen and Massa, 2000: 340).

Toke, 2001: 281). 초기 환경운동의 반기업적이고 반체제적인 저항과 비판이 실질적인 환경보존으로 이어지지 못했던 데 반해서, 생태적 근대화는 경제계와 정부에 대해 환경문제를 진지하게 고려하도록 요구하여 보다 실질적인 효과를 얻어낼 수 있기 때문이다. 이제 환경운동단체들이 지향하는 생태국가(ecological state)는 이상적인 형태의 생태 중심(eco-centric)국가가 아니라 환경문제의 해결을 정부의 핵심 목표 가운데 하나로 설정하고 정부가 지속가능한 발전에 헌신하는 국가를 지칭하게 되었다(Meadowcroft, 2005).

2. 생태주의와 복지국가의 친화성 확대

생태주의가 초기의 급진적인 견해에서 생태적 근대화로 변신함에 따라서 이전에는 드러나지 않았던 생태주의와 복지국가 간의 공통점이 부각 내지는 확대되고 있다. 우선, 1990년대 이후 생태주의와 복지국가의 연대를 가능하게 하는 개념의 발전이 이루어왔다. 생태주의의 탈생산주의(post-productivism)는 복지국가의 탈상품화(de-commidification) 개념과 유사하며, 생태주의가 새롭게 관심을 갖게 된 환경정의는 복지국가의 사회정의와 일맥상통한다. 다음에, 생태주의와 복지국가는 시장 및 국가에 대한 관점을 공유하며, 지지기반의 측면에서도 중복성이 크다.

1) 탈생산주의, 탈상품화, 기본소득

초기의 생태주의는 물질주의에 기초한 경제성장과 산업생산을 생태계를 파괴하는 것으로 간주하는 생태 중심적 관점을 취하고 있었다. 이런 관점에서는 시장자유주의이든 사회민주주의이든 물질주의적 가치관에 기초한 모든 사조들은 배척될 수밖에 없었다. 그렇지만, 생태적 근대화론이 지배적으로 되어감에 따라서 생태주의는 산업생산에 대한 무조건적인 반대에서 벗어나 탈생산주의적 관점을 채택하게 되었다.

여기서 탈생산주의란 경제성장이 무한하고 정부의 모든 정책들 가운데 가장 우선되어야 한다는 생산주의 이데올로기에 대한 반대를 의미한다. 반면에, 탈생산주의는 테크놀로지의 발전을 통한 생산성 향상에 반대하는 반생산성(anti-productivity)이나 산업생산 자체를 배척하는 반생산주의(anti-productivism)와는 달리 생산성 향상의 중요성을 인정한다. 다만 산업생산에 내포되어 있는 교환가치를 돌봄의 윤리와 같은 감정가치(emotional value)와 생태보존과 같은 생태가치(ecological value)에 종속시키고자 한다. 탈생산주의가 우선시하는 것은 감정가치 및 생태가치에 의해 지지되는 재생산의 원칙(doctrine of reproductivity)이며, 생산성 증가는 재생산 가치의 유지에 필요하다는 점에서 중요한 것으로 간주된다(Fitzpatrick, 2007: 204-12; Fitzpatrick, 2011b: 62-63).

이러한 탈생산주의의 관점에서 볼 때 모든 시민들이 시장의 무한경쟁 논리에 사로잡혀 끊임없이 소득획득 활동에 종사해야 하는 자본주의 사회의 현실은 개혁의 대상이다. 이러한 현실의 타파를 위해 탈생산주의가 강조하는 것은 개인이 생활유지를 위해 사용하는 필수 노동시간의 양을 줄이고 그 대신 소득획득 노동 이외의 다양한 가치 활동들을 영위할 시간과 여유를 보장하도록 하는 국가차원의 개혁이다. 결국 탈생산주의의 핵심은 탈고용(post-employment) 근로, 혹은 '근로 없는 복지(welfare without work)'의 확대라고 할 수 있다(Van der Veen and Groot, 2006; Goodin, 2001).

생태주의가 주장하는 탈생산주의는 복지국가가 추구하는 탈상품화와 유사하다. 탈상품화는 개인이 노동시장에 대해 의존하지 않고 생활할 수 있는 정도를 의미하며, 복지국가의 핵심 목표 중 하나는 노령이나 실업 등의 사회적 위험에 빠진 개인이 최저생활 혹은 일정 수준의 생활을 유지할 수 있도록 국가가 보장해 주는 데 있다(Esping-Andersen, 1990). 탈생산주의와 탈상품화는 모두 노동시장에 대한 개인의 의존도를 줄이도록 국가가 어떤 조치를 취할 것을 요구한다는 공통점을 지니고 있는 것이다.

2000년대에 들어서 생태주의는 탈생산주의에 기초하여 기본소득(basic income)의 도입을 주장한다. 기본소득 혹은 시민소득(citizen's income)이란 국가가 모든 시민들에게 일정 수준 이상의 소득을 보장하는 것을 말한다.

현재의 생태문제가 유급노동을 지나치게 높게 평가하는 물질주의 내지는 생산주의에서 비롯된 것이기 때문에 그에 대한 대응책으로 모든 개인들이 일정 정도의 생활수준을 유지하면서도 스스로 가치 있는 것으로 여기는 일(돌봄노동, 자원봉사, 환경보존활동 등)을 할 수 있도록 보장해 주어야 한다는 것이다(Barry and Doherty, 2001: 603; Cahill, 2012: 93; Fitzpatrick, 2007: 216).

독일 녹색당은 2002년 이래로 기본소득을 핵심적인 사회정책으로 제시해왔다. 그 주요내용은 '욕구에 기초한 기본소득(needs-oriented basic provision)'의 이름하에 사회부조와 실업부조를 대체하는 것이며, 새로운 조세로 재원을 충당하여 모든 시민들에게 관료적 절차 없이 일정 정도의 물질적 보장을 제공하는 것을 목적으로 한다. 더 나아가 독일 녹색당은 2006년부터는 소득수준이나 사회적 위험과는 관계없이 모든 시민에게 일정 수준의 소득을 제공하는 '조건 없는 기본소득(unconditional basic income)'에 대한 논의를 진행하고 있다(Bluedorn, 2009).

이상과 같은 기본소득 프로그램은 복지국가의 보편주의 사회프로그램과 유사하다. 복지국가의 사회보장제도가 원칙적으로 질병, 노령, 실업 등의 사회적 위험에 빠지지 않았다면 개인의 노동시장 참여를 당연시하는 반면에 기본소득은 사회적 위험의 유무와는 관계없이 일정 시간 동안 개인을 노동시장으로부터 해방시키려고 한다는 점에서 양자 간에 차이가 있기는 하다. 그렇지만, 이러한 차이는 양자 모두가 노동시장에 대한 의존도를 줄여서 모든 시민들의 기본생활을 보장한다는 반시장주의적인 목표를 추구한다는 점에 비추어 볼 때 생태주의와 복지국가 간의 연대를 방해할 정도로 심각한 것은 아니다.

2) 환경정의와 사회정의

초기의 환경운동은 생태계의 보존과 회복을 최우선시하는 생태 중심적 관점이 지배적이었기 때문에 환경 이외의 다른 사회적 이슈들에 대해서는 별다른 관심을 두지 않았다. 그렇지만 생태주의도 환경당의 탄생을 전후하여 환경문제 일변도의 저항운동에서 벗어나 보다 체계적인 사회정책을 제시하는 데 관심을 갖게 되었다. 이러한 생태주의의 변화에 강력한 영향을 미친 것 중의 하나가 환경정의의 개념이다.

환경정의는 사회의 모든 구성원들이 환경으로부터의 혜택과 환경오염에 대한 부담을 동등하게 누리고 부담해야 한다는 원칙을 의미한다. 만일 사회계층상의 지위나 연령 혹은 거주지역 등에 따라서 그러한 동등한 권리와 의무가 훼손된다면 이것은 환경정의의 원칙에 위배되는 것이다. 이런 관점에서 볼 때 주택, 거주지, 생활환경 등 개인의 웰빙과 삶의 질에 영향을 미치는 환경적 요소들이 주로 개인의 소득수준에 따라 결정되는 자본주의 사회는 환경정의에 반하는 사회인 것이다.

환경정의라는 용어는 1980년대에 미국에서 사용되기 시작했으며, 원래는 소수인종이 공해나 교통사고 등의 환경적 위험에 훨씬 많이 노출되어 있는 현실을 개혁하기 위한 시민권운동에서 채택한 것이었다. 이러한 환경정의운동은 커다란 사회적 반향을 얻었고, 결국 미국 정부는 1992년에 환경불의(environmental injustice)를 감시하고 개선하기 위해 환경공평부(Office of Environmental Equity: 1994년에 Office of Environmental Justice로 변경)를 설치하였다. 초기에 인종문제에 국한되었던 환경정의 개념은 시간이 지남에 따라서 소득, 연령, 성 등 다양한 요인들에 따른 환경적 차별에 대한 시정으로 그 적용범위를 확대하게 되었다(CEECEC, 2010: 92; Laurent, 2010: 2; Rosenbaum, 2008: 131-138).

환경정의의 개념은 1990년대 들어 전 세계적으로 확산되었다. 특히 서유럽의 환경단체들이 환경정의의 개념을 받아들이는 데 적극적이었다. 예를 들어서, 대표적인 환경운동단체인 지구의 친구들(Friends of the Earth)과 그린피스는 팸플릿 발간이나 정보제공 등을 통해 환경정의 확산운동에 참여하였다. 다만 풀뿌리 시민운동에 기반을 둔 미국의 환경정의운동이 인종문제의 해결을 중심으로 했던 데 반해서, 서유럽 환경운동단체의 환경정의운동은 계층과 연령 등 사회적 불평등을 가져오는 보다 보편적인 요소들에 초점을 두었다. 2001년에 스코틀랜드의 지구의 친구들에서 발간한 팸플릿은 환경정의의 대상에서 인종 범주를 삭제하고 계급, 소득, 연령 차원의 사회적 약자의 환경차별문제에 주목하였다(Laurent, 2010: 6; Rhodes, 2003; Walker, 2012: 225-229).

환경정의의 관점을 적용한 최근의 연구들은 주로 특정 국가나 지역의 사례연구 중심인데, 대체적으로 계층에 따른 환경차별의 문제를 다루고 있다. 이들에 따르면 빈곤층일수록 오염물질에 더 많이 노출되어 있고, 교통사고를 더 잘 당하며, 전염병 등 각종 질병에 더 잘 감염된다고 한다. 또한 빈곤층은 혹한이나 혹서의 피해를 더 많이 받고, 홍수 등 자연재해에 더 많이 노출되어 있다고 한다. 이들의 거주지가 주로 쓰레기매립장, 공단, 도심 등 공해발생지역이고, 이들의 주택이 부실하며, 빈곤층 밀집지역의 생활환경이 비위생적이고 자연재해에 취약하기 때문이다.[10] 다른 한편, 빈곤층은 차량을 소유하지 않거나 주택규모가 작은 등 에너지소비가 훨씬 적으며, 오염물질을 훨씬 덜 배출한다. 즉, 빈곤층일수록 환경을 덜 오염시키지만 오히려 환경오염으로부터의 피해는 더 많이 받고 있는 것이다.

생태주의는 모든 사회구성원의 웰빙과 삶의 질이 획기적으로 향상되는 지속가능한 사회의 실현을 목표로 해왔으며, 이를 위해 환경의 공적 소유와 모든 구성원들의 공평한 이용, 그리고 사회생활에서의 공적 영역의 확대를 주장해 왔다. 이런 점에서 생태주의는 환경의 혜택과 부담이 사회계층에 따라 불평등하게 분배되어 있는 현실을 비판할 수밖에 없다. 사실 독일의 환경운동이 생태적 지혜(생태조화), 사회정의, 참여민주주의, 비폭력 등의 네 가지 원칙을 따르고 있는 데서 알 수 있듯이 생태운동은 환경문제뿐 아니라 빈곤, 건강훼손, 불안정 및 사회적 배제 등의 문제들에 관심을 갖고 있다

---

10) 몇 가지 예를 들면 다음과 같다. 지역주민의 발언권이 약하기 때문에 쓰레기 매립지나 소각장은 주로 빈곤지역에 설치되며, 빈곤 아동들은 거리나 산업단지 혹은 쓰레기 매립장 주변에서 놀기 때문에 보다 많은 독성들에 노출된다(Seyfang and Paavola, 2008: 674). 영국에서는 빈곤지역의 아동들이 부유층지역 아동들에 비해 길거리 사고로 5배 이상 많이 죽으며, 모든 발암물질 배출량의 반 정도가 소득하위 20%의 빈곤지역에서 발생한다(Adebowale, 2008: 263).

(Giddens, 2011: 50-51). 환경운동의 초기에는 생태 중심적 관점이 지배적인 나머지 환경 이외의 다른 측면들이 도외시되었지만, 환경정의에 대한 관심의 증가와 함께 생태주의는 사회정의라는 원래의 목표를 더욱 분명히 하게 된 것이다.[11]

이와 함께 생태주의가 지향하는 지속가능한 발전이 현실적인 것이 되려면 환경운동은 사회적 웰빙의 향상, 특히 가장 빈곤하고 취약한 구성원들의 사회적 웰빙의 향상이라는 이슈들에 개입할 수밖에 없다(Barry and Doherty, 2001: 605). 이와 같이 환경정의에 대한 관심과 환경정의로부터 촉발된 생태주의의 사회정의에 대한 관심의 부활로 인해서 환경보존과 회복에 중점을 두는 생태주의와 사회불평등의 개선을 주요 목표로 하는 복지주의 간의 연계가능성이 한층 높아졌다.

생태주의와 복지주의의 상호연계는 최근 들어 그 심각성이 높아져가고 있는 기후변화로 인해 더 강화될 전망이다. 기후변화로 인해 가장 심각하고 직접적으로 피해를 입는 사람들은 빈곤층이며, 기후변화 대책은 결국 저소득층에게 어떤 식으로든 혜택을 주는 사회정책의 측면으로 해석될 수 있을 것이다. 자연재해에 대해 스스로를 보호할 수 있는 적절한 보험이 없고, 재해를 당할 가능성이 높은 지역에 거주하며, 극심한 기후에서 도피할 수 있는 자원이 적은 사람들이 빈곤층이라는 점에서 환경정책과 사회정책은 서로 간의 연계를 통해 긍정적 시너지 효과를 거둘 수 있을 것이다(Dryzek, 2008: 335).

---

11) 어떤 연구자들에 따르면, 환경운동이 '지구를 구하는 것'을 유일하고 주된 목표로 삼았던 적은 없다고 한다. 저소득층의 생활상의 어려움과 사회경제적 불평등 및 그것이 수많은 사람들의 생활에 미치는 영향, 그리고 주변계층이 처해 있는 환경불의의 현실 등의 문제들은 환경운동의 초기 단계부터의 핵심적인 관심이었다는 것이다. 환경론자들은 보다 더 평등한 사회가 사회구성원의 웰빙 혹은 삶의 질을 증가시키는 데 보다 효과적이라고 주장하며, 이런 점에서 평등화 정책을 지지한다고 한다(Barry and Doherty, 2001: 603-605).

3) 국가개입주의와 사회적 지지기반

복지국가와 생태주의는 산업화, 도시화, 민주화와 관련된 장기적인 사회적 변화에 대한 정치적 반응임과 동시에 시장실패에 대한 사회정치적 대응에서 출발했다(Meadowcroft, 2008: 331). 양자 모두 현대 사회의 핵심적인 문제들이 시장의 자유로운 작동에서 비롯된 것으로 간주하며, 그 해결책을 시장의 작동과 개인의 자유로운 선택을 제한하는 국가의 적극적인 개입에서 찾는 것이다. 이와 같이 시장자유주의에 반대하고 국가개입주의를 지지한다는 점에서 복지국가와 생태주의는 상호연대의 가능성이 크다.

복지국가는 사회불평등과 빈곤 등 시장의 실패에 대한 정치적 대응이며, 국가개입에 기초하여 시민생활의 보장을 추구한다. 이를 위해 복지국가는 조세와 사회보험료의 징수뿐 아니라 각종 형태의 규제를 통해 시장기제에 개입하는 것이다. 또한 복지국가는 공공부문의 확대와 사회연대성을 강조하며, 공공성을 강조하는 생태주의와 일맥상통한다.

생태주의는 초기 단계에는 개인의 자발적 참여를 강조하고 공동사회 내지는 지역사회의 자급자족을 추구하였기 때문에 중앙집권적이고 관료적인 국가개입주의에 대해 반대하였다. 그렇지만 생태적 근대화론이 지배적으로 되면서 생태주의도 환경오염문제 해결에 대한 국가의 적극적인 개입을 요구하게 되었다. 생태주의는 여전히 관료화된 국가독점체제에는 반대하지만, 생태위기에 대한 국가차원의 강력한 대응을 주문한다. 환경론자들이 볼 때 생태위기 문제의 근원은 개인소유권, 공공영역의 개인화, 소비주의, 경제주의 등 시장의 실패에서 비롯되며, 이에 대한 대응책은 국가의 강력한 개입이라고 한다(Giddens, 2011: 95; Meadowcroft, 2005: 7-11).

이와 함께 복지국가와 생태주의의 지지기반이 크게 중첩된다는 사실도 양자의 연대가능성을 높여준다. 복지국가는 노동계급을 기반으로 하여 성장했고, 생태운동은 전문직과 화이트칼라 등 신중간계층을 기반으로 해왔다. 이와 같이 이해관계가 상이한 집단들을 각자의 지지기반으로 하고 있기 때문에 복지국가와 생태주의, 혹은 복지정책과 환경정책은 상호 모순적인 관계에 있다고 하는 평가가 있기는 하다(Meadowcroft, 2005: 13). 예를 들어서, 조세에 기초하여 소득재분배를 추구하는 복지정책에 대해서는 그로 인해 경제적 손실을 입는 신중간계층이 반대하고, 환경오염문제 해결을 위해 산업생산을 규제하는 환경정책에 대해서는 그로 인해 손해를 보는 노동계급이 반대한다는 것이다.

그렇지만, 양자의 지지기반에 대해 보다 심도 있게 분석해 보면 생태주의와 복지국가의 지지기반이 상반된다기보다는 오히려 중첩된다는 것을 알 수 있다. 우선, 서유럽의 복지국가는 발전의 초기 단계에서는 노동계급을 주요한 사회적 지지기반으로 하였지만, 1960년대 이후 성숙단계에 들어서면서부터는 새로운 형태의 지지집단을 갖게 되었다. 이 새로운 지지기반은 주로 각종 형태의 사회복지전달체계와 의료, 보육, 교육, 사회보험, 지방자치단체 등 공공부문의 종사자들이며, 이들은 복지국가의 성장과 함께 급속하게 증가해왔다. 이들은 전통적인 노동계급과는 성격이 다른 신중간계층이지만 복지국가의 이해관계자로서 복지국가의 확대를 지지하며, 노동운동의 약화에 따른 복지국가 지지기반의 상실분을 상당 부분 상쇄하고 있다(Esping-Andersen, 2002; Pierson, 2001).

다음에, 생태운동의 지지기반은 대체로 상대적으로 젊고 교육수준이 높은 화이트칼라 전문직이다(Dalton and Buerklin, 1996; Mueller-Rommel, 1989). 화이트칼라 전문직 가운데서 민간영역에 종사하는 경영층이나 회사원, 변호사나 의사 등의 전문직, 혹은 기술관료(technocrats)들의 비율은 매우 낮다. 독일과 영국에서의 연구들에 따르면, 환경운동 및 환경당의 지지자들은 대체로 공공부문 종사자들이며, 특히 교육과 복지 및 지방행정 분야에 종사하고 있다고 한다. 이들은 민간영역의 화이트칼라 종사자들과는 달리 자본주의사회에서 일정 정도의 자율성과 공공성을 보장받는 사람들이며, 이런 애매한 성격으로 인해 공공성을 추구하는 생태주의에 더 친화적이다(Barry and Doherty, 2001; Carter, 2007; Doherty 2002; McAdams, 1987). 이들은 생태주의를 지지하는 동시에 복지국가도 지지한다. 이들에게 있어서 생태주의나 복지국가는 모두 공공영역의 확대와 보다 나은 사회를 지향한다는 점에서 동일하며, 자신들의 직업적 가치관에 부합하는 존재인 것이다.

생태주의 지지기반이 신중간계층, 특히 공공부문의 화이트칼라라는 사실
은 앞으로 생태주의와 복지국가의 연계가 더욱 공고해질 것임을 시사한다.
1990년대 이후 세계화의 급속한 진전으로 인해 신중간계층의 고용 및 경제
생활이 매우 어려워지고 있으며, 복지를 비롯한 공공부문의 축소가 진행되
고 있다. 이와 같이 자신의 지지기반인 신중간계층의 생활이 불안정해지면
서 환경운동은 생태주의의 관점에서 사회불평등과 같은 사회문제들에 대한
진단과 사회정책상의 해결책을 모색하게 되었다(Bluedorn, 2009: 43). 생
태주의가 점점 더 복지국가의 전략을 수용하게 된 것이다.

3. 국가복지수준과 환경정책

생태주의와 복지주의 간의 연대가능성이 매우 크다는 주장은 국가복지수
준이 높을수록 강력한 친환경정책이 실행된다는 데서 경험적으로 증명된다.
많은 연구들에 따르면, 대체로 복지수준이 높은 북유럽국가들의 환경수준이
높은 반면에, 복지국가의 발달이 상대적으로 정체된 앵글로색슨 국가들은
그 반대의 경향을 보인다고 한다. 예를 들어서, 2005년에 발표된 World
Economic Forum의 지속가능성 지수(sustainability index)에서 핀란드가
1위를 기록했고, 다른 북유럽국가들도 근소한 차이로 상위권을 유지했다.
반면에, 자유주의 유형의 앵글로색슨 국가들은 하위권을 차지하여 환경정책
에 상대적으로 소극적인 것으로 평가되었다(Dryzek, 2008: 333).

또 다른 연구들에 따르면, 스웨덴이나 노르웨이와 같이 빈곤율이 낮은 평
등주의 국가들은 대표적인 환경지표 두 가지에서 모두 상위 10위권 내에
속하는 반면에 미국 등 빈부격차가 큰 국가들은 하위권에 속했으며(Friberg,
2008), 선진산업국가들 가운데서 스웨덴, 덴마크, 노르웨이, 핀란드와 같은
사회민주주의 국가들과 독일 및 오스트리아 등의 조합주의 국가들이 환경문
제 해결에 가장 적극적이었다고 한다(Duit, 2008). 사회불평등 지표인 지니
계수와 UNDP가 작성한 환경지표인 환경성과지수(Environmental Perfor-

mance Index: EPI)의 상관관계를 분석한 또 다른 연구에 따르면, 스웨덴, 노르웨이, 핀란드 등 사회불평등도가 낮은 국가일수록 친환경정책에 적극적이고, 영국, 호주, 아일랜드, 벨기에, 스페인 등 사회불평등도가 높은 국가일수록 친환경정책에 소극적이었다고 한다(Fitzpatrick, 2011b: 70).

어떤 경험적 연구에서든 복지최선진국인 스웨덴의 환경지표가 매우 높게 나온다는 사실이 주목할 만하다. 스웨덴은 1970년대의 석유파동 이후 화석연료 사용을 감소하려는 노력을 기울여서 1980년대 초 이래로 전 국가적으로 석유사용이 거의 50% 감소하였다. 1970년에는 전체 에너지 공급의 80%가 수입된 화석연료였지만 2010년에 이르러서는 그 비율이 35%에 불과했다. 스웨덴은 유럽연합이 규정을 준비하기도 전인 1991년에 탄소세를 도입하였고 매년 세율을 높였다. 탄소세는 처음 도입되었을 때에는 톤당 29센트였지만, 2010년에는 114센트로 높아졌다. 이와 같은 적극적인 온실가스 배출 억제 정책의 결과, 스웨덴에서는 1990년 이후 20년 동안 GDP가 50% 증가하는 동안 온실가스 배출은 9%(650만 톤) 감소하였다고 한다. 또한 1980년에는 국민투표를 통해 원자력발전소를 단계적으로 폐쇄하도록 결정하는 등 핵에너지 사용 억제에도 매우 적극적이다(Giddens, 2011: 77-79; Jewert, 2012: 11, 25-26).

이와 같이 복지선진국들에서 친환경정책이 발달하는 이유는 무엇인가? 이 질문에 대한 대답은 복지정책과 환경정책이 모두 시장의 실패에 대한 국가의 적극적인 개입의 결과라는 사실에서 찾을 수 있다. 환경오염문제의 해결을 위해서는 국가가 산업 및 개인 활동에 대한 강력한 규제책을 마련하는 한편 친환경정책에 대한 기업의 일정한 양보를 얻어낼 수 있어야 한다. 그렇지만, 시장자유주의가 지배적인 국가에서는 시장에 대한 국가의 개입능력이 매우 제한되어 있을 뿐 아니라 정부가 친환경정책에 대해 반대하는 기업들을 설득할 의지가 크지 않다. 시장자유주의자인 미국의 레이건 대통령과 부시 대통령, 그리고 영국의 대처 수상이 생태적 근대화 정책을 거부한 것은 매우 당연한 일인 것이다(Wurzel, 2012: 143).

반면에, 북유럽의 사회민주주의 국가들이나 대륙유럽의 조합주의 국가들은 복지국가의 발달에서 보듯이 시장에 대해 국가가 적극적으로 개입해 왔으며, 노동-자본-국가 간의 타협적 구조가 발달되어 있다. 게다가, 복지국가의 오랜 경험으로 인해 친환경정책이 내포하는 공공성의 확대와 평등주의 정책에 대한 시민들의 지지도가 높다. 복지선진국들의 이러한 역사적·제도적 특징들은 시장자유의 제한을 지향하는 친환경정책의 도입을 용이하게 만들었다. 몇몇 연구자들이 지적하듯이 사회민주주의 복지국가 및 조합주의 복지국가와 같은 개입주의 국가들은 합의적 정책결정기구, 평등주의, 국가의 개입능력 및 의지 등과 같은 사회제도들과 정치문화상의 특징으로 인해서 자유주의 복지국가에 비해 기후변화의 문제를 더 잘 다룰 수 있는 것이다(Dryzek, 2008; Fitzpatrick, 2011b; Jewert, 2012; Lundqvist, 2004; Scruggs, 1999).

북유럽과 대륙유럽의 복지국가들에서 친환경정책이 발달한 것은 환경당의 성장과도 깊은 연관이 있다. 미국이나 영국 등의 앵글로색슨 자유주의 국가들에서는 환경당이 존재하기는 해도 현실적으로 별다른 정치적 영향력을 행사하지 못한다. 반면에, 스웨덴이나 독일 등 복지선진국에서는 환경당이 지방정치에서뿐 아니라 중앙정치에서도 일정 정도의 지분을 확보하고 있으며, 사회민주당과의 연정을 통해 내각에 참여하기도 했다.

스웨덴의 환경당은 1982년에 처음 총선에 참여하여 1.7%의 득표율을 기록하였고, 1988년에는 5.5%의 득표율로 전체 349석 가운데 20석을 차지하여 처음으로 의회에 진출하였다. 이후 3~5% 정도의 득표율을 보이다가 2010년에는 사상 최고인 7.2%의 득표율(25석)을 기록하였다. 아직까지 의회 내에서의 비중이 작기는 하지만 환경당은 좌파당(Left Party)과 함께 사회민주당의 연정파트너로 매우 중요하며, 1998년, 2002년, 2008년의 세 차례에 걸쳐 사회민주당과 함께 연립정부를 구성하였다. 현재 환경당은 2020년까지 사회민주당과 협조하기로 서약한 상태이다.

독일의 녹색당은 1980년에 연방의회선거 참여하여 1% 정도의 득표만을 기록했고, 1983년에는 5.4%의 득표율로 28식의 의석을 차지하였다. 이후 통일 후 첫 선거인 1990년 연방선거를 빼면 매번 5~9%의 득표율을 보이다가 2009년 선거에서는 사상 최고인 10.9%의 득표율로 68석을 차지하였다. 스웨덴에서와 마찬가지로 독일의 녹색당도 득표율이 점진적인 상승추세를 보이고는 있지만 아직까지 3~4당 정도의 위세를 지니고 있을 뿐이다. 다만 녹색당은 1998년과 2002년의 두 번에 걸쳐 사회민주당과 연합정부를 구성하였다. 독일의 적록연합정부는 게르하르트 쉬뢰더 수상의 영도하에 2005년까지 지속되었다.[12]

　이상과 같이 복지국가를 대변하는 사회민주당과 생태주의를 표방하는 환경당은 정책연대라든가 연합정부의 구성을 통해 상호간의 협력체계를 구축했으며, 이를 통해 복지주의와 생태주의의 연계체계를 만들어왔다.[13] 서로의 지지기반이 다르고 상호 모순적인 가치를 추구하는 것으로 여겨졌던 두 정당이 협조관계를 구축하게 된 이유로는 환경당이 초기 생태운동의 급진성을 배제하고 유연한 태도를 지니게 되었다는 점을 들 수 있다. 독일과 스웨덴의 환경당은 생태적 근대화론을 수용하고 빈곤 및 사회불평등과 같은 생태 이외의 사회적 이슈에 대해서도 깊은 관심을 보였다. 이와 같은 환경당의 이슈 확대는 사회민주당과의 정책연대의 접점을 만들어내었다.[14]

　또 다른 이유로는 다당제가 지배적인 독일과 스웨덴 등 서유럽국가들에서는 사회민주당이 집권을 하기 위해 제3정당의 지지를 필요로 했다는 점이

---

12) 이 시기 동안 독일의 사회민주당-녹색당 연립정부는 생태세금(eco-tax) 개혁안을 일방적으로 채택하였다(Gough and Meadowcroft, 2011).

13) 스웨덴과 독일 이외에도, 프랑스에서는 사회당, 공산당, 환경당 연합정부가 1997년에서 2002년까지 통치하였고, 노르웨이에서는 2005년 및 2009년 선거에서 적록연합정부가 구성되었다.

14) 앞에 서술했듯이 독일의 녹색당은 기본소득을 제안하는 등 사회불평등과 빈곤문제 해결에 대해 매우 적극적인 태도를 견지하였다. 특히 2005년의 선거 패배 이후 녹색당은 과거 생태 위주 정책들의 반사회적 결과들에 대해 반성하고 사회적 배제로 인해 고통받는 사람들을 위한 정치에 헌신할 것을 약속하였다. 또한 녹색당은 사회적 약자들이 교육, 고용, 의료, 물질적 소득 등에 참여하지 못하는 현실을 비판하고, 그에 대한 적극적인 대책을 마련하겠다고 결의했다(Bluedorn, 2009: 3, 44). 한편, 녹색당은 2013년 9월의 연방선거를 앞두고 재산세와 상속세율을 높이고 부유세를 신설한다는 급진적인 공약을 내걸었다.

다. 경쟁 정당들 가운데 극단적인 시장자유주의에 반대하고 국가개입주의를 지지하는 정당은 환경당이며, 사회민주당은 자연스럽게 환경당과의 협조관계 구축에 노력하게 되었다. 과거 사회민주당의 지지기반이었던 신중간계층의 일부가 환경당의 지지세력으로 전환되었다는 사실도 환경문제에 대한 사회민주당의 태도를 보다 적극적인 것으로 만들었다. 결국 사회민주당과 환경당의 적록동맹은 환경당이 급진적 생태주의에서 벗어나 생태적 근대화를 수용함과 동시에 사회민주당이 경제성장 우선주의에서 벗어나 생태적 근대화를 수용함으로써 가능하게 되었다(Elander, 2000: 139; Wurzel, 2012: 145-151).

IV. 맺음말: 복지국가에서 생태복지국가로

최근 들어 생태주의와 복지주의는 매우 밀착된 관계를 형성하고 있다. 생태주의는 환경정의의 개념을 적극적으로 수용하면서 사회불평등의 완화에 깊은 관심을 갖게 되었고, 복지국가는 생태주의의 도전을 받으면서 환경문제의 해결에 매우 적극적인 태도를 보이고 있다. 이제 서유럽국가들은 완전고용과 보편주의 사회보장프로그램을 통해 사회불평등과 빈곤의 문제를 해결하려 했던 케인즈주의 복지국가로부터 생태문제와 지속가능성까지 고려하여 복지정책을 계획하는 생태복지국가(eco-welfare state)로의 전환기에 들어섰다.

1970년대의 세계경제위기 이후 복지국가는 세계화와 탈산업화 등의 거시사회적인 변화들로부터 축소의 압력을 받아왔으며, 이로 인해 정체 내지는 점진적인 축소의 과정을 밟아왔다. 그렇지만 그러한 변화들로 인해 복지국가가 쇠퇴의 길로 들어섰다거나 급진적인 변혁을 겪은 것은 아니다. 복지프로그램의 재구성이 목격되기는 하지만, 적어도 서유럽의 선진산업국가들에서는 기존의 사회보장프로그램들이 여전히 건재하며 복지지출수준도 크게 낮아지지 않았다.

이에 반해서 생태주의의 도전은 복지국가에 대해 보다 근본적인 변신을 요구한다. 생태주의도 시장에 대한 국가의 개입을 지지하고 사회불평등 해소 문제에 깊은 관심을 갖고 있다는 점에서 생태주의의 확산으로 인해 복지국가가 위축될 가능성은 매우 적다. 환경정책에 대한 예산증가로 인해 복지예산이 줄어들 것이라는 주장이 있기는 하지만, 이 주장은 근거가 분명하지 않다. 현재 정부예산에서 차지하는 환경예산의 비중이 매우 낮으며, 설사 가까운 장래에 환경예산이 크게 증액된다고 하더라도 그것이 왜 다른 분야—예를 들면, 교육, 주택, 지역개발, 국방, 사회간접자본, 일반행정—가 아니라 반드시 복지예산의 축소를 초래하는지가 불분명한 것이다.

복지국가는 생태주의의 도전으로 인해 축소되지는 않는 반면에 재구성의 압력을 받아 생태복지국가로 변신하게 될 것이다. 생태복지국가는 경제성장주의와 국가독점주의에 기초했던 케인즈주의 복지국가와는 달리 생태주의의 주장을 일정 정도 반영한 복지국가로서 크게 다음과 같은 두 가지의 특징을 지닌다. 첫째, 복지주의와 생태주의, 혹은 사회정책과 환경정책이 서로 혼합되고 밀접해진다. 둘째, 복지국가의 운영에 생태적 관점이 강화되어 복지국가의 탈탄소화(de-carbonizing the welfare state)가 진행된다. 이러한 특징들에 대해 보다 구체적으로 서술해 보면 다음과 같다.

첫째, 사회정책과 환경정책의 혼합 내지는 교차는 사회정책의 수립에 생태문제 혹은 환경정의의 요소가 고려되고, 환경정책의 수립에 사회불평등의 문제가 고려되는 것을 말한다. 예를 들어서, 홍수, 가뭄, 폭설, 쓰나미, 대흉작, 전염병 등의 기후변화 문제들은 농어촌이나 도시의 저소득층 밀집지역에 소득감소, 실업, 주거지 파손, 양육환경 훼손 등의 문제를 가져온다. 기후변화에 따른 피해자 구제의 문제는 환경정책이자 사회정책의 영역에 속하는 것이다. 그렇지만 현행 사회프로그램들은 자연재해의 피해자에 대해 적절한 사회적 안전망을 제공하지 않는다(Meadowcroft, 2008: 333). 기존의 복지국가는 자연재해를 사회가 만들어낸, 그리고 다수의 사회구성원이 직면할 수 있는 사회적 위험이 아닌 것으로 간주하기 때문이다.

이에 반해서 생태복지국가에서는 기후변화나 환경오염이 인간사회의 유지와 발전을 위해 각종 형태의 에너지를 사용한 결과일 뿐 아니라 전 지구적 차원에서 다수의 인구에 대해 피해를 끼칠 수 있다는 점에서 노령이나 질병과 같은 사회적 위험으로 간주된다. 따라서 기후변화의 피해자들을 위한 체계적인 사회프로그램들이 구축되며, 이것은 자연재해 집중 가능 지역이나 저소득층 주택에 대한 각종 보호시설의 구축과 같은 예방적 프로그램과 피해시민에 대한 현금급여(공공부조라기보다는 재해수당)의 제공, 피해주택 및 피해지역의 복구, 피해지역의 경제활성화, 피해시민에 대한 일자리 제공 등의 사후적 프로그램으로 구성될 것이다. 이와 같이 생태복지국가에서는 복지국가가 구축했던 사회안전망이 사회-생태 안전망으로 확대되는 것이다.

생태복지국가는 탄소세나 환경세 등의 환경오염대책이 역진성의 문제를 낳는 데 대해서도 대응한다. 저소득계층은 에너지 사용량이 적기 때문에 탄소배출이 적지만 소득에서 차지하는 에너지비용의 비중이 높기 때문에 탄소세 부담이 훨씬 크며, 이런 점에서 환경규제정책은 시장에서 발생한 사회불평등을 더욱 악화시킨다. 바로 이런 이유 때문에 사회민주당 등의 좌파정당은 탄소세 도입을 주저하고 있는 것이다.[15] 생태복지국가는 이와 같은 탄소세의 역진성을 완화하기 위한 새로운 사회프로그램을 제공할 것이다. 예를 들어서, 탄소세 수입의 일부를 저소득층에게 연료지원비나 주택개량사업비로 제공하거나 저소득층 밀집지역의 환경개선이나 (친환경적) 사회적 기업 설립 등에 사용할 수도 있을 것이다.

이와 같이 탄소세의 역진성 문제를 해결하면서 동시에 환경문제에 대응하도록 하는 방법 중 대표적인 것은 생태-사회투자(eco-social investment)

---

15) 어떤 연구자들에 따르면, 사회계층과 환경개혁 간의 밀접한 연관성으로 인해 급진적인 환경개혁안은 상당 기간 동안 현실화될 수 없었다고 한다. 오염물질 배출 산업에 대한 규제에 대해 노동조합이 반대하고 환경세에 대해 사회민주당이 반대하는 등 좌파의 반대가 심했기 때문이다(Mol and Spaargaren, 2000: 40).

이다. 기존 복지국가의 사회투자가 주로 인적 자본의 개발이나 사회적 인프라의 구축을 중시하는 데 반해서, 생태-사회투자는 온실가스를 줄이는 동시에 사회개발을 추구하는 것을 목표로 한다. 예를 들어서, 저소득층이나 사회적 약자에 대해 주택개량 사업비를 지원하는 것은 소득 불평등의 완화 효과와 함께 주택의 에너지효율성 강화 효과를 갖게 되기 때문에 이들의 생활여건 향상과 환경보존이라는 두 가지 목표를 동시에 달성할 수 있도록 하는 것이다. 이와 비슷하게 저소득층 밀집지역을 중심으로 버스와 지하철 등의 공공교통수단을 확대하는 것은 자가용 소유비율이 낮은 저소득층에게 교통보조금을 지급하는 효과와 함께 피고용의 가능성을 높이는 효과를 제공할 뿐 아니라 개인적 교통수단의 운행을 감소시킴으로써 환경오염 예방에도 기여하는 것이다(Gough, 2010: 49).

둘째, 복지국가의 탈탄소화란 각종 사회프로그램의 운영에 있어서 탄소배출과 환경오염을 최소화하는 것을 말한다. 이제까지 복지국가는 운영비용의 절약에는 관심이 있었지만 친환경적 운영에는 별다른 관심이 없었으며, 이에 따라 복지국가 자체가 거대한 탄소배출처로 성장해왔다. 예를 들어서, 2004년에 영국의 NHS는 전체 공공부문 탄소배출의 25%를 차지했고 그 비율은 급속하게 증가하고 있다고 한다(Gough, 2010; Gough and Meadowcroft, 2011). 생태복지국가는 다양한 형태의 탈탄소화 정책을 채택함으로써 전통적인 복지국가의 반생태성을 극복해 나갈 것이다.

복지국가의 탈탄소화를 위한 방법들로는 다음과 같은 것들을 들 수 있다. 우선, 전반적인 사회프로그램의 운영에 있어서 에너지효율을 높여주는 테크놀로지를 적극적으로 사용한다. 이러한 테크놀로지의 사용을 위해서는 사회복지 전달체계 내의 각종 시설들과 장비들의 대대적 교체와 업그레이드에 따른 막대한 투자가 필요하다. 이것은 기존 복지국가가 중시하는 운영효율성의 관점에서는 타당하지 않겠지만 생태복지국가의의 관점에서는 적극 추진될 수 있는 것이다.

다음에, 사회복지전달체계에 속하는 모든 시설 및 기관들에 대해 탄소세를 철저하게 적용한다. 민간기업은 탄소세의 적용을 받게 되면 비용감축의 동기가 발생하여 단기적으로는 손해를 보더라도 에너지효율성 향상에 관심을 갖지만, 정부의 예산지원을 받는 사회복지시설들은 장기적인 이득보다는 단기적인 비용 부담에 더 민감하다. 이러한 문제를 극복하기 위해서 생태복지국가에서는 사회복지전달체계의 모든 시설 및 기관들에 대한 평가에서 탈탄소화 지표를 설정하고 그 비중을 점차로 크게 높일 것이다.

마지막으로, 다소 논란의 여지가 있지만, 생태복지국가에서는 사회복지기관들의 대형화가 진행된다. 기관의 대형화는 시설 운영에 있어서 에너지효율을 높이는 데 매우 유리할 뿐 아니라 공동 교통수단의 운영 등을 통해 직원 개개인 차원에서의 탄소배출량 감소에도 기여한다. 생태주의는 관료주의에 반대하고 소규모의 분권화된 전달체계를 지지한다는 원칙을 가지고 있지만, 이러한 원칙은 환경보존이라는 보다 중요한 목표를 위해서 양보될 수밖에 없을 것이다.

【 참고문헌 】

Adebowale, M. 2008. "Understanding Environmental Justice." G. Craig et al. (eds.). *Social Justice and Public Policy.* Bristol: Policy Press.

Andersen, M.S., and I. Massa. 2000. "Ecological Modernization—Origins, Dilemmas and Future Directions." *Journal of Environmental Policy & Planning* 2. pp.337-345.

Barry, J., and B. Doherty. 2001. "The Greens and the Social Policy: Movements, Politics, and Practice?" *Social Policy and Administration* 35(5). pp.587-607.

Bluedorn, I. 2009. "Reinventing Green Politics: On the Strategic Repositioning of the German Green Party." *German Politics* 18(1). pp.36-54.

Cahill, M. 2002. *Environment and Social Policy.* London: Routledge.

_______. 2012. "Green Perspectives." P. Alcock et al. (eds.). *The Student's Companion to Social Policy* (4th Edition). West Sussex: John Wiley and Sons.

Carter, N. 2007. *The Politics of the Environment: Ideas, Activism, Policy.* New York: Cambridge University Press.

Catney, P., and T. Doyle. 2011. "Challenges to the State." T. Fitzpatrick (ed.). *Understanding the Environment and Social Policy.* Bristol, UK: Policy Press.

CEECEC(Civil Society Engagement with Ecological Economics). 2010. "The CEECEC Glossary: Ecological Economics from the Bottom-Up," http://www.ceecec.net/wp-content/uploads/2010/11/THE-CEECEC-GLOSSARY.pdf

Dalton, R., and W. Bürklin. 1996. "The Two Electorates." R. Dalton (ed.). *Germans Divided.* Oxford: Berg.

Di Chiro, G. 2008. "Living Environmentalisms: Coalition Politics, Social Reproduction, and Environmental Justice." *Environmental Politics* 17(2). pp.185-214.

Doherty, B. 2002. *Ideas and Actions in the Green Movement.* London: Routledge

Dryzek, J. 2008. "The Ecological Crisis of the Welfare State." *Journal of European Social Policy* 18(4). pp.334-337.

Duit, A. 2008. *The Ecological State: Cross-National Patterns of Environmental Governance Regimes.* Berlin: Ecologic.

Eckersley, R. 2004. *The Green State.* Cambridge, MA: MIT Press.

Elander, I. 2000. "Towards a Green Welfare Economy? The Green Party in Sweden Since the 1998 Parliamentary Election." *Environmental Politics* 9(3). pp.137-144.

EPA(Environmental Protection Agency). 2013. "Environmental Justice Program and Civil Rights," http://www.epa.gov/region1/ej/(검색일: 2013년 4월 27일).

Esping-Andersen, G. 1990. *The Three Worlds of Welfare Capitalism.* Princeton: Princeton University Press.

______. 2002. "Towards the Good Society, Once Again?" G. Esping-Andersen (ed.). *Why We Need a New Welfare State.* Oxford: Oxford University Press.

Fitzpatrick, T. 2011a. "Introduction." T. Fitzpatrick (ed.). *Understanding the Environment and Social Policy.* Bristol, UK: Policy Press.

______. 2011b. "Challenges for Social Policy." T. Fitzpatrick (ed.). *Understanding the Environment and Social Policy.* Bristol, UK: Policy Press.

______. 2007. "Social Democracy Beyond Productivism." *Renewal* 15(2/3). pp.197-219.

Friberg, L. 2008. "Conflict and Consensus: the Swedish Model of Climate Politics." H. Compston and I. Bailey (eds.). *Turning Down the Heat.* Basingstoke: Palgrave Macmillan.

Giddens, A. 2011. *The Politics of Climate Change*(2nd edition). Cambridge: Polity Press.

Goodin, R. 2001. "Work and Welfare." *British Journal of Political Science* 31. pp.13-39.

Gough, I. 2013. "Carbon Mitigation Policies, Distributional Dilemmas and Social Policies." *Journal of Social Policy* 42(2). pp.191-213.

______. 2010. "Economic Crisis, Climate Change and the Future of Welfare States." *Twenty-First Century Society* 5. pp.51-64.

Gough, I., and J. Meadowcroft. 2011. "Decarbonizing the Welfare State." J. Dryzek et al. (eds.). *The Oxford Handbook of Climate Change and Society*. New York: Oxford University Press.

Hardin, G. 1968. "The Tragedy of the Commons." *Science* (December 13, 1968), http://www.garretthardinsociety.org/articles/art_tragedy_of_the_commons.html

Heltberg, R. et al. 2010. "Social Policies for Adaptation to Climate Change." R. Mearns and A. Norton (eds.). *Social Dimensions of Climate Change*. Washington, DC: World Bank.

Inglehart, R. 1997. *Modernization and Postmodernization*. Princeton: Princeton University Press.

______. 1990. *Culture Shift in Advanced Industrial Society*. Princeton: Princeton University Press.

Jewert, J. 2012. *Swedish Climate Policy: Lessons Learned*. Stockholm: Global Utmaning.

Laurent, E. 2010. *Environmental Justice and Environmental Inequalities: A European Perspective*. Paris: OFCE(Paper prepared for the social investment seminar of the Institute for Futures Studies, Stockholm, March 2010).

Lundqvist, L. 2004. *Sweden and Ecological Governance*. Manchester: Manchester University Press.

Martuzzi, M. et al. 2010. "Inequalities, Inequities, Environmental Justice in Waste Management and Health." *European Journal of Public Health* 20(1). pp.21-26.

McAdams, J. 1987. "Testing the Theory of the New Class." *Sociological Quarterly* 8(1). pp.23-9.

McLaughlin, P. 2012. "Ecological Modernization in Evolutionary Perspective." *Organization & Environment* 25(2). pp.178-196.

McTernan, J. 2012. "Back to the Future: Towards a Red-Green Politics." O.

Cramme and P. Diamond (eds.). *After the Third Way: The Future of Social Democracy in Europe*. New York: Policy Network.

Meadowcroft, J. 2008. "From Welfare State to Environmental State?" *Journal of European Social Policy* 18(4). pp.331-334.

______. 2005. "From Welfare State to Ecostate." J. Barry and Ro. Eckersley (eds.). *The State and the Global Ecological Crisis*. Cambridge, MA: MIT Press.

Mol, A. P. J., and M. Jänicke. 2009. "The Origins and Theoretical Foundations of Ecological Modernisation Theory." In A. P. J. Mol, D. A. Sonnenfeld and G. Spaargaren (eds.). *The Ecological Modernisation Reader*. New York: Routledge.

Mol, A. P. J., and Spaargaren, G. 2000. "Ecological Modernization Theory in Debate: a Review." *Environmental Politics* 9(1). pp.17-49.

Mueller-Rommel, F. (ed.). 1989. *New Politics in Western Europe*. Boulder: Westview Press.

Orsato, R. J., and S. R. Clegg. 2005. "Radical Reformism: Towards Critical Ecological Modernization." *Sustainable Development* 13. pp.253-267.

Pierson, P. 2001. "Post-Industrial Pressures on the Mature Welfare States." P. Pierson (ed.). *The New Politics of the Welfare State*. Oxford: Oxford University Press.

Rhodes, E. L. 2003. *Environmental Justice in America*. Bloomington: Indiana University Press.

Rosenbaum, W. 2008. *Environmental Policy and Politics* (7th Edition). Washington, D.C.: CQ Press.

Scruggs, L. 1999. "Institutions and Environmental Performance in Seventeen Western Democracies." *British Journal of Political Science* 29. pp.1-31.

Seyfang, G., and J. Paavola. 2008. "Inequality and Sustainable Consumption: Bridging the Gap." *Local Environment* 13(8). pp.669-684.

Spaargaren, G., and A. P. J. Mol. 2009. "Sociology, Environment and Modernity: Ecological Modernization as a Theory of Social Change." pp.56-79 in A. P. J. Mol, D. A. Sonnenfeld and G. Spaargaren (eds.). *The Ecological Modernisation Reader*. New York: Routledge.

Toke, D. 2001. "Ecological Modernisation: A Reformist Review." *New Political*

Economy 6(2). pp.279-291.

Van der Veen, R., and L. Groot. 2006. "Post-Productivism and Welfare States." *British Journal of Political Science* 36. pp.593-618.

Walker, G. 2012. *Environmental Justice: Concepts, Evidence and Politics.* London: Routledge.

Wurzel, R. 2012. "The Environmental Challenge to Nation States: From Limits to Growth to Ecological Modernisation." J. Connelly and J. Hayward (eds.). *The Withering of the Welfare State.* Basingstoke: Palgrave Macmillan.

색인

| ㄱ |

| ㅇ |

필자 소개(원고 게재 순)

❖ 강수택(KANG Sootaek | stkang@gnu.ac.kr)

경상대학교 사회학과 교수로서 한국이론사회학회 부회장, 경상대 인권사회발전연구소장 등을 역임했으며, 현재 경상대학교 사회과학대학장으로 일하고 있다. 주요 관심분야는 사회이론과 사상, 지식사회학, 문화사회학, 시민사회론 등이다. 저서로는 『연대주의』, 『시민연대사회』, 『다시 지식인을 묻는다』, 『일상생활의 패러다임』, 『한국의 사회변동과 탈물질주의』(공저), 『사회정책과 인권』(공저) 등이 있다.

❖ 임운택(LIM Woontaek | wtlim@kmu.ac.kr)

계명대학교 사회학과 교수로서 노사정위원회 경제사회소위 전문위원과 한국학술단체 협의회 정책위원장 등의 일을 했으며, 현재 한국이론사회학회 총무이사와 한국산업노 동학회 운영이사로 일하고 있다. 저서로는 『독일 중소제조업의 작업장 혁신사례』, *Zur Transformation der industriellen Beziehungen in den europäischen Wohlfahrt-sstaaten*, 『복지국가시대를 위한 유럽 복지정책의 변화와 아시아의 경험』(공저), 『현 대사회와 베버 패러다임』(공저) 등이 있다.

❖ 김형용(KIM Hyoung Yong | fairwork@gmail.com)

미국 조지아대학교(University of Georgia)에서 비영리조직학 석사와 사회복지학 박사 를 받았으며, 현재 동국대학교 사회학과 조교수로 있다. 연구 분야는 지역사회와 공동 체, 비영리조직, 사회서비스 정책 등이다. 주요 논문으로는 "지역사회 건강불평등에 대한 고찰"(『한국사회학』 제44권, 2010), "지역사회 연구의 분석단위와 지표에 관한 고찰"(『한국사회복지조사연구』 제29권, 2011), "취약근린지수의 공간적 분포"(『국토 지리학회지』 제46권, 2012), "지역사회서비스와 사회복지관"(『한국사회복지행정학』 제15권, 2013) 등이 있다.

❖ 심창학(SHIM Chang Hack | chshim@gnu.ac.kr)

경상대학교 사회복지학과 교수로서 한국사회정책학회 부회장, 경상대학교 인권사회발전연구소 부소장 등을 역임했다. 주요 관심 분야는 비교사회정책, 빈곤 및 사회적 배제, 활성화 전략(activation strategy), 복지 레짐 등이다. 저서로는 『프랑스 산재보험제도 연구』, 『사회적 기업을 말한다: 이론과 실제』(공저), 『사회정책과 새로운 패러다임』(공저), 『사회정책과 인권』(공저), 『비정규 노동과 복지』(공저) 등이 있다.

❖ 박재흥(PARK Jae Heung | socpark@gnu.ac.kr)

경상대학교 사회학과 교수로서 경상대학교 사회과학연구소장, 사회과학대학장, 『인구와 사회』 편집위원을 맡은 바 있다. 주요 관심분야는 세대차이와 갈등, 노인문제, 질적 연구방법이며, 저서로는 『한국의 세대문제: 차이와 갈등을 넘어서』(2005), 공저로 『대학 인권지표 개발연구』(2009), 『한국사회발전연구』(2003), 『디지털 혁명과 자본주의』(2000) 등이 있다.

✢ 노진철(RHO Jin Chul | jcrho@kun.ac.kr)

경북대학교 사회학과 교수로서 한국환경사회학회 회장, 한국NGO학회 부회장 등의 일을 했으며, 현재 경북대학교 사회과학대학장, 한국이론사회학회 회장, 국가위기관리 학회 회장으로 일하고 있다. 저서로는『불확실성 시대의 위험사회학』,『환경과 사회: 환경문제에 대한 현대사회의 적응』,『탈근대세계의 사회학』(공저),『재난을 바라보는 다섯 가지 시선』(공저),『태안은 살아있다』(공저) 등이 있다.

✢ 김인춘(KIM Inchoon | jckim95@yonsei.ac.kr)

연세대학교 학부대학 선임연구원 및 동서문제연구원 겸임교수로 있다. 저서로는『생 산적 복지와 경제성장』(공저),『식탁 위의 복지국가』(공저) 등이 있으며 주요 논문으로 는 "세계화와 생산체제의 재편: 네덜란드와 스웨덴의 노동시장정책과 사회적 합의제 도"(『현대사회와 행정』17권 3호, 2007), "전후 영국의 보편적 복지국가의 발전 조건 과 전환"(『한국과 국제정치』28권 4호, 2012), "Migrants, Immigrants and Multi-cultural Society in South Korea: Multiculturalism and National Identity"(2013) 등 이 있다.

✤ **최정원**(CHOI Jeong Won | cjw@yonsei.ac.kr)

연세대학교 동서문제연구원 및 경제학부 BK21사업단 연구교수, 서울사이버대학교 외래교수로 일했으며, 한국정치학회, 국제정치학회, 정당학회, 한국지방정치학회 등에서 이사, 연구위원, 편집위원 등으로 활동하였다. 저서로는 『한국국회와 정치과정』(공저), 『현대정치사상과 한국적 수용』(공저), 『동북아 지역의 교류협력』(공저), 『여성정치학 입문』(공저), 『한국의회정치와 제도개혁』(공저) 등이 있다.

✤ **조영훈**(CHO Young Hoon | yh1cho@deu.ac.kr)

동의대학교 사회복지학과 교수로서 삼성금융연구소 선임연구원을 역임했다. 연구관심은 복지국가 비교와 복지국가의 변화이며, 국가별로는 일본, 한국, 캐나다, 영국, 미국, 스웨덴, 칠레, 멕시코에 대한 글을 썼다. 저서로 『변화하는 사회, 변화하는 복지국가』, 『일본 복지국가의 어제와 오늘』, 『캐나다 복지국가 연구』, 『한국복지국가 성격 논쟁 1』(공저)과 『한국복지국가 성격 논쟁 2』(공저) 등이 있다.

경상대학교 인권사회발전연구총서 ⑤

문화, 환경, 탈물질주의 사회정책

인　쇄: 2013년 11월 27일
발　행: 2013년 12월　2일
엮은이: 박재흥·심창학
발행인: 부성옥
발행처: 도서출판 오름
등록번호: 제2-1548호 (1993. 5. 11)
주　소: 서울특별시 서초구 서초동 1420-6
전　화: (02) 585-9122, 9123 / 팩　스: (02) 584-7952
E-mail: oruem9123@naver.com
URL: http://www.oruem.co.kr

ISBN　978-89-7778-408-6　　93340

* 잘못된 책은 교환해 드립니다.
* 값은 뒤표지에 있습니다.

이 도서의 국립중앙도서관 출판시도서목록(CIP)은 서지정보유통지원시스템 홈페이지(http://seoji.nl.go.kr)와 국가자료공동목록시스템(http://www.nl.go.kr/kolisnet)에서 이용하실 수 있습니다. (CIP제어번호: CIP2013024260)